浙江旅游职业学院"双高计划"
建设成果（2019—2023）系列丛书

中国特色高水平高职学校建设"浙旅实践"

韦国潭　杜兰晓 ◎ 主编

北京·旅游教育出版社

图书在版编目（CIP）数据

中国特色高水平高职学校建设"浙旅实践" / 韦国潭，杜兰晓主编. -- 北京：旅游教育出版社，2023.10
（浙江旅游职业学院"双高计划"建设成果（2019—2023）系列丛书）
ISBN 978-7-5637-4598-2

Ⅰ. ①中… Ⅱ. ①韦… ②杜… Ⅲ. ①高等职业教育－高校管理－研究－浙江 Ⅳ. ①G718.5

中国国家版本馆CIP数据核字(2023)第179462号

浙江旅游职业学院"双高计划"建设成果（2019—2023）系列丛书
中国特色高水平高职学校建设"浙旅实践"
韦国潭　杜兰晓　主编

策　　划	丁海秀　黄明秋
责任编辑	施云峰
出版单位	旅游教育出版社
地　　址	北京市朝阳区定福庄南里1号
邮　　编	100024
发行电话	（010）65778403　65728372　65767462（传真）
本社网址	www.tepcb.com
E - mail	tepfx@163.com
排版单位	北京旅教文化传播有限公司
印刷单位	唐山玺诚印务有限公司
经销单位	新华书店
开　　本	787毫米×1092毫米　1/16
印　　张	15.25
字　　数	224千字
版　　次	2023年10月第1版
印　　次	2023年10月第1次印刷
定　　价	68.00元

（图书如有装订差错请与发行部联系）

《浙江旅游职业学院"双高计划"建设成果（2019—2023）系列丛书》编委会

主　任： 韦国潭　杜兰晓

副主任： 周国忠　王忠林　陆　文　王　方　韩永良
　　　　　姚哲峰　严一平

《中国特色高水平高职学校建设"浙旅实践"》编撰组

主　编： 韦国潭　杜兰晓

执行主编： 王　方　蒋炯坪　叶志良

副主编：（按姓氏笔画排序）

　　　王相华　方　敏　朱倩倩　刘建明　刘婷婷　严一平
　　　杨京艳　吴雪飞　沈建龙　沈鑫泉　张永波　金文霞
　　　钱兴成　徐初娜　黄　慧　章　笕　童建民

撰稿人：（按姓氏笔画排序）

　　　王　越　王绍懿　王琼琼　王蕴韵　刘建明　刘婷婷
　　　许　旭　严一平　巫程成　李　琳　李希哲　李宗宜
　　　李晓聪　杨　扬　杨　芳　杨京艳　杨晓娜　杨积芳
　　　吴维维　余梦露　汪　汇　沈功斌　沈鑫泉　陈　文
　　　金文霞　金蓓蕾　胡　剑　钟　文　俞丹茗　姜　雯
　　　袁子薇　钱兴成　倪钦锋　徐　敏　徐初娜　高恬宇
　　　蒋炯坪　温佳露　谢慧颖

在全面建设社会主义现代化强国的新征程上，党和国家把职业教育摆在经济社会发展和教育改革创新更加突出的位置。尤其是党的十八大以来，习近平总书记多次就发展职业教育作出重要指示，要求"必须高度重视、加快发展"，强调"职业教育前途广阔、大有可为"。

2019年3月，教育部、财政部联合发布《关于实施中国特色高水平高职学校和专业建设计划的意见》（简称"双高计划"），提出"集中力量建设50所左右高水平高职学校和150个左右高水平专业群"的总体目标，打造一批中国特色高水平高职学校，形成一批有效支撑职业教育高质量发展的政策、制度、标准，引领新时代高等职业教育高质量发展。浙江旅游职业学院作为首批"双高计划"建设单位，坚持以习近平新时代中国特色社会主义思想为指导，紧密围绕国家战略、文化和旅游产业发展需求，依托省部共建机制，落实立德树人根本任务，深化产教融合，强化校地合作，推动治理变革，以"双高计划"十大改革发展任务为轴心，砥砺奋进、攻坚克难、创新发展，努力建成一所全国一流、国际知名、中国特色、世界水平的旅游高等职业院校。

经过近五年的实践探索，《浙江旅游职业学院"双高计划"建设成果（2019—2023）系列丛书》（以下简称《丛书》）正式出版面世。《丛书》旨在回顾总结学校"双高计划"五年建设的所思与所为、求新与求真、所感与所悟，分享新时代旅游高等职业教育高质量发展中的新模式、新样态和新路径，以期为中国乃至世界旅游高等职业教育高质量发展做些摸索、尝试和变革。《丛书》遵循"双高计划"建设要义，依照"学校—专业（群）—育人—反思"逻辑链，以"一个立德树人的育人使命、一系列教育教学关键改革、'校企合作、产教融合'二维办学模式，以及'党的领导、教育教学、学生成长、教师发展、产教融合、社会服务、国际化水平、治理现代化'八大实践场景"构成的"1128"体系为叙事线索，将学校在"双高计划"建设成果分类为《中国特色高水平高职学校建设"浙旅实践"》（简称《浙旅实践》）、《数字文旅时代导游人才培养"浙旅模式"》（简称《浙旅模式》）、《高等职业学校全员全过程全方位育人"浙旅探索"》（简称《浙旅探索》）及《新时代旅游高等职业教育改革"浙旅思考"》（简称《浙旅思考》）四大系列。

《丛书》编撰以"双高计划"建设总体目标为统领，各有侧重。《浙旅实践》主要反映学校在党的领导、教育教学、学生成长、教师发展、产教融合、社会服务、国际化水平、治理现代化方面的顶层设计，是学校践行"双高计划"十大改革发展任务的院校实践；《浙旅模式》主要以专业群建设为切入点，以"解剖麻雀"的视角深入阐释数字文旅时代背景下导游专业群人才培养定位、课程体系重构、实践教学模式改革、教学资源开发、教学方法改革、课程思政建设、师资队伍建设、国际化导游人才培养等方面的模式创新，也是学校"双高计划"建设的关键突破点；《浙旅探索》从"课程育人、科研育人、实践育人、文化育人、网络育人、心理育人、管理育人、服务育人、资助育人和组织育人"十大育人体系彰显学校全员全过程全方位为文化和旅游产业培养高素质技术技能人才、能工巧匠、大国工匠的改革探索；《浙旅思考》围绕人才培养、科学研究、社会服务、文化传承创新、国际交流合作五大办学职能，从院校治理、专业建设、课程建设、产教融合、师资队伍、职教国际化、"双创"教育七个主要维度进行旅游职业教育发展的深度思考，不仅是对学校未来高质量发展的现实反思，更是回应旅游职业教育战线的前沿关切。

四本书内容各有侧重但又融为一体，力图全方位展示浙江旅游职业学院"双高计划"建设以来的办学成效与发展历程，以此凝聚全校师生办好旅游高等职业教育的磅礴力量，激发广大师生与学校发展同频共振的不竭动力。《丛书》在编撰过程中得到了学校党政领导的悉心指导和各二级单位的大力支持，诸位撰稿人员亦尽全力撰写，力求全面、真实、系统地展现学校"双高计划"建设成效。然而，由于编撰者的水平有限，《丛书》难免存在不足之处，在此敬请大家不吝指正。

抚阅过往，我们心潮澎湃；展望未来，我们激情满怀。面对新时代高等职业教育大发展的大好形势，我们将以习近平新时代中国特色社会主义思想为指引，始终牢记为党育人、为国育才的使命担当，将学校全力打造成为旅游职业教育"中国品牌"和"中国服务"人才培养的摇篮，成为"一带一路"沿线国家旅游职业教育的领跑者，成为新时代立德树人的示范校、服务文旅深度融合发展的智囊团和中国旅游职业教育的引领者，在新征程上以奋进之笔书写浙江旅游职业学院更加绚丽的华章，为争创社会主义现代化先行省、高质量发展建设共同富裕示范区、实现中华民族伟大复兴的中国梦贡献力量！

韦国潭　杜兰晓

2023 年 8 月 8 日

目录

CONTENTS

001/ 绪论　聚力"双高" 打造旅游高等职业学校"中国品牌"

第一章 党的领导 / 011

012/ 第一节　党的建设
022/ 第二节　三全育人
028/ 第三节　马克思主义学院建设

第二章 教育教学 / 037

038/ 第一节　人才培养模式
045/ 第二节　专业与专业群
052/ 第三节　教育教学改革
057/ 第四节　人才培养体系

第三章 学生成长 / 065

066/ 第一节　五育并举
072/ 第二节　阳光工程
078/ 第三节　人文铸旅
082/ 第四节　创新创业
087/ 第五节　招生就业

第四章 教师发展 / 093

094/ 第一节　星光计划
100/ 第二节　教学创新团队

CONTENTS

| | 105/ | 第三节 | 分层分类评价 |

第五章
产教融合
/ 113

114/	第一节	职教集团
122/	第二节	产业学院
131/	第三节	协同创新中心

第六章
社会服务
/ 141

142/	第一节	高端智库
147/	第二节	行业智囊
153/	第三节	学术高地
160/	第四节	公益培训

第七章
国际化水平
/ 167

168/	第一节	教育"走出去"
174/	第二节	资源"引进来"
179/	第三节	影响"再提升"

第八章
治理现代化
/ 185

186/	第一节	体制机制改革
193/	第二节	校院两级管理
197/	第三节	质量保证
205/	第四节	数字赋能

213/ 结　语　展望未来　铸造世界旅游职业教育"中国样板"
219/ 附　录　浙江旅游职业学院"双高计划"建设成果一览表

绪论

聚力"双高" 打造旅游高等职业学校"中国品牌"

浙江旅游职业学院始终高举习近平新时代中国特色社会主义思想伟大旗帜，紧扣国家和省委重大战略部署，瞄准浙江经济社会发展需求和人民群众对旅游职业教育的期待，积极探索新时代旅游职业教育高质量发展的实践路径。作为国家首轮中国特色高水平高职学校和专业建设计划（以下简称"双高计划"）建设单位，学校聚焦办学关键任务，努力为浙江省"两个先行""重要窗口"建设和高质量建设共同富裕示范区贡献浙旅力量，也为中国旅游职业教育高质量发展和中国特色现代职业教育体系构建做出有益的探索与实践。

一、"浙旅初心"：引领现代旅游人才培养的创新发展

浙江旅游职业学院是全国唯一一所由文化和旅游部与浙江省人民政府省部共建的公办旅游高等职业学校，现有杭州、千岛湖两个校区，设有13个教学单位，开设32个旅游类专业，全日制在校生13 500余人，教职工730余人。

学校经历了从无到有、从有到优，不断发展和壮大的历程。在初创探索阶段（1983—1999年），浙江旅游职业学院的前身为创建于1983年的浙江省旅游职工中等专业学校，主要培养旅游行业初、中级管理人才，并对全省旅游行业的职工进行专业培训；1987年，为适应旅游业发展的新形势，经批准成立浙江省旅游学校，并保留浙江省旅游职工中等专业学校，开始面向社会招生，是当时全国建校最早的旅游中等

专业学校之一,也是"七五"和"八五"期间国家旅游局出资建设的重点旅游院校之一。在规模发展阶段(2000—2019年),2000年,经浙江省政府批准同意,在浙江省旅游学校基础上筹建浙江旅游职业学院,同年开始招收并培养旅游类高职专科生;2002年,经省政府批准、教育部备案,浙江旅游职业学院正式成立,次年首次面向全国招生,并经浙江省教育厅批复同意学院招收外国留学生,成为浙江省第一所能够直接招收外国留学生的学院;学院在扩张校区的基础上不断提升办学规模与质量,于2013年成为国家首批示范性骨干高职院校。在内涵发展阶段(2019年至今),国家把职业教育摆在更加突出的位置,职业教育迎来了里程碑式的发展新阶段。2019年,学校通过国家优质高等专科学校验收,并顺利入选国家首轮"双高计划"专业群B档建设单位。2023年2月,学校以"优秀"等次获得国家首轮"双高计划"中期绩效评价。

学校作为中国特色高水平高职学校和专业建设单位、国家优质专科高等职业院校、国家示范性骨干高职院校、教育部首批教育信息化试点优秀单位、唯一的国家旅游标准化示范院校、教育部全国旅游职业教育教学指导委员会秘书处办公室所在单位、中国职业技术教育学会智慧旅游职业教育专业委员会执行主任与秘书长单位,获评中国职业教育最高奖——全国黄炎培职业教育"优秀学校奖",入选2022年"教师发展指数优秀院校"榜单和2021年"学生发展指数优秀院校"榜单,连续六年入选中国职业教育质量年度报告"服务贡献50强""服务贡献典型院校"榜单,连续三年荣获全国高职院校"国际影响力50强",并荣获首批全国高职院校"育人成效50强"。

在中国特色高水平高等职业教育的方向引领下,学校始终以立德树人为根本任务,秉承"和礼勤进"的旅院精神,坚持"依托行业、产学结合、接轨国际"的办学理念,以"全面建成一所国内一流、国际知名、中国特色、世界水平的旅游高等职业学校"为奋斗目标,不断探寻具有中国特色的旅游职业教育高质量发展之路,全力将学校打造成为新时代立德树人的示范校、服务文旅融合发展的智囊团和中国旅游职业教育的引领者,成为旅游职业教育的"中国品牌"和"中国服务"人才培养的摇篮,成为"一带一路"沿线国家旅游职业教育的领跑者,为建设世界旅游强国贡献智慧和力量,为世界旅游教育创新发展提供"中国样板"。

二、"浙旅实践":践行旅游高职教育质量提升的办学探索

学校紧密围绕国家战略、文化和旅游产业发展需求,以"人文铸旅、质量立旅、

人才强旅、服务兴旅、开放活旅"为发展路径，以"双高计划"改革建设任务体系为抓手，重点通过"1个加强，4个打造，5个提升"项目建设，持续不断强化学校在人才培养、科学研究、服务社会、文化传承创新与国际合作交流方面的办学功能。

（一）加强党的建设

坚持以党的政治建设为统领，全面落实立德树人根本任务，确保党委把方向、管大局、做决策、抓班子、带队伍、保落实；进一步健全党委领导下的校长负责制和党委统一领导、党政分工合作、协调运行工作机制；全面实施"抓院促系、整校建强"铸魂工程，以学校"先锋工程"为总抓手，形成"党委主导、总支主责、支部主体、党员主力"的"四级联动"党建工作格局；探索完善党建品牌一体化建设，以"中国服务 先锋领航"为核心的学校"先锋系列"党建品牌日臻成熟；完善教书育人、管理育人、服务育人新机制，构建涵盖"课程育人、科研育人、实践育人、文化育人、网络育人、心理育人、管理育人、服务育人、资助育人、组织育人"的十大育人体系，形成"德育为先、四融并进、以文化人、数智驱动"的"三全育人"新模式；高起点建设马克思主义学院，开创"思政课创优361"模式，打造思政教育"发动机"。

（二）打造技术技能人才培养高地

以培养德技并修、德智体美劳全面发展的高素质复合型旅游人才为目标，探索实施"融合文旅、融汇德技、融通校企、融入国际"的跨界融合型旅游人才培养模式改革，增强旅游人才培养适应性和吸引力；有效对接产业链或岗位群需求，以开放思维组建导游、酒店管理、旅游规划与设计、烹饪四个专业群，形成"对接产业、动态调整、可持续发展"的专业与专业群建设发展机制；构建"专业融通、岗课融通、书证融通、赛教融通"的"四维融通"课程体系，以提高教师教育教学能力为主线，以提升打造"魅力课堂"为抓手，以高质量教材建设为支撑，校企共建高水平实训基地，校企协作开拓多元育人渠道，以重大教学成果带动学校整体教学改革水平提升；打造纵向贯通的中高本一体化旅游人才培养体系，推进"1+X"证书制度试点工作，落实高职百万扩招计划，不断健全与完善新时代旅游人才培养体系，为我国实现世界旅游强国目标提供坚实的人才支撑。

（三）打造技术技能创新服务平台

对接文化和旅游产业高质量发展需求，服务区域经济社会发展，高标准建成中国旅游研究院旅游标准化研究基地、浙江省文化和旅游智库、浙江省文化和旅游标准化技术委员会、浙江省文化和旅游发展研究院、浙江北大数字文旅联合中心实验室、浙江省旅游发展研究中心、浙江省文化和旅游厅统计数据中心、浙江省乡村振兴与乡村旅游应用技术协同创新中心、浙江省旅游产业产教融合联盟、浙江旅游科学研究院等十大省级及以上级别的产学研技术技能平台；依托技术技能平台实施高端人才队伍的外引内培举措，打造一批由文化和旅游部专家委员会委员、省政协应用型智库成员、省文史研究馆馆员等组成的高素质产学研创团队；综合利用学校学科优势、人才优势、资源优势和对外交流优势，融入产业发展、融合行业企业、融入人才培养，提升学校的核心竞争力。

（四）打造高水平专业群

主动对接现代旅游业转型升级的产业需求，以全国旅游类示范专业导游专业为核心，融通智慧景区开发与管理、电子商务、研学旅行管理与服务各专业，组建"双高计划"高水平专业群——导游专业群，全力打造人才培养质量一流、服务能力一流、国际影响一流的中国导游人才培养高地。创新"技能迭代、跨界融通"导游专业群人才培养模式，重构"通识课＋平台课＋模块课＋拓展课"专业群课程体系，以国家级教学资源库为载体，深度融合信息技术，推进课程教学资源建设及新形态教材开发；成立新旅游人才孵化基地和产业学院，依托产教融合联盟和产学合作协同育人项目，共建校内外实践教学体系；组建"双跨界"专家型、创新创业型、社会服务型三类教学团队，设立名导名师工作室、教师工作坊、校企合作工作室，提升教师团队双师双能素质；搭建"无忧导游"产教融合智慧平台和建立现代旅行协同创新中心，助力学生自主泛在学习，赋能创新人才培养；以助推文化和旅游产业发展为己任，组建师生团队助力国家乡村振兴战略和浙江省共同富裕示范区建设，积极支援中西部和边疆地区建设与发展；融入国家"一带一路"倡议，依托中俄、中塞境外办学机构，输出相关课程标准，加大俄、塞籍中文导游人才培养规模，加强中外文化交流。

（五）打造高水平双师队伍

围绕"双师双能、国际特色、产业协作、文旅融合"高水平师资队伍建设，出台学校师资队伍建设"星光计划"，实施"铸魂、青蓝、雄鹰、领雁、双师、添翼、远航、赋能"八大工程，实现教师个性化发展和师资队伍梯次培育；以创新"校级—省级—国家级"分级递进的高水平结构化团队培育模式为载体，重点推进教师教学创新团队成长机制的落地实施；以完善分层分类教师考评体系为保障，全面、客观、准确地评价教师德才表现和工作绩效，合理优化人力资源配置，激发人才活力，加快建成一支政治素质过硬、业务能力精湛、育人水平高超的高素质专业化创新型教师队伍。

（六）提升校企合作水平

探索构建校企命运共同体，建立产教融合的课程体系、产教相长的校企师资队伍、产教互惠的协同运行机制，有机结合学校、专业（群）建设和企业发展，形成职教集团、产业学院和协同创新中心等多形式的校企合作模式。以国家级示范性职业教育集团建设为契机，通过高质量组织成员、高品质整合资源、高效能推进运作，构建旅游高职教育的"集团军"和"共同体"，校政行企共建旅游高职教育"生态圈"；创新"人才共育、过程共管、成果共享、责任共担"紧密型合作办学体制机制，形成示范性产业学院、特色化产业学院、前沿型产业学院三种类型的产业学院培育集群；依托校级协同创新中心，汇聚多方资源，形成集联合攻关、学术交流和战略协同于一体的技术技能创新协同机制，打造文化和旅游行业协同创新服务品牌。

（七）提升服务发展水平

始终围绕国家重大战略和省委、省政府的中心工作开展社会服务，在助力全省高质量发展建设共同富裕示范区、乡村振兴、"一带一路"和长三角一体化等领域努力作为。打造文化和旅游发展领域的专业化创新型高端政府智库，以整合资源为路径，积极拓展咨政建言的渠道，助力政府部门的科学决策；主动担负起行业发展研究的"导师"责任，以标准研制引领行业健康发展，以整体规划推动区域差异发展，以项目服务助力文旅企业智慧发展；坚持"公益为本、育训并举"，利用国家级、省级文旅人才培训基地，开展多元化、个性化文旅产业人才培训；牵头国家职业技能标准制定及省级题库开发项目，稳步推进职业技能人才等级认定工作质量，助力服务技能社会建设；建立"'高校+社区'联建、'理论+实践'联动"的社区服务新格局，打造"公益服务菜单"，助力国家学习型社会建设和公民终身学习习惯养成。

（八）提升学校治理水平

坚持章程统领推进体制机制创新，严格落实党委领导下的校长负责制，构建"党委领导、校长负责、教授治学、民主管理"内部治理结构；坚持目标导向深化校院两级管理，建成校院两级管理系列制度体系；实施数据治理攻坚工程、校务服务提升工程、校园环境智治工程、教学改革深化工程、数智基建保障工程，全面构建了"五个一"整体改革体系；以坚持育人为本、引领创新、系统推进为建设原则，构建全方位、全过程、全天候的一站式服务平台；坚持育人为本完善质量保障体系，常态化运行内部质量保证体系诊改平台，为学校高质量发展提供有力保障。

（九）提升信息化水平

以数字化转型推动学校跨越式发展，以数据治理工程为核心推进智慧校园业务数据开放共享，设计"采集、治理、服务"三层数据治理架构，形成以数据治理为核心的协同"一中枢"、平台"一体化"、改革"一件事"、服务"一张表"、决策"一张图"；夯实"互联网+"教学基础环境建设，建成普适型、交互型、实验型三类智慧教室和三个不同实训场景的虚拟仿真实训基地，极大提升课堂教学效率和学生学习体验，推进信息技术与教育教学的深度融合；深入实施"最多跑一次"改革，推动跨部门一件事情联办，简化办事流程，全覆盖校园事务"网上办、掌上办、终端办"，提升学校现代化治理能力和师生信息化服务体验。

（十）提升国际化水平

主动服务"一带一路"建设，创办中俄旅游学院、中塞旅游学院和中意厨艺学院三个境外办学机构，开展"中文+职业技能"培训，推出中国旅游职业教育课程标准和旅游行业相关服务标准，满足目的地国家的国际顶尖旅游企业对中国优质旅游服务技能人才的需求，推进旅游职业教育的"中国经验""中国方案"走向世界；依托国家教育体制改革试点项目、教育部首批"中美高素质技能型、应用型人才联合培养百千万交流计划"及浙江省"国际化特色高校"建设等国际化领域的重大项目，学校不断拓展国际优质教育资源引进渠道，创办中外合作办学机构中澳国际酒店管理学院，实施国际旅游组织的专业标准认证，助力旅游职业教育融入世界职教话语体系；主动参与国际旅游职业教育合作与发展，牵头举办国际性学术论坛活动，加强国际旅游教育、文化、学术、技术技能等多方面的深度交流，探索中国旅游职业教育国际化办学从"引进来"到"走出去"到"再提升"的突破与创新之路。

（十一）提升人文素养教育质量

基于新时代旅游人才发展的素质能力特征，树立以人文素养教育筑造旅游高职人才培养基底的教育理念，创新实施"人文铸旅"工程，提高学生综合素养，践行文旅融合。在人才培养上，牢固树立学生的个人信仰与职业发展等方面的价值观、世界观，更加注重培养学生包括语言表达、思维方式、心理品格等在内的基本人文素养，提升学生处理人与自然、人与社会、人与人之间关系的能力。以"专家+平台"构建"行政文化系统、知识文化系统、校园文化系统、学术文化系统"四个科学运行体系，以"共性+个性"创建"2+4+X"核心课程体系，以"理论+实践"夯实"人文铸旅"的实践阵地，以美育人、以文化人，着力培养服务文旅发展、德才兼备、极具浙江旅院辨识度的现代旅游人才,彰显"中国服务之美"。

三、"浙旅绩效":汇聚"双高计划"改革任务的院校成果

学校瞄准旅游高等职业学校建设的突破口和增长点,在党建思政、人才培养、产教融合、双师队伍、社会服务、学校治理、信息化水平和国际化等方面实现重点突破和整体提升,形成了一批可复制、可推广的制度、机制、标准和模式,取得了一系列标志性成果,人才培养质量大幅度提高,社会服务能力显著提升,引领中国旅游职业教育改革创新,大步迈进中国特色、世界水平的高职学校行列。主要绩效成果见下表。

2019—2023年"双高计划"重要标志性成果一览表

类别	成果名称	级别
党建思政	1.全国党建工作样板支部2个:酒店管理系教工党支部、旅游规划与设计学院教工党支部	国家级
	2.国家级课程思政示范课程2门:《导游文化基础知识》《面点工艺》	国家级
	3.国家级课程思政示范课程教学名师和团队2个:范平团队、应小青团队	国家级
	4.高校思想政治工作质量提升综合改革与精品建设项目1个:《以"精准思政"为理念,创建"一站式"学生成长智慧社区》	国家级
	5.入选浙江省职业教育"三全育人"典型学校	省级
人才培养	6.国家级教学成果奖2项:《从引进到引领:旅游高职教育国际化办学的探索与实践》《技能迭代、跨界融通:复合型导游人才培养模式创新与实践》	国家级
	7.全国首届教材奖2项:《新编高职高专体育教程(第四版)上册》(一等奖)、《中国旅游地理(第二版)》(二等奖)	国家级
	8.职业教育国家在线精品课程5门:《中国良渚文化》《导游文化基础知识》《游遍亚运参赛国(地区)》《旅游策划》《旅游职业礼仪》	国家级
	9."十三五""十四五"职业教育国家规划教材14本:《旅游概论》《研学旅行课程设计与实施》《旅游英语综合教程(第三版)》《头等舱餐饮服务(双语)数字课程》《ASP.NET程序设计立体化教程》《市场营销策划(第3版)》《饭店服务质量管理(第4版)》《会展信息管理(第3版)》《客房运行与管理教程(第二版)》《旅游策划数字课程》《旅游线路设计实务(第2版)》《烹饪营养教程》《中国旅游客源地与目的地概况(第四版)》《中国旅游地理(第二版)》	国家级
	10.作为组长单位牵头修(制)订国家职业教育(中职、高职、本科一体化)文化、艺术、旅游类专业目录	国家级
	11.牵头制定国家职业教育旅游类新专业教学标准3个:智慧景区开发与管理、智慧旅游技术应用、智能餐饮管理	国家级
	12.教育部第二批现代学徒制试点专业验收3个:酒店管理、休闲服务与管理(茶文化)、烹饪工艺与营养	国家级

续表

类别	成果名称	级别
人才培养	13. 全国职业院校技能大赛"研学旅行"赛项承办单位	国家级
	14. 全国职业院校技能大赛获一、二、三等奖10项	国家级
	15. 中国国际"互联网+"大学生创新创业大赛获奖6项	国家级
	16. 国家级服务业标准化试点项目1项:教学服务与管理标准化试点	国家级
	17. 教育部第二期供需对接就业育人项目14项	国家级
产教融合	18. 国家级示范性职教集团1个:浙江旅游职业教育集团	国家级
	19. 国家技能大师工作室1个:金晓阳厨艺传承大师工作室	国家级
	20. 教育部职业教育校企深度合作项目1项:《景区类专业人才培养的"宋城"模式共建项目》	国家级
	21. 教育部产教融合校企合作典型案例1个:《"双交替、五对接"高职会展专业浸入式项目实践教学模式创新》	国家级
	22. 全国旅游职业教育校企深度合作项目2项:《见习经理的开元模式——以酒店管理专业为例》《基于"三类融通、十个共同"的产学研教一体化的文旅融合类职业教育改革》	国家级
	23. 浙江省人民政府哲学社会科学优秀成果1项:《大学生国家认同研究》获"基础理论研究类"二等奖	省级
双师队伍	24. 国家级职业教育"双师型"教师培训基地1个	国家级
	25. 国家级职业教育教师教学创新团队1个:智慧景区开发与管理	国家级
	26. 全国职业院校教学能力大赛一、二等奖3项	国家级
	27. 国家"双师型"教师培养培训基地2个:酒店管理专业、导游服务专业	国家级
	28. 全国行(教)指委委员5人次:王昆欣、杜兰晓(2人次)、何宏、李晓红	国家级
	29. 文化和旅游部优秀专家1人:傅林放	国家级
	30. 文化和旅游部提质培优行动计划"双师型"师资培养扶持项目2项	国家级
	31. 文化和旅游部提质培优行动计划"双师型"教师创新发展计划1项	国家级
社会服务	32. 国家社科基金项目7项:《文旅融合背景下职业教育产教融合的旅游人才培养路径与措施》(2019)、《浙江当代戏曲史》(2020)、《文化记忆视野下的乡村旅游历史人类学意义及第三水平文旅融合理论研究》(2020)、《线上线下融合的乡村文化旅游模式及实现路径研究》(2020)、《高质量发展视角下中国数字文化创意产业政策模型构建与实证研究》(2021)、《红色旅游与公众国家认同的文化逻辑及其建构策略研究》(2021)、《信息技术和人文智慧整合背景下的旅游治理体系现代化建设研究》(2022)	国家级
	33. 中国旅游研究院旅游标准化研究基地	国家级
	34. 国际标准化组织(ISO/TC 228)旅游咨询与接待服务工作组中国召集人	—

续表

类别	成果名称	级别
社会服务	35. 文化和旅游部浙江培训基地	国家级
	36. 文化和旅游部提质培优行动计划大学生团队实践扶持项目 3 项	国家级
	37. 文化和旅游部内地与港澳文化和旅游交流重点项目 1 项	国家级
	38. 全国研学旅行指导师培训基地	国家级
	39. 第 19 届亚运会战略合作单位（全国高职学校唯一）	国家级
	40. 开发并发布旅游国家标准和行业标准 2 项：国家标准《旅游民宿的基本要求与等级划分》和行业标准《旅游民宿基本要求与评价》	国家级
	41. 牵头起草并发布《营养配餐员国家职业技能标准（2022 年版）》（4-03-02-06）	国家级
	42. 教育部社区教育"能者为师"实践创新项目 4 项："'百县千碗'进社区，共同富裕先行""浙江山区 26 县乡村社区美食实践与创新""基于亚运契机的'礼仪进社区'两年行动计划""推动全民亚运 助力健康中国——亚运文化传承进社区"	国家级
	43. 教育部"能者为师"社区教育典型案例 1 个：《"百师千课"育传人，"百县千碗"惠民生》	国家级
	44. 教育部"能者为师"特色课程 6 门："短视频拍摄实务""美食制作""跟着音乐去旅行""航空急救""咖啡文化""青瓷赏析"	国家级
	45. 教育部"智慧助老"优质课程资源 2 门："老年人常见慢性病的智慧管理""康养菜肴设计与智慧制作"	国家级
	46. 国务院领导批示 1 项：《中小微旅行社经营状况调研报告》	国家级
	47. 时任浙江省委书记袁家军批示 2 项：《关于编制我省"十四五"文旅发展规划的几点建议》《关于加快打造我省新时代思想理论高地的建议》；其他省部级及以上领导批示 17 项	省级
	48. 浙江省"尖兵""领雁"研发攻关计划项目 1 项："优秀文化沉浸式实景展演服务关键技术研究与应用"（全省文科类高职学校唯一立项）	省级
	49. 2019—2023 年课题项目总数 469 个，到款金额 12171.009 万元	—
学校治理	50. 国家"双高计划"中期绩效评价"优秀"等级	国家级
	51. 教育部职业院校管理系列 50 强 3 项：育人成效、服务贡献、国际影响力	国家级
	52. 全国高职院校服务贡献典型学校（连续 2 年）	国家级
	53. 全国高职院校学生发展指数优秀学校	国家级
	54. 全国高职院校教师发展指数优秀学校	国家级
	55. 黄炎培职业教育奖优秀学校奖	国家级
	56. 教育部全国旅游职业教育教学指导委员会秘书处办公室所在单位	国家级
	57. 教育部全国旅游职业教育教学指导委员会旅行服务类专业委员会和景区与休闲类专业委员会主任、秘书长单位	国家级

续表

类别	成果名称	级别
学校治理	58. 中国职业技术教育学会智慧旅游职业教育专业委员会执行主任与秘书长单位	国家级
	59. 浙江省旅游类职业教育行业指导委员会秘书处所在单位	省级
	60. 长三角旅游职业教育联盟理事长单位	—
信息化	61. 国家级职业教育专业教学资源库1个：景区开发与管理教学资源库入	国家级
	62. 国家职业教育示范性虚拟仿真实训基地1个：现代旅游虚拟仿真实训基地	国家级
	63. 教育部"一站式"学生社区综合管理模式建设试点单位	国家级
	64. 全国第一批职业院校数字校园建设试点院校	国家级
	65. 浙江省职业教育信息化标杆学校	省级
国际化	66. 全国首批鲁班工坊运营项目1个：塞尔维亚鲁班工坊	国家级
	67. 教育部《国际中文教育中文水平等级标准》教学资源建设项目1项:《"中文＋旅游职业"新形态教材建设》	国家级
	68. 浙江省首批国际化特色校	省级
	69. 浙江省首批"一带一路'丝路学院'"3个：中俄旅游学院、中塞旅游学院、中意厨艺学院	省级
	70. 联合国世界旅游组织（UNWTO）旅游教育质量认证16个专业	—
	71. 国际旅游教育的全国首个团体标准《旅游汉语课程设置规范》（T/ZAS 4007—2020）被俄罗斯国立旅游与服务大学采纳	—
	72. 亚太经济合作组织（APEC）旅游领域研究项目1项	—
	73. 世界旅游联盟（WTA）首个高职会员单位	—
	74. 世界厨师联合会（WACS）"优质烹饪教育"资格认证学校	—
	75. 世界职业院校与技术大学联盟（WFCP）会员单位并获卓越奖3项	—
	76. 浙港职业教育联盟理事长和秘书长单位	—

注：数据统计时间截至2023年8月31日

（牵头人：蒋炯坪　撰稿人：蒋炯坪、余梦露、杨积芳）

第一章
DI YI ZHANG

党的领导
DANG DE LINGDAO

> 学校坚持以习近平新时代中国特色社会主义思想为指导，以习近平总书记关于职业教育的重要论述为根本遵循，始终坚持社会主义办学方向，始终把培养社会主义事业的建设者和接班人作为办学的初心使命，紧密对接国家战略和区域需求，扎根中国大地办学，落实立德树人根本任务，坚定不移走内涵式发展道路。

第一节 党的建设

学校党委坚持党要管党、全面从严治党，把握方向、谋划全局、提出战略、制定政策、深化改革、营造环境，做到"把方向过硬、管大局过硬、做决策过硬、抓班子过硬、带队伍过硬、保落实过硬"，在推进"双高计划"建设、加快实现治理现代化等重大决策部署中发挥掌舵领航、把关定向作用。

一、守好"红色根脉"，党建统领"把航定向"

高举习近平新时代中国特色社会主义思想伟大旗帜，坚持以政治建设为统领，深入贯彻习近平总书记对文化和旅游工作、对职业教育工作、对浙江的重要指示批示精神，全面贯彻新时代党的建设总要求，对标省委"红色根脉强基工程"和"两个先行"奋斗目标，守好"红色根脉"，扛起职教担当，努力践行"为党育人、为国育才"的初心使命。

（一）培根铸魂，坚持把政治建设摆在首位

学校党委始终坚持把党的政治建设摆在首位，把学习贯彻落实习近平新时代中国特色社会主义思想、习近平总书记最新论述和中央、省委的重大会议精神作为首要政治任务，站稳立德树人、培根铸魂、举旗定向的政治立场，引导全体党员坚定捍卫"两个确立"、坚决做到"两个维护"。制定完善《贯彻落实〈中共中央关于加强党的政治建设的意见〉的具体措施》《开展对党忠诚教育的工作方案》《党委理论中心组学

习制度》《政治理论学习巡听、旁听制度》等，各级基层党组织严格执行"第一议题"制度，党委理论中心组专题学习习近平新时代中国特色社会主义思想年均8次，及时传达学习党的十九大、十九届历次全会和党的二十大精神，学习习近平总书记重要讲话和全国教育大会、全国职业教育大会及省第十四次、第十五次党代会精神。通过加强理论武装，不断提高政治判断力、政治领悟力、政治执行力，着力提升把握新发展阶段、贯彻新发展理念、构建新发展格局的政治能力、战略眼光和专业水平。

深入推进"两学一做"、党史学习教育、"不忘初心、牢记使命"主题教育、学习贯彻习近平新时代中国特色社会主义思想主题教育，形成以争当"学习先锋、育人先锋、创业先锋"为特色的干事创业氛围。大力弘扬伟大建党精神，采用"请进来、走出去、多形式"等各种途径深入开展党史学习教育，认真学习贯彻习近平总书记在庆祝中国共产党成立100周年大会上的重要讲话精神、习近平总书记"七一"重要讲话精神，以"理论宣讲""红色讲坛""先锋夜学"等形式深入开展集中轮训。健全各级党组织政治理论学习制度，构建政治理论学习"领、讲、研、测、促"五学联动模式，实行学习重点"月提醒"制度，三年来共开展政治理论学习巡听旁听96次。党员干部把"三为"专题实践活动作为党史学习教育成效检验的"试金石"，积极落实领导干部"基层调研"、联系学生"七个一"等制度，党委书记以"坚定理想信念 练就过硬本领 投身强国伟业""青春向党 强国有我""奋进新征程 青春向未来"为主题，带头讲好"新生开学第一课"，党委班子成员深入所属支部和联系支部，定期开展讲党课专题活动，9名师生党员入选省文化和旅游系统第一批青年宣讲团，学校"师生助力全省万村景区建设"项目案例《师生献锦囊 乡村变景区》入选全省高校党史学习教育"三为"实践活动"最佳案例"。

（二）总揽全局，牢牢把握社会主义办学方向

把全面加强党的领导、党的建设贯穿办学治校全过程，以"总揽全局、协调各方"为主线，聚焦立德树人根本任务，牢牢把握意识形态领导权，全面实施"抓院促系、整校建强"铸魂工程和"四个融合"行动，把学校党建工作与事业发展紧密结合起来，围绕中心、服务大局，不断提高党委把方向、管大局、做决策、抓班子、带队伍、保落实的能力和定力，确保社会主义办学方向。

全面落实意识形态工作主体责任，牢牢把握意识形态领导权、管理权和话语权，始终把意识形态工作作为高于一切、先于一切、重于一切的重大政治任务来抓。学校党委书记履行第一责任人职责，亲自谋划部署意识形态领域重要工作，与班子成员

和二级单位签订"责任书";分管领导旗帜鲜明站在工作第一线,班子成员主动扛起"一岗双责",严格落实《意识形态工作责任制实施细则》要求;压实学院、部门工作责任,将意识形态工作纳入基层党组织考核、部门考核、干部考核体系,纳入校内巡察和班子民主生活会等,形成齐抓共管的工作格局。

每年组织专题研究意识形态工作至少3次,召开意识形态分析通报会2次,研判教师思想动态2次,开展风险隐患排查2次,完成网络舆情报告2份,提升意识形态的研究、传播和教育的质量。在统筹意识形态工作中,一是加强阵地管理,严格落实"谁主管、谁负责"原则和新媒体二级备案制度,强化对论坛、讲座、报告会、研讨会、师生社团的审批和监管责任。完善网络舆情监控体系,筑牢保障网络安全的防火墙,推进疫情、舆情、校情联动,做好舆情研判和应对,提升应急处突能力。通过深化网络评论员队伍建设,全天候收集涉校舆情,及时妥善做好处置,并有针对性地及时发声,引导舆情。定期对师生思想动态和意识形态进行研判,做好信教师生的摸底排查与备案工作,坚持教育与宗教相分离,防范和抵御宗教向校园渗透、意识形态领域和网络舆情事端。二是严把重点关口,在人才引进、教材选用、刊物审核等方面切实提高政治站位,增强政治意识和责任意识,教材坚持分级分类审核,通过打造新型现代化智慧教室实现对课堂教学的远程管控,切实维护教材教学阵地意识形态安全。进一步加强学校主办的《文化艺术研究》等刊物管理,压紧压实责任编辑制度、三审三校制度和外审专家制度。三是把握重要契机,紧密结合"改革开放40周年""新中国成立70周年""庆祝中国共产党成立100周年"等,组织开展系列主题教育活动。在抗击疫情期间,集中开展"疫情思政大课"100余场,组织师生撰写"战疫"系列言论;在党史学习教育过程中,坚持高标准、严要求,实现师生全覆盖,有力推动主流意识形态建设。

(三)系统谋划,切实将党建优势转化为发展胜势

始终把发展作为第一要务,聚焦主责主业、聚焦重点难点、聚焦基层基础,强化顶层设计,科学谋划学校发展全局。进一步健全党委领导下的校长负责制,贯彻执行民主集中制,健全"两个议事规则",落实"三重一大"制度,进一步强化学校服务国家战略和区域经济社会发展的定位,抓党建与抓发展紧密融合、同频共振,切实增强党委贯彻落实中央精神和省委决策部署的政治敏锐性、主动性和实效性,确保党的大政方针一贯到底,汇聚起听党话跟党走、推进事业发展的澎湃力量。

以系统观念、系统方法谋划长远,科学构建以大学章程为基本准则、党建工作与

治理结构全面融合的现代大学制度，科学编制并实施《浙江旅游职业学院"十四五"发展规划》，明确"特色鲜明的高水平应用型职业院校"的办学定位，提出实现"两大提升"、建成"两大高地"的总体办学目标，即提升办学水平、提升办学层次；建成旅游人才培养高地、建成服务创新高地。学校党委抢抓"双高计划"建设重要契机，积极推进党建与事业、党建与大局的深度融合。

2021年，学校党委以"建设攻坚年""治理提升年"两年活动为抓手，聚焦浙江数字经济"一号工程"建设，锚定"双高计划"建设及"十四五"发展目标，着力夯实基础、补齐短板、突出优势，集中力量攻坚克难，全面提升学校治理体系和治理能力，扎实推进"三全育人"综合改革、高职本科教育、重大标志性成果、产教融合、创新服务、国际化办学、校院两级管理、数字化改革、教师分类考核、平安校园建设等系列重大任务，取得了一系列历史性突破和标志性成果，实现了学校办学水平和发展能级的重大提升。

2022年，学校党委以深化"三教"改革、强化"三风"建设为抓手，贯彻落实省第十五次党代会精神，将学校办学职能与服务区域经济社会发展高度融合，组织广大党员干部投身于服务浙江"两个先行"主战场，举行"校地携手促共富"助力山区26县共同富裕启动大会，与26个县人民政府签署了战略合作协议，设立山区26县共同富裕学院，建立长效合作机制，发挥学校专业特色和人才优势，助力山区县文化和旅游高质量发展，深化人才培养供给侧和产业需求侧结构的全方位融合，确保学校党建工作方向和推进学校事业高质量内涵式发展同向同行。

二、对标"提质强基"，全面夯实"基层基础"

深入贯彻新时代党的建设总要求和新时代党的组织路线，认真落实省委《关于全面实施"红色根脉强基工程"、高水平打造新时代党建高地的意见》，优化基层党组织设置，加强标杆院系、样板支部培育建设，充分发挥基层党组织战斗堡垒作用和党员先锋模范作用，形成"中国服务 先锋领航"党建品牌。近三年来，学校获评国家级党建工作样板支部2个，省级高校党建工作标杆院系4个、样板支部5个，在全国高职高专院校中位居前列。

（一）融合推进，健全完善党建工作体系

高质量落实省委新时代高校党建工作"十条"，出台《落实关于〈深化推进新时

代高校党建工作的意见〉的任务分工和具体举措》，重点把握"领航、强基、赋能、创优"主线，深入实施"双建争先·提效创优"工程，扎实推进"抓院促系、整校建强"铸魂工程，党建与教育事业、师生需求、属地党建、自身内部党建工作体系"四个融合"不断深入。

切实履行管党治党主体责任，以学校"先锋工程"为总抓手，形成"党委领导、总支主导、支部主责、党员主力"的"四级联动"党建工作格局，围绕总支党建、基层党支部标准化规范化建设、党员发展和教育管理、党建品牌打造等重点任务，全力夯实学校党建基层基础。学校党委下设8个二级学院党总支，其中艺术学院、旅游外语学院开展党总支领导下的院长负责制试点，其他实行党政共同负责制；党委下设19个行政直属党支部、2个离退休党支部；二级学院党总支下设12个教师党支部、8个行政党支部、8个学生社区党支部。学校现有师生党员942人，其中教职工党员548人，教师党员约占全校教师总数的75%。严格按照上级比例，全面配齐专职组织员、专职辅导员、思政理论课教师队伍，全校党务人员和思想政治工作人员比例超过1%。实施"双线晋升"制度，思政职称评审单列指标，完善思政工作激励机制。

对标新时代高校党建"双创"工作要求、省教育厅基层党组织"两个标准"建设要求、省文化和旅游厅"六强六规范"支部建设要求和"两个指数"考评办法，大力实施"对标争先"建设计划，推进新时代高校党建示范创建和质量创优工作，加大对全国全省标杆院系、样板支部、全省高校党建特色品牌等创建的扶持力度，加强对入选党组织的常态化跟踪指导，进一步发掘、提炼、宣传先进基层党组织的做法与经验，发挥示范、辐射带动作用，引领带动党建工作质量整体提升。

（二）品牌赋能，筑强基层党组织战斗堡垒

学校将党建品牌创建作为丰富创新党建载体、更好发挥党建引领作用的切入点，积极探索完善党建品牌一体化建设，持续推动以学校党建品牌"中国服务 先锋领航"为核心的"先锋系列"党建品牌创建工作。各二级学院党总支结合自身实际，紧扣"围绕中心、服务师生、彰显特色"要求，经过不断地总结与挖掘，培育形成了一批充满活力、各具特色的子品牌，如酒店管理学院党总支"心服务 星先锋"品牌、旅行服务与管理学院党总支"e导华夏 聚力先锋"品牌、旅游规划与设计学院党总支"红雁领 先锋行"品牌、厨艺学院党总支"红炉先锋"品牌、旅游外语学院党总支"先锋辉映党旗红"品牌、艺术学院党总支"美丽人生 艺路先锋"品牌、工商管理学院党总支"三心三力 红心接力"品牌、千岛湖校区党总支"五美先锋 心心向党"品牌等，

进一步塑造"一总支一品牌、一支部一特色"的基层党建品牌体系，2个党建品牌项目入选全省高校党建"双百示范"工程项目，努力形成具有旅院辨识度、全省影响力的党建金名片。

为进一步夯实学校党建基础，提升支部建设质量，学校制定完善《开展对党忠诚教育的工作方案》《基层党组织换届调整工作方案》《关于进一步加强、规范和完善"三会一课"制度的意见》《学生党员发展实施细则》等党建工作制度，优化基层党组织设置，严格落实"三会一课"、主题党日等基本制度，落实基层党组织书记抓党建述职制度，定期开展党建督导，完善党员教育管理体系，制定党员教育培训规划，探索实施"入学入职"第一课制度，将党性修养融入人才培养全过程，进一步探索党建育人新方法。

大力推动一切工作到支部，教师党支部"双带头人"配备比例达100%，行政党支部书记100%由党员处室负责人担任，酒店管理学院、旅游规划与设计学院入选全省高校"双带头人"教师党支部书记工作室。深入开展支部"堡垒指数"和党员"先锋指数"考评工作，通过年度党支部星级评定、校级"先锋奖章"评选、"两优一先"推选等，夯实党组织建设标准化、规范化，选树一批在党建引领、教学科研、社会服务、产业发展、对外交流、服务师生等工作中有突出业绩的党员先进典型。新冠疫情暴发以来，共有11批次392人次党员志愿者积极参与校园疫情防控工作，全校基层党组织连续3年结对就业困难毕业生助其实现顺利就业，学校整体就业率达98%以上，获《光明日报》专题报道，6名先进个人、3个先进团队入选省级文化和旅游系统"抗疫英雄榜"，其中1名先进个人事迹被浙江省机关党建网站刊载。

（三）揭榜挂帅，破解党建"中梗阻"难题

坚持以问题为导向，全面审视学校党建工作中的薄弱环节，以改革创新的精神推进学校党建工作，坚持聚焦机制创新，持续推进党员干部本领提升，营造党员干部"爱抓党建、肯抓党建、善抓党建"的良好氛围，充分激发基层党组织创新活力，提升创新效能，为二级学院"抓班子""带队伍"提供强大的制度保障。

针对全省党建工作"标杆院系"培育创建中存在的"中梗阻"问题，学校深入开展党史学习教育，把落脚点放在"办实事、开新局"上，将"揭榜挂帅"制引入党的建设领域，把党史学习教育同总结经验、观照现实、推动工作结合起来，聚焦党建工作难点热点，列出了"政治理论学习走心走实走深模式构建""构建基层党建和业务工作互融共促机制""健全高职院校党员发展、培养、管理'全链条'机制""党建工作进学生公寓模式创新""新生入党启蒙教育体系设计""高职院校流动党员教育管理对策"6项研究课题，8个二级学院采取单独或联合揭榜的方式，共同推动党建攻坚项目"揭榜挂帅"制落地落实。

"揭榜挂帅"坚持问题导向、需求导向、成果导向，推动研究成果解决真问题，通过比挂帅出征的干劲、比竞争揭榜的闯劲、比揭榜攻关的拼劲，在破解难题中锤炼过硬本领，提升工作能力，让党建创新"活"起来、"燃"起来。在学校党委统一领导下，党委组织部负责对此项工作进行组织、指导、督促。同时，各党总支相应成立工作领导小组，根据揭榜情况和实际制订"揭榜挂帅"党建攻坚项目具体实施方案，扎实推进"榜单"任务顺利实施。经过一年的研究实践，8个二级学院均取得了行之有效的攻坚成果。比如：酒管学院党总支、千岛湖校区党总支探索"党建进公寓"创新模式，以一站式学生社区为载体，将基层党建与社区服务管理相结合，推动思想政治工作由课堂延伸到社区，切实打通学生党员教育的"最后一公里"；旅管学院党总支着力破解党建业务"两张皮"问题，通过融合思想、力量、载体、成效四大要素，以点带面、抓纲带目，推动基层党建和业务工作"双促双融"；规划学院党总支针对学生流动党员，探索和实践"行前培训—动态管理—双向考核"的全方位闭环管理模式；厨艺学院和外语学院党总支共同研究构建"四加四促""六加六促"政治理论学习模式；艺术学院党总支创新建立新生入党启蒙"4+N"育苗体系，切实把学思用、知信行贯穿其中；工商学院党总支探索构建学生党员发展全链条管理体系，设计学生党员全链条管理手册，确保发展党员各环节可查询、可追溯、可展示。"揭榜挂帅"制改变了以往党建工作自上而下安排的被动管理模式，有效激发了二级学院的创新活力。

三、胸怀"国之大者"，同频共振"立德树人"

紧紧围绕立德树人根本任务，以"回归常识、回归本分、回归初心、回归梦想"为基本遵循，坚持"育人为本、德育为先、能力为重、全面发展"的人才培养理念，以师德师风建设为主线，筑牢教书育人精神高地，以干部人才队伍建设为核心，全面增强协同育人合力，以党风廉政建设为保障，构建优良育人环境。

（一）示范引领，师德师风建设不断加强

深入贯彻落实教育部等七部门印发的《关于加强和改进新时代师德师风建设的意见》及省委、省政府《关于全面深化新时代教师队伍建设改革的实施意见》，制定出

台《关于进一步加强师德师风建设的实施意见》《教职工师德师风负面清单及师德失范行为处理办法（试行）》等文件，进一步明确各部门师德建设工作职责，建立师德师风负面清单考核制度，实施师德一票否决制。推进落实师德师风建设考核评价、监测、问责三项制度，将师德师风表现作为岗位聘用、职务评聘、绩效考核等工作的重要内容，着力构建师德师风建设长效机制。

"青蓝工程"是学校加强教师队伍建设的重大举措。从入职开始，开展新进教师专题培训会，邀请校内外专家开展师德师风专题讲座，着力加强教师职业理想和职业道德建设；举办新教师入职宣誓仪式，由学校领导为新教师上"入职第一课"；以"青年教师导师制"和"辅导员导师制"为抓手，选配优秀教师担任青年教师的成长导师，提升教师的教学能力，大力培育高尚师德，树立良好师风，营造风清气正的育人环境；成立学校青年教师发展促进会，以青年教师实际工作中的问题和需求为导向，组织开展"青享会"学术沙龙、"青培营"专项培训、"青联会"主题联谊等一系列"青"字特色品牌活动，助力青年教师全面发展。

认真贯彻落实"四有"好老师、"四个引路人""四个相统一"要求，以师德师风建设"五个一"活动为载体，即师德师风主题培训班、"旅院最美教师"主题研讨会、师德师风警示教育活动、师德先进事迹学习会、选树学校"最美教师""黄大年式教师团队"优秀典型等，激励广大教师不忘立德树人初心，牢记"为党育人、为国育才"使命，营造"学为人师、行为世范"的师德师风建设氛围。

（二）变革重塑，干部人才队伍不断优化

深入贯彻"党管干部、党管人才"原则，实施人才强校战略，引育并举，严管厚爱，持续深化干部人事改革，注重科学规划、盘活资源、育才纳新，干部队伍和人才队伍结构进一步优化，为推动学校高质量发展提供强有力的队伍保证。

按照"知事识人、序事辨材"的思路，不断拓宽选人用人视野，坚持以"政治强、业务强、管理强"的标准选拔干部，一是突出政治首位标准，将政治建设贯穿到选人用人全过程，筑牢"两个维护"的政治忠诚；二是完善识别评价机制，将政治标准细化落实到选任原则、任职条件；三是落实政治生态分析研判制度、政治监督制度，画好干部政治画像。学校党委制定出台《2021—2025年干部教育培训规划》《关于印发开展干部增强"脚力、眼力、脑力、笔力"教育实践工作的实施方案的通知》等文件，聚焦"七种能力""五种思维"，突出干部政治能力和治理能力教育，实现干部队伍结构和素质双优化。学校党委坚持严管厚爱并举，关心关爱干部成长，落实干

部谈心谈话制度，关注掌握干部工作、思想、健康等状况。坚持多部门联动，构建干部大监督工作机制，从严从实监督干部，及时发现和纠正苗头性、倾向性问题，激励干部主动担当作为，营造良好的干事创业环境。

　　为建设一支"唯实惟先、善作善成"的干部队伍，学校党委积极推动变革型组织建设、提高干部队伍塑造变革能力。一是重塑班子队伍结构功能，选优配强二级学院领导班子和部门负责人，推动新陈代谢、迭代升级，打造堪当重任、战斗力强的坚强班子队伍。重点实现班子结构功能"四优四强"，即年龄结构优、专业结构优、经历结构优、气质结构优，"一把手"强、班子领导能力强、作风纪律强、解决问题能力强。二是重塑干部塑造变革能力，按照提升干部推进现代化建设新能力要求，着力打造堪当守护红色根脉的旅院干部铁军，不断提升政治判断力、政治领悟力、政治执行力。重塑专业能力提升机制，扎实推进干部增强"脚力、眼力、脑力、笔力"教育实践工作，注重把敢于变革、善于变革、"八个力"强的干部发现出来、使用起来，坚持把关键岗位作为培养干部塑造变革能力的重要平台，及时把有培养潜力的干部放到关键岗位、重要岗位上磨炼培养。三是重塑干部工作体系，以构建"一体系三机制"为牵引，推动干部工作理念、方法、手段、工作、机制全方位、系统性、整体性变革。紧紧抓住数字化改革这一总抓手，建立并完善干部立体画像、干部立体培养、干部立体考核、干部立体监督等机制，落实"干部为事业担当、组织为干部担当"良性互动机制，进一步推动形成良好政治生态。

　　坚持"外引内育、引育并举"的理念，遵循"专业为主体、学院为主责、学校为主导"的人才引育原则，深化人才评价改革，修订专业技术评聘办法，全力打造高素质人才队伍。一是健全党管人才领导体制和工作格局。成立党委人才工作领导小组，重点抓好人才发展战略、政策制定和重点人才工作。设立人才发展与工作办公室，提升人才工作的管理服务水平。将人才与师资队伍建设发展规划作为学校"十四五"规划重点任务之一，学校每年实行人才重点工作任务"挂图作战"，压实校院两级人才工作目标责任。二是引育并举优化人才结构。一方面通过优化人才引进政策，拓宽人才引进渠道，加大人才引进力度；另一方面启动学校"百名博士"培养工程，未来三年计划打造出具有百人规模的国际化博士师资队伍。三是健全校院两级领导班子联系高层次人制度。深化以价值贡献为导向的薪酬分配制度改革，将优质资源向关键岗位和优秀人才倾斜。定期举办教授博士座谈会，营造尊师重教的良好氛围，把办好人才工作"关键小事"作为"头等大事"来抓，不断增强教师荣誉感和幸福感。四是积极构建人才助力共富体系。学校全面启动"助力山区 26 县共同富裕三年行动计划"，通过建立以"领导干部+专家教授"为核心力量的助力帮扶团，选派挂职干部、成立大师工作室等，打造人才服务山区共富新引擎，并入选浙江高校干部人才助力山区 26 县高质量发展创新案例。

（三）清廉护航，党风廉政建设不断深入

坚决贯彻中央、省委关于全面从严治党的工作部署，自觉扛起"管党治党、办学治校"政治责任，着力构建全面从严治党"四责协同、一体落实"长效机制，扎实开展"清廉旅院"建设，一以贯之、纵深推进全面从严治党。

贯彻落实《党委（党组）落实全面从严治党主体责任规定》《关于深化推进新时代高校党建工作的意见》，出台《党风廉政建设党委主体责任清单》《党风廉政建设纪委监督责任清单》《关于开展"清廉教育"建设的实施意见》《"清廉旅院"建设工作实施方案》《全面从严治党巡察工作办法（试行）》《贯彻落实〈关于深化推进新时代高校党建工作的意见〉任务清单》《"建设清廉单位、创建模范单位"活动重点工作任务清单》等制度，制度化推进新时代全面从严治党和党的建设工作走深走实。

坚持严管和厚爱相结合，围绕"小微权力"清单定期开展风险防控研判，推动"四责协同"发挥效能，积极建设清正廉洁的模范单位。一是细化政治监督，夯实"保障"根基。压紧压实主体责任，逐级签订责任书，健全岗位廉政风险防控机制。落实省文旅厅"七张问题清单"工作要求，细化工作方案，完成整改销号。聚焦关键少数，强化对"一把手"和领导班子的监督工作，实行"四看四提"集体谈话常态化监督机制，制定出台"五张责任清单"细化方案、《监督执纪第一种形态实施办法》等制度，梳理小微权力清单，提升监督力度、打造履职尽责"共同体"。二是强化监督问责，打好"攻坚"根基。制定年度部门党风廉政建设责任清单、年度党风廉政建设分析会工作方案，实行设立校纪委派驻工作机构和纪检监察员制度，开展校内巡察、正风肃纪专项检查、警示教育月活动、反腐倡廉宣传周活动等。三年来，对学校重点风险领域事项开展监督 100 余次，开展疫情防控、纠治"四风"等专项监督 90 余次。校领导接访 19 次，接待师生 37 人，解决问题 52 个。对班子成员、本级管理干部的轻微问题开展约谈 25 人次。积极探索智慧监督，校招标采购大数据监督一体化平台入选 2022 年省教育领域数字化改革创新试点项目。三是深化廉洁教育，筑牢"聚魂"根基。警示教育注重分级分类，不断提高精准性、有效性。开展以"六个一"为主要内容的廉洁文化和警示教育活动、师德师风建设月等活动。创建"一旅清

风·一路阳光"廉洁文化品牌，着力构建"一贯通、二融入、三结合"的"1+2+3"廉政教育体系，厚植校园廉洁文化基因。二级学院建好"清廉家园"，开展好"一院一活动"，成立"清廉社团"，全力营造良好的校园清廉教育氛围。

第二节 三全育人

学校围绕落实立德树人根本任务，将"三全育人"综合改革纳入学校党委工作任务，列为"双高计划"重点建设指标和"十四五"规划项目。充分挖掘学校各群体、各岗位的育人元素，自觉承担起对学生进行正确价值引领和优秀品质塑造的育人职责，构建教书育人、管理育人、服务育新机制，形成全员育人合力。

一、四维合一，倾力打造"三全育人"新模式

学校在育人理念、思路、机制、载体、方法等各方面进行创新性探索，推动"三全育人"提质创新，着力培养有理想、敢担当、能吃苦、肯奋斗的新时代好青年，培养担当民族复兴大任的时代新人，并形成德育为先、四融并进、以文化人、数智驱动"四维合一"的"三全育人"新模式。

（一）德育为先，厚植文旅人才"红色基因"

学校成立"三全育人"综合改革领导小组，制定《关于全面推进"三全育人"的实施意见》，明确包含课程育人、科研育人、实践育人、文化育人、网络育人、心理育人、管理育人、服务育人、资助育人和组织育人在内的十大育人体系建设任务，厘清责任清单、示范清单、负面清单，做到总体有框架、落实有抓手、实施有载体、成效有评估。学校主要领导每年与各二级单位负责人签署"意识形态""党风廉政""校园安全"三大责任书，强化全员育人意识，构筑全程育人体系，夯实全方位育人责任。

围绕深入贯彻实施"红色根脉强基工程"，学校以"先锋工程"为总抓手，深化基层党组织规范化、体系化、品牌化建设，扎实推进"政治铸魂、强基固本、效能聚力、头雁培优、思政育人"五大行动，将基层党建工作与学生服务管理相结合，打造富有旅院特色、符合思政要求、贴近学生实际生活的全员、全过程、全方位育人格局。

学校主动探索和挖掘红色旅游文化要素，利用校内"红色之旅"主题馆开展爱国主义教育、思想政治教育和党性教育。同时，发挥校内外实践育人基地"第二课堂"作用，通过沉浸式讲解、互动式体验，将红色文化和旅游资源优势有效地转化为思想政治教育生动鲜活的教材，让学生受到思想的启迪与内心的浸润，从而也使思想政治教育更具引导力和影响力。

（二）四融并进，提升旅游英才职业适应性

融合理实，课赛并重。学校创新毕业证、职业技能等级证书、综合素质学分证书"三证制"学生综合评价制改革，构建以"一路阳光""一技之长""一生微笑""一流服务"为核心模块的综合素质评价体系。强化岗课赛证一体化人才培养模式，重构"通识课＋平台课＋模块课＋拓展课"课程体系。学校入选省级人才培养优秀案例，获评教育部思想政治工作精品项目，五年来学生共获国家级奖项 321 项、国家奖学金特别奖 4 名。

融汇产教，修身力行。学校以"多元融合""多岗递进"实践教学模式为核心，实现教学与实践、实习与岗位无缝对接。历届毕业生就业竞争力、用人单位满意率、母校满意率等指标均居全省高职学校前列，全省 70% 以上的旅游企业管理层均为本校毕业生。毕业生就业率始终保持在 98% 以上，2021 年，在新冠疫情考验下，就业率仍取得 99.27% 的历史性突破，并作为唯一高职学校代表在全国 2021 届高校毕业生就业工作会议上作典型发言。

融入文旅，培根铸魂。学校通过旅游赋能乡村振兴实践，进一步培养学生的实践才干，增强"三农"情怀，成功入选《2021 世界旅游联盟——旅游助力乡村振兴案例》。打造全省首个乡创基地，学生获省级乡村振兴等创新创业大赛金奖 12 项，全国"互联网＋"大赛银奖。学校 3000 多人次学生积极响应国家乡村振兴和浙江美丽乡村建设号召，参与"万村景区化建设""旅游微改造、精提升"等省文旅重大工程。

融通国际，拓宽视野。学校为学生搭建广阔的对外交流平台，建立 3 家境外办学机构，与全球 22 个国家和地区的 40 所高校、85 家旅游企业建立紧密型合作关系，16 个专业获联合国世界旅游组织旅游教育质量认证（UNWTO TedQual），《国际中文教育中文水平等级标准》获批教育部教学资源建设项目。学校 7 次获世界旅行及旅游合作组织（GTTP）全球案例研究竞赛一等奖，获国际大赛奖项 71 项，连续 3 年入选全国高等职业院校"国际影响力 50 强"，获评浙江省国际化特色校。

（三）以文化人，强化学子内在人文素养

创新人文素养课程体系。学校构建以《人文素养概论》《旅游职业礼仪》为核心的"2+4+X"课程体系，建立人文素养公共选修课、人文大讲坛及以社会实践为主的素质教育第三课堂，启动"特长+"计划，获国家级、省级奖项15项，获省级教学类项目10项。2021年《旅游职业教育人文素养课程体系设置指南》（T/ZAS 3018—2021）团体标准经浙江省标准化协会正式发布；2022年《旅游职业教育人文素养课程设置指南》国家行业标准（LB2022-08）经全国旅游标准化技术委员会批准立项。

优化人文素养育人载体。学校深入实施"人文铸旅"工程，成立人文素养教育中心和工作委员会，聘任知名专家组成专家委员会，着力打造一支"名师领衔、团队负责、专兼结合"的素质教育教师团队。与省社科联共建省文旅融合研究基地，与良渚遗址管理区管委会等10余家单位共建共享培养基地，与浙江音乐学院等本科院校共建校际联盟。

擦亮"中国服务"育人品牌。学校着力打造"中国服务"人才培养摇篮，选育数千人次学生担任了G20峰会、世界互联网大会、世界旅游联盟大会等高规格会务礼仪服务，收到国务院多个部委的感谢信，成为与杭州亚组委签订全面战略合作唯一高职学校。通过学校的悉心培育，学生中涌现出"中国红十字会总会十大最美救护员"夏振辉、参加新中国成立70周年阅兵联合军乐团的郑丽萍、面对疫情勇当最美"空中摆渡人"的陈雨珩、大二就获得"浙江省青年岗位能手"的江博等众多阳光榜样。

（四）数智驱动，创建高职智慧化育人新范式

构建"一件事"数字校园大脑。学校构建了集科研服务、教学管理、质量监控、后勤服务、平安安全、疫情防控于一体的数字校园大脑，打造"一体化"智慧思政平台，实现学生数据治理"一枢统管"；打造智慧社区，做到常规学生事务100%"网上办"，核心业务100%"掌上办"，校内推行"E码通"、刷脸支付、智慧报修、智慧订送餐、功能室预约等服务，学生的衣食住行需求无忧化。目前学校70%以上的教室完成了智慧化改造，在推进学校治理现代化的同时，丰富了学生的上课体验。学校成为浙江省首批数字校园建设示范校、教育领域数字化改革第一批创新试点学校。

牢固"一站式"综合管理模式。学校以大数据共享为支撑，以"创新书院""守正书院""初心书院""沐心书院"等实体为依托，推进党建团建进学生社区、进寝室楼幢，构建了学生社区与学院、教师与学生密切联系、联动融合的党建引领体系和"网格化"管理模式，实现理想信念"浸入式"教育，使学生社区成为学生党建前沿

阵地、"三全育人"实践园地、平安校园样板高地。入选教育部"一站式"学生综合管理模式建设试点单位。

二、守正创新，全力挖掘"三全育人"新动能

学校始终以铸魂育人的责任与担当，不断创新整体工作思路、工作方法，与时俱进，深入谋划工作布局，优化育人工作体系，强化育人队伍建设，营造一流育人环境，不断挖掘育人新动能。

（一）合力共为，优化育人工作体系

学校党委书记落实党建第一责任人职责，领导班子成员强化"一岗双责"，并统筹学校保卫处、团委、后勤、校友办、招就处、创新创业学院等多个部门，构筑全方位、多维度的育人服务网，为学生全面成长成才提供服务保障。学校一直重视二、三课堂的育人作用，创新学生综合评价制改革，打造社区旅游类产教融合创新创业实践平台，带领学生开展大量理实结合实践项目，为学生就业创业打下坚实基础。《"四驱联动"打造心理育人"护航编队"——浙江旅游职业学院全面探索心理健康教育工作体系》《以数字改革赋能校园治理能力提升——浙江旅游职业学院管理育人体系》《"七彩阳光"点亮青春梦想——浙江旅游职业学院资助育人体系》《秀水含章筑美景 厚植沃土育英才——浙江旅游职业学院"环境育人"》《以旅彰文谱新篇 以文化人润无声——浙江旅游职业学院文化育人体系》《弘扬劳动精神 培育最美文旅人——浙江旅游职业学院着力构建"中国服务"劳动育人体系》6个工作体系，作为典型案例入选《浙江省高校"三全育人"综合改革丛书》。

（二）能力提升，强化育人队伍建设

学校通过制定《思政队伍建设"十四五"规划》、创新辅导员职称评聘办法、实行辅导员导师制、建立辅导员工作室等综合施策，打造"六要"思政队伍。出台了《关于深化"三教"改革、强化"三风"建设的实施意见》，实施了以"四融五美"为核心的"课堂革命"，构建了"思政课创优361"模式，着力培养"四有"好老师。学校至今已持续开展11年的"星光计划"，以分类分层培养为抓手，开展实施"名师培养工程""青蓝工程""兼职教师队伍建设工程""双师素质提升工程""国际化师资培养工程"，为学校人才培养、科学研究和社会服务提供智力支持和人才力量。

（三）润物无声，营造一流育人环境

学校高度重视思想引领在育人工作中的重要作用，将党建与4A景区校园紧密结合，着力打造一流育人环境。设立了社会主义核心价值观宣传栏、习近平总书记寄语青年墙、党史宣传旗、"旅院精神石"、"旅院精神书卷"、校友墙等文化景观，营造浓郁的"阳光旅院"氛围。学校以"人文铸旅"工程为依托，在学生社区举办各类节日，打造丰富多彩的校园社区文化生活，不断增强学生人文综合素养。优化学生社区功能布局，提升环境育人功能，学生社区党团活动室、心理咨询室、团辅室、宣泄室、健身房等设施一应俱全，为每幢宿舍楼配备谈心讨论室、自习室、自助洗衣房，每个校区都有DIY学生小厨房，充分满足学生阅读、研讨、咨询、展示、健身、休闲、社交等需求。

三、凝心聚力，竭力提升"三全育人"影响力

学校不断健全全员育人、全过程育人、全方位育人的体制机制，通过将工作扎实做在基层，畅通师生沟通渠道，不断优化数字化建设，鼓励学生在助力乡村振兴过程中身体力行，知行合一，不断强化专业技能，增强社会责任，树立家国情怀。

（一）下沉"工作重心"，全员育人更精致

学校将"以生为本"作为重中之重，以满足学生物质和精神层面双重需求为核心，推动育人队伍和各项资源力量下沉聚力。校党委书记、校长带头，协同党政干部、专任教师、思政辅导员、校友、后勤服务、学生群体等，形成自上而下、多元多维的育人格局。深入开展学校领导干部深入一线"面对面"联系学生工作，建立领导干部联系学生"七个一"制度，自2019年起定期举办"书记面对面""校长有约"等系列活动，及时回应学生关切；领导干部主动进课堂、进班级、进社区、进食堂、进社团、进网络，深入一线联系学生；坚持教职工"1+1"联系寝室制度，学校全体教师及行政人员每人至少联系一个寝室，每学期根据联系寝室在校情况进行动态调整；专任教师、思政辅导员、心理咨询师、优秀校友、行业专家等走进学生社区，倾听学生所需，了解学生所思，解决学生之困，开展课程答疑、社团指导、心理辅导、生涯规划和创业扶持等；后勤阿姨则从学生日常衣食住行入手，在关心、关爱学生之余引导其热爱劳动、崇尚劳动，身体力行地开展思政教育。

围绕育人主体，协同积聚校内资源、校友资源、行业资源、家庭资源向一线汇

聚，形成育人合力。以座谈、沙龙、讲座等形式"引进来"，因地制宜地开展专业认知教育、理想信念教育、生命教育、人文素养教育，以实践、实习、实训等方式"走出去"，深入基地、乡村、县区，引导学生在调研实践中关注行业态势，增强专业本领，提高思想觉悟，促进学生德智体美劳全面发展。

（二）解锁"专业＋实践"，全过程育人更到位

学校坚持"专业＋行业""专业＋实践"的人才培养理念，积极探索互融互通的教育教学模式，在搭载智慧平台的基础上，贯穿学生成长成才全过程，培养德技双修的文旅行业英才。除传统的课堂学习外，将顶岗实习、实训写入人才培养方案，同时搭载校企合作式、定制式、学徒式人才培养模式，在零距离对接未来就业岗位中引导学生"在学中做、在做中学"，从而真正读懂专业味道、感悟专业魅力，激发学生爱岗敬业、甘于奉献的职业精神和勤勉修技、精益求精的工匠精神。针对不同学院教学和专业内容，设置体现专业特色的比赛项目和评比活动，开展如技能节、职业技能大赛等多种形式的活动、竞赛和评比，在同台竞技和互相切磋中展示风采、磨砺意志，发挥以赛促学、以赛促教，实现教学与教育相统一。

将劳动育人元素融入各二级学院的专业教学中，加大劳动观念、态度和精神的培养，鼓励服务性、创造性的劳动；在二级学院专业文化品牌建设中，加大劳动技能、职业技能等相关方面的权重，强调结合专业特色的高质量、服务性劳动，着力在劳动育人实践中培养最美文旅人。

（三）实现"场景化协同"，全方位育人更智慧

学校通过数字化平台建设，有机统筹大数据、人工智能技术与思政工作协同创新，打造智慧思政平台，聚焦思政育人。通过学生思政行为数据收集、应用开发、数据分析、智能预警、智能建议等功能的建设，对学生学业、心理、经济、安全等进行全方位的综合研判与预警分析，实现多场景交互分析与应用，形成智慧思政工作闭环管理，提升思政育人效能，让思政工作更便捷、更效率、更智慧。打造智慧社区安全管理平台，聚焦学生身心安全。集预警研判、接警处置、留档追溯等功能于一体，提升对校园的重点学生及突发事件的前端感知和预判预防能力，实现无感智能预警，学生安全态势从"被动应对"向"主动防控"转变。

同时，对学校硬件设施设备进行资源整合和智慧服务升级，赋能智慧化学生教育教学与管理服务。完成10幢宿舍楼智慧考勤系统、12台触屏服务终端、45间智慧教室、50套人脸识别支付终端、100台套刷卡终端、1500台套门禁终端的硬件设施建设，全

方位构建智慧社区服务生态圈。人脸识别技术广泛应用于课堂考勤、宿舍校园出入、晨跑锻炼、校园支付等多场景多任务，后勤系统、学工系统、教务系统实时动态数据读取与交互匹配，在一键式协同联动中夯实育人"新阵地"，提升思政工作"决策力"和"精准度"。

第三节　马克思主义学院建设

学校马克思主义学院成立于2019年6月，以建设成为全国旅游院校中有影响力的马院、浙江省重点马院为目标，紧紧围绕立德树人根本任务，坚持"内强""外联"两手抓、双提升，围绕"创、活、实"三字工作法，不断加强自身建设，在马克思主义理论教学、研究、宣传和人才培养等诸多方面开创了崭新局面，在全国旅游高等职业院校中形成了一定影响力。

一、在"创"字上下功夫，构筑育人"精神坐标"

按照学校"高起点规划、整体性推进、重点中创新、难点上突破、特色化打造"的建设思路，高起点建设马克思主义学院，坚持上下联动、齐抓共管，全员参与，打造思政教育"发动机"。

（一）举旗定向，对标对表谋划发展布局

对照教育部《普通高等学校马克思主义学院建设标准（2019年本）》等文件要求，全面研究部署马克思主义学院发展各项工作，不断提升马克思主义学院建设的科学化、规范化、现代化水平。

学校成立马克思主义学院建设领导小组，由学校党委书记、校长任组长，分管思想政治工作的党委副书记任副组长，宣传部、人事处（教师发展中心）、教务处、科研处、学工部（学生处）、团委、马克思主义学院等部门负责人为成员，领导小组定期召开会议，研究解决马克思主义学院建设发展中的重大问题。编制马克思主义学院"十四五"发展规划，把"习近平新时代中国特色社会主义思想概论"课作为学校国家"双高计划"重点课程列入建设。

学校党委严格履行对思想政治理论课实行全面领导的主体责任和党委书记第一责任人的职责，牢牢把握方向，及时指导工作。学校党委书记直接联系马克思主义学院，学校党委会、校长办公会定期研究马克思主义学院和课程建设问题，在资源配置、条件保障、队伍建设等方面给予重点支持。同时，在学校"十四五"规划中把思政课建设情况纳入学校党的建设工作考核、办学质量和学科建设评估标准体系。马克思主义学院下设"毛泽东思想和中国特色社会主义理论体系概论""思想道德与法治""习近平新时代中国特色社会主义思想概论""形势与政策"4个教研室，建成1个浙江省高校思政名师工作室。

2019年，根据《中共中央办公厅 国务院办公厅关于深化新时代学校思想政治理论课改革创新的若干意见》文件精神，学校制定了《浙江旅游职业学院新时代思想政治理论课改革创新实施方案》；根据中共中央、国务院《关于加强和改进新形势下高校思想政治工作的意见》和教育部《普通高等学校马克思主义学院建设标准（2019年本）》等文件精神，学校制定了《马克思主义研究宣传中心建设三年行动计划》；2020年，马克思主义学院在新冠疫情期间按照学校提出的"停课不停教、停课不停学"的工作要求，结合思想政治理论课程教学实际特点，因事而化、因时而进、因势而新，及时制定《浙江旅游职业学院新冠肺炎疫情防控期间思想政治理论课教学方案》，疫情期间开课率达到100%。与此同时，为推动思政课教学改革，提升教学质量，学院制定了《马克思主义学院教研工作方案》《马克思主义学院教考分离试点工作实施方案》等；为进一步加强实践教学，充分发挥实践环节的多元化育人功能，专门制定了《浙江旅游职业学院思想政治理论课实践教学方案》。

（二）互融互促，引领构建"大思政"格局

学校积极构建"大思政"格局，作为新时代思政课质量提升的战略选择和有效路径，努力推动新时代马克思主义学院的高质量内涵式发展。

充分发挥马克思主义学院在"课程思政"建设中的作用。学院以"一师一专业"为原则，每位思政课专任教师联系1个专业，以"手拉手"形式全程参与"课程思政"建设，通过理论宣讲、集体备课等方式，共同组成课程思政教学创新团队，建立思政课程与课程思政协同育人机制。思政课教师负责开展课程思政建设教学理论创新与实践、教学资源开发，指导挖掘旅游大类专业课程中的思想政治教育资源及课程思政的案例库建设，分类推进、共建共享的课程思政内容建设体系，基本实现课程思政全覆盖。马克思主义学院深度参与课程思政项目建设，省级项目立项5项；与二级学院共同建设的"面点工艺"课程，入选教育部课程思政示范课程，授课教师入选教育部课程思政示范课程教学团队；教学案例入选《浙江省高校2021年度课程思政教学改革

"红船精神"+课程思政系列活动》案例征集;编写的《基于红色旅游资源场馆的虚拟仿真体验式研学旅行专业课程思政探索》案例入选中国职业技术教育学会"旅游职业教育课程思政案例集"汇编;《基于产教融合的课程思政与思政课程"12345"双同提效机制研究》获得浙江省教育厅第一批省级课程思政教学研究项目立项;《中华优秀传统文化融入高职院校"大思政"育人的路径》获得浙江省哲学社会科学规划课题立项;《基于数字化红色展馆的研学旅行专业课程思政教学研究》获得省级课程思政教学项目立项。

学院坚持把"思政小课堂"和"社会大课堂"有机结合起来,积极组织思政课教师主动走出校门,走向社会、机关、企业、社区、乡村,推动党的创新理论进头脑。近年来,有《"浙东唐诗之路"保护开发的困境及建议》《推进浙江文化与旅游深度融合发展的建议》等多个对策报告获浙江省委领导批示。着力打造"两山"理念思政课教师社会实践研修基地,基地以安吉余村为依托,紧紧围绕浙江省实施生态省战略实际,开展高校思想政治理论课教师实践研修培训工作。充分发挥浙江的区位优势及学校专业、师资、科研等优势,整合学校的优质教育培训资源,以"扎根本校、带动长三角、辐射全国"为新发展格局,开展高校思政课教师实践研修培训,明确"高水准的社会考察基地、高水平的教改交流平台、高质量的案例教学来源库"的功能定位,不断增强思政课教学的时代感、亲和力、说服力,推动思政课建设内涵式发展,让思政课与时代同频共振,实现"思政小课堂"和"社会大课堂"有效衔接。

积极开展大中小学思政课一体化建设,依托学科、人才、智库等优质资源,强化推进大中小学思政课一体化建设的责任意识和使命担当。2023年4月成立大中小学思政课一体化理实中心。加强对校史资源、红色基因的挖掘、整理和研究,深刻阐释其中蕴含的人文精神、价值理念、道德规范,积极与中小学思政课教师进行文化资源共享,为中小学教师提供独具特色的教学素材库。定期开展教育教学交流活动,共同举办思政课教学实践活动、"手拉手"集体备课活动等,为各学段思政课教师提供切磋展示、提升突破的平台,切实加强思政课教师之间的沟通合作。

(三)攻坚突破,探索开创"思政课创优361"模式

学校积极探索"思政课创优361"模式,以课程衔接有序、教材内容鲜活、教学效果良好、教师选配优质、体制机制完善、评价体系健全、协同效应显著、支持体系有力为目标,进一步完善和加强思政课教学工作,充分发挥思政课落实立德树人根本任务的关键课程作用,守好主阵地,唱好主旋律。

"3"即"三创",包括创新课程体系、创新课程内容、创新教学手段。开足4门思政必修课及"四史"选择性必修课程,严格落实规定学分,立足学校实际开设"课说浙江"等思政系列选修课程;4门思政必修课程全部使用由国家教材委员会统编统审教材,并充分利用"全国高校思政课教师网络集体备课平台"等平台与渠道获取优质教学资源;建设网络教学资源库,打造具有校本特色的思政课教学资源库,推进现代信息技术应用,开展"移动终端教学互联"教学改革,做强第二课堂,以"红色讲坛"、暑期社会实践活动等为载体,深化第二课堂教学。

"6"即"六优",包括优化师资力量、优化评价机制、优化激励机制、优化教研水平、优化科研水平、优化课程思政。配齐专职思政课教师,完善兼职教师队伍,建立校外讲师团,加强师资培训,鼓励思政课教师在职攻读马克思主义理论博士学位,建设育师载体,以省级名师工作室为抓手,加大对青年教师的培养力度;通过优化综合评价、优化职称评聘、优化成果认定等方式优化评价机制;项目成果激励,把思政课教师和辅导员中的优秀分子纳入学校高层次人才项目并给予倾斜支持等,干部选拔激励,把思政课教师作为学校干部队伍的重要来源,经费补贴激励,按每生每年不低于30元的标准提取专项经费用于思政课教师的学术交流、实践研修等,资格审查激励,严把政治关、师德关、业务关,实行不合格思政课教师退出机制;完善集体备课制度,深化教学展示活动,开展优秀思政课示范课讲授活动,探索建设思政课慕课、融媒体思政公开课;鼓励申报高层次项目,强化科研能力培养,完善成果培育机制,鼓励思政理论科研成果创新和高产;梳理各门课程所蕴含的思想政治教育元素和所承载的思想政治教育功能,实现"课程思政"覆盖全课程体系,建成校级"课程思政"精品课程、名片课程、教学案例库等。

"1"即"一强",指强化组织领导。建立学校党委书记、校长带头抓思政课机制,学校党委书记、校长带头走进课堂听课讲课,学校党委书记、校长每学期至少给学生讲授4个课时思政课,学校领导班子其他成员每学期至少给学生讲授2个课时思政课。以"新生第一课""毕业寄语""书记面对面""校长有约"等活动为载体,宣传党的教育方针,积极传播马克思主义科学理论,弘扬社会主义核心价值观,推动思政课建设;学校党委书记、校长以"1+1"结对的形式带头联系思政课教师;进一步深化学校领导干部"面对面"联系学生的"七个一"工作机制。

二、在"活"字上下功夫，扎实建好关键课程

马克思主义学院以学校"三教"改革、"三风"建设工作为契机，紧紧围绕提升思想政治理论课教学实效性为核心目标，立足教学方法、教学资源、实践教学等层面，打好提高高校思政课质量和水平的攻坚战，高水平推进思政理论课改革，夯实思政理论"主阵地"。

（一）改革创新，完善教学质量提升机制

制定《马克思主义学院教研工作方案》《思想政治理论课实践教学实施方案》《马克思主义学院教考分离试点工作实施方案》，强化思政课制度建设和改革创新，着力提升思政课教学的规范性与实效性。

依托思政课4个教研室，确立常态化"三级备课""二级教学质量反馈"制度。"三级备课"即每周各教研室集中备课，每月全院教研室统一备课，每年度校际马院"手拉手"联合备课，集中交流解决教学共性问题，及时将党的理论创新最新成果融入教学，促进各门课程有效衔接。"二级教学质量反馈"即每日教师反馈到教研室、每周教研室反馈到学院办公室，及时跟踪、处理和纠偏教学问题。在规范教研管理方面，改革督导评价机制，创新教育教学评价机制，强化评价结果运用，构建教育教学评价闭环体系。

管控课前课件教案准备，规范使用教育部下发的统一课件，结合中办、国办、教育部、省委、省政府等上级主管部门下发的相关指示精神，结合职业教育特色、区域地方特色、文旅行业特色、高职学生特色等，各个教研室集体编制统一教案。由学院分管教学负责人、教研室主任和督导组成学院教学委员会，审定课程标准、教学大纲、教学计划、课件、教案等，集体审定通过后方可开课。管控课中课件教案使用，教师在课堂开展教学活动必须以学院教学委员会审定的课程标准、教学大纲、教学计划、课件、教案等为依据，通常情况下，不做超范围发挥，如遇特殊情况必须做出调整的，须在课后第一时间向教研室主任汇报，并在教案"教学反思"一栏中予以说明。管控课后课件教案，课程标准、教学大纲、教学计划在学院教学委员会审定后、开课前提交至学院办公室归档，使用完结的课件、教案在一周内提交至学院办公室归档审查。

管控施教流程监督，学院教学负责人、督导、教研室主任、教师深入课堂，重点

督查任课教师对课程标准、教学大纲、教学计划、统一课件、统一教案等的精准落实情况，将精准落实情况作为课堂评分的重要依据。

学院将教育教学质量纳入教师考核评价体系，通过"两赛一展"抓教师素养。全体思政课专任教师每年6月参加学院举办的教材知识点讲授比赛，由专家评委组随意抽取教材知识点，思政课专任教师对该知识点进行现场15分钟的讲授展示，专家评委组现场打分，得分结果进入年终绩效分配。每学期末，每位教师现场讲解参赛教案，专家评委组现场点评打分，得分结果进入年终绩效分配。每学期末，每位教师提交一个思政课实践教学成果作品，进行线上集中展示，优秀成果指导教师将获得评奖评优优先推荐权。

（二）重研促训，共建共享优质教学资源

进一步丰富思政课教学内容，积极运用系统思维打破资源分散的壁垒，有效探索不同形态教学资源的整合方式，善用各方面力量聚合教学素材和资源，打造全方位、立体化的教学资源库。

一是通过开展集体备课等常态化教研活动，在推进理论由"进"到"深"上不断创新，发挥集体智慧，优化和丰富教学资源。学院编写出版《浙江故事》《〈思想道德修养与法律基础〉教学案例选编》，并推出首部全国红色旅游经典景区教学读本《红色之旅》，创办全国高职学校马克思主义学院首家学术刊物——《思想政治教育理论与实践研究》等。

二是依托"手拉手"备课机制，探索院际深入合作的有效模式，与南京旅游职业学院、浙江机电职业技术学院等学校的马克思主义学院建立了院际合作关系，深化资源共享、推进协同备课、研讨交流常态化，共同提升教研水平，从优化马院办学体系中寻找突破，找准全面创新的着力点，寻找新的发展动能，达到局部增强、整体优化、体系造峰的效果。

三是有效衔接社会实践，将各门思政课的实践课程与义工、志愿服务等社会大课堂结合起来，为思政课教学提供学习实践场地、素材和平台，将鲜活的理论成果与现实情况融入课堂教学，让教材内容变得立体丰富。通过校地合作、产学合作、课程思政等各种形式，与安吉余村、萧山衙前村、湖州南浔长超村等建立了校地合作关系，为深化思政课改革、思政课实践教学和学生社会实践活动等创造了条件，形成了不断推进资源共建共享，共同构建思政课优质教学资源的良好局面。

强抓数字资源建设，建设教学资源库、精品在线开放课程、虚拟仿真实训基地等

重点项目，扩大优质资源共享，推动教育教学与评价方式变革。建成全国高校首个"红色之旅"主题馆，依托《思想道德与法治》课，每学年近5000名学生进入"红馆"上课，兄弟院校师生多次前来开展思政课教学，有效发挥了学校"红馆"的育人价值；全面上线4门在线课程，在有效丰富学校思政课教学手段的同时，提升了学校思政课教学在全国的影响力；建成思政课教学改革"驾驶舱"，在全面呈现思政课教学、研究成效等核心信息的同时，有效强化了马克思主义学院建设、思政课建设、思想政治理论研究等的过程监督和管理。

（三）理实一体，多方联动做活实践教学

制定并实施《思想政治理论课实践教学实施方案》，在思政课程中确保1个学分用于实践教学。根据学校学期设置的特点，推行实践教学与学期课堂教学同步、与暑期实地调研联结、与年度孵化成果共生的全过程实践教学。各教学环节任务明确，环环相扣，做到全过程闭环管理。

以"明德铸魂、知行合一"为马克思主义学院院训，结合课程特点和学校特色，充分利用好第二课堂，组织开展多样化的实践教学，打造一批有影响、可推广的实践教学成果。用足用好"红色之旅"主题馆、景区式校园、浙江旅游博物馆等校内资源开展红色经典景区、革命精神、红色传承等专题教学应用，确保每位学生在校期间至少参加1次沉浸式学习体验，致力于将"红色之旅"主题馆建设为国家级思政课虚拟仿真体验教学中心；创新开展"浙旅红"系列实践活动，包括为坚定学生理想信念的"习语沐心 梦想启程"读书会，为激发思政课活力的"旅院学子上思政课"，为"讲好中国故事、传播中国声音"的"心声夺人"故事会等活动，切实提升思政课实践教学的有效性和实效性；充分依托嘉兴南湖、绍兴鲁迅故居、杭州运河博物馆、江南铜雕艺术馆、河坊街历史文化街区、安吉余村、萧山衙前农民运动纪念馆、浙江革命烈士纪念馆等校外社会实践基地有效开展校外实践教学，建立长效合作机制，加强研究和资源开发。推动实践教学与学生社会实践活动、社会服务活动结合，精耕细作，做精"浙旅红"实践教学模块。通过积极探索，学院构建起较为完整的实践教学体系，实现了实践教学"全覆盖"和实践教学"全链条"。

学院注重总结实践教学成果，每年9月完成展演项目遴选，10月下旬开展校内汇展，把优秀成果作为课堂教学的有效补充，推动实践教学规范化。通过搭建思政课实践教学平台，实现实践教学组织与管理、上传与展示等功能，目前，第一批实践教学作品已在线上公开展示。

三、在"实"字上下功夫,打造思政教育品牌

马克思主义学院立足于打造旅游职业教育的"中国品牌"和"中国服务"人才培养摇篮,大力建设思政教育特色品牌,着力培养有社会责任、敬业精神、博爱胸怀、国际视野的文旅英才,打造铸魂育人"金名片"。

(一)文化塑魂,做响"浙旅红"四季特色品牌

学院以高效促进教师教学、科研能力提升为核心目标,依托"浙旅红"思政品牌,举办浙旅红·全国高职学校教学研讨会和学术研讨会、出版浙旅红·思政课改革创新学术论文集、举办浙旅红·全国优秀思政课教师示范课全国在线直播、举办浙旅红·思政实践课教学成果大赛,打造全国高职学校马克思主义学院首个思想政治理论系列化的"浙旅红"春会、夏研、秋讲、冬赛特色四季品牌。

首届"浙旅红·全国高职院校思政课教学研讨会"暨"两山"理念专题实践教学培训共有全国28所高职学校44位马克思主义学院负责人、思政专任教师参加,学习强国、中国日报网、中国教育在线、今日头条、浙江党建网、浙江在线、海报新闻、大众网等主流媒体进行了专题报道。浙旅红·全国高职院校学术研讨会依托浙江省生态文明教育资源,丰富思政课教师研修内容和形式,满足新时代思政课教师队伍建设需求,促进思政课教师成长发展,不断增强思政课教学的时代感和说服力。连续两届的浙旅红·全国优秀思政课教师示范课堂在线直播活动累计吸引全国7000余名马克思主义学院院长及思政课教师参加,在全国引发广泛关注。"浙旅红"四季特色思政品牌建设充分发挥思想政治教育的示范、带动和辐射作用,通过探索新形势下高校思想政治工作的有效途径和方法,促进思想政治教育的实效性、吸引力和科学化水平不断提升。

(二)润物无声,做亮"习语沐心"读书育人品牌

连续三年组织"习语沐心 梦想启程"读书会,贯彻落实习近平总书记关于全民阅读的重要论述精神,践行高校立德树人的根本使命,充分发挥马克思主义学院立德树人主阵地和主渠道作用。通过开展大学生喜闻乐见的读书会活动,引导大学生群体形成"多读书、读好书"的良好氛围,进一步提升大学生科学文化素质和思想政治素质。作为思政课第一课堂的有益补充,读书会本着"自愿参加、真心读书、乐于分享"的原则,重点突出三大特色,一是突出思想引领。7天的在线跟学内容紧紧围绕习近平总书记的重要讲话开展,坚持读原著、学原文、悟原理。二是突出时代特色。

读书会形式与时俱进，改变传统纸质阅读为大学生喜闻乐见的在线跟学打卡。三是突出马院特色。紧紧围绕"为谁培养人、怎样培养人、培养什么人"的根本目标，践行立德树人的根本使命。第一届、第二届读书会活动得到热烈响应，吸引全校 2000 多名师生参与。依托信息化手段，第三届读书会有效实现了课下思政理论育人与场景化竞技体验的完美结合，参赛学生达到 1715 人，受到师生广泛关注。

深入参与校园文化建设，提升"习语沐心"影响力。一是院院合作更加深入。学院教师受邀担任校内"书中看百年变局"读书思考沙龙活动的主讲嘉宾、参加其他学院红色读书会。二是智力支持更加有力。与学校图书馆联合举办"阅百年"党史知识竞赛活动。三是社团活动有序开展。"习近平新时代中国特色社会主义思想学习协会"组织学生超过 7500 名学生参加"卡尔·马克思杯"浙江省大学生理论知识竞赛等活动，有效提升了学校在省内高职学校的影响力；组织浙江省大学生"学宪法 讲宪法"主题活动，学校共有 8974 名同学报名参加，大力提升了宪法知识在学校学生中的普及度。

（三）知行合一，做强"知行祖国"社会实践品牌

坚持实践育人的方向不变，深化社会实践活动，以理实一体、学赛一体、思专一体、研创一体为原则，打造"知行祖国"社会实践品牌，有力提高思想政治教育的实效性和感染力。要求每位学生在校期间必须参加社会实践活动，由思政教师带队深入开展调研，深耕农村地区，撰写社会调研报告。每年重点培育一批社会实践活动示范团队。选取学生社会实践的优秀调查报告，出版《知行祖国》编著 1 部。重点孵化调研成果，带领学生以赛促学，在浙江省大学生"挑战杯"比赛中获得一等奖 1 项、二等奖 1 项、三等奖 4 项的优异成绩。

学院教师积极指导学生参加各类竞赛比赛活动，以赛促教，以赛促学。1 位教师指导华东红色旅游创意策划大赛获一等奖，并获优秀指导老师；多名教师指导学生参加"习近平新时代中国特色社会主义思想大学习领航计划"主题教育活动。依托"习近平新时代中国特色社会主义思想学习协会"和"反邪教协会"两大学生理论社团，开展特色品牌活动。拍摄"红船领航""记忆盒子"思政课实践教学成果展示视频和"以梦为马 不负韶华"微电影，让思政理论教育走出课本、走进学生心里。

（牵头人：严一平 撰稿人：严一平、谢慧颖、徐初娜、俞丹茗、刘建明、吴维维）

第二章

DI ER ZHANG

教育教学

JIAOYU JIAOXUE

> 学校以培养德智体美劳全面发展的高素质旅游人才为根本目标，深化产教融合、校企合作，从旅游人才培养模式创新、专业与专业群发展、教育教学改革实践和旅游人才培养体系完善四个方面入手，全面开展教育教学综合改革，积极探索高职旅游高素质技术技能人才培养的机制、模式与路径。

第一节　人才培养模式

学校以文化和旅游产业人才需求为出发点，系统创新旅游人才培养模式，以跨界融合型旅游人才为培养目标，构建"融合文旅、融汇德技、融通校企、融入国际"的跨界融合型旅游人才培养模式（见图2-1），实现以促进就业和适应产业发展需求为导向的技术技能人才培养供给侧结构性改革。

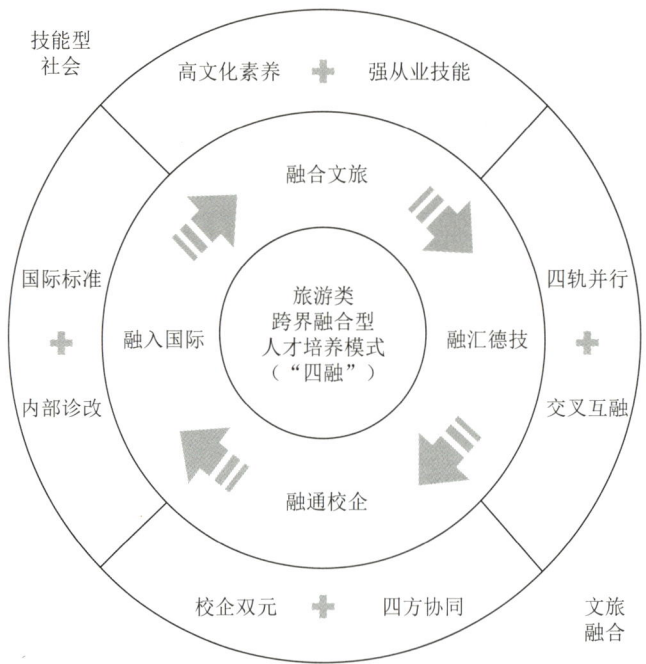

图 2-1　跨界融合型旅游人才培养模式

一、融合文旅，锚定"高文化素养+强从业技能"跨界培养目标

文旅融合是旅游业高质量发展的必然趋势和重要举措。学校以"高文化素养+强从业技能"的跨界融合型人才培养为目标，整体重构课程体系、师资队伍和学生评价制度。

（一）对接职业能力，重构"两横三纵"网状课程体系

以职业能力培养为核心，围绕"高文化素养+强从业技能"的跨界融合型人才培养目标，形成横向跨越专业边界、纵向链接职业能力的"两横三纵"网状课程体系。"两横三纵"网状课程体系是由文化素养类课程、专业类课程构成的横向课程结构和通识必修课、核心模块课、延展课构成的纵向课程结构搭建而成的网状课程体系，旨在通过网状课程体系推进纵横交错、互融互通、螺旋递进的人才培养。一是横向跨越专业边界的"两横"课程结构，依托四大专业群，群内各专业共建共享课程资源，组建由文化素养类课程和专业类课程构成的模块化课程结构；二是纵向链接职业能力的"三纵"课程结构，对接职业岗位典型工作任务组建由通识必修课、核心模块课和延展课构成的阶梯式课程结构，包含以《人文素养概论》《旅游职业礼仪》为基础的通识必修课，由国学、哲学、艺术、礼仪组成的核心模块课，以及涵盖第一课堂公共选修课、第二课堂人文素养大讲堂、第三课堂校园文化活动实践的延展课。

（二）强化双师素质，分层次优化"双师型"教师队伍

以强化双师素质为导向，从文化素养、职业能力和师资结构三个层面优化"双师型"教师队伍，通过分层次优化教师队伍打造一支师德高尚、技艺精湛、专兼结合、充满活力的高素质"双师型"教师队伍，促进跨界融合型人才培养目标的实现。一是文化素养层面，成立"人文素养教育中心"，组建以国学、哲学、艺术、礼仪四大领衔专家组成的专业化师资队伍，保障人文素养课程的质量与水准，加强文化素养教育教学力量。二是职业能力层面，依托校企合作平台实施"双师工程"，建成"双师型"教师培养培训基地和国家技能大师工作室，完善专任教师企业挂职锻炼制度和企业定岗实践制度，增强教师的实践技能水平。三是师资结构层面，建立企业骨干人才信息库，贯通校企人力资源共享通道，柔性引进一批具有丰富实践经验和精湛专业技能的技术专家和管理人才，培养一批教学质量过硬的兼职教师队伍，构建专兼结构合理的"双师型"教师队伍。

（三）聚焦综合素养，多样化创新学生综合评价制度

创新"三证制"学生综合评价制度，实施以毕业证、职业技能等级证书和综合素质学分证书为主体的学生毕业"三证制"测评，并基于测评结果反向优化人才培养模式，形成以综合评价为导向的人才培养闭环。"三证"是指毕业证书、职业技能等级证书和综合素质学分证书，通过增设综合素质学分证书对学生的道德修养、劳动素养、艺术情操、体育健康、创新成果、社会实践等方面进行评价，探索以学代评、以赛代评、以展代评、以誉代评等除测试测评外的多样化评价方式。在"三证制"学生综合评价制度实施中，学校出台了学生综合素质测评实施办法、学分制认定办法等制度，对应德智体美劳五育并举构建人文素养、身心素质和职业素养的"三大模块"综合素质评价体系，制定学生综合素质测评表，组建校院—师生—行企多维度、全方位评价队伍。

二、融汇德技，探索"四轨并行 + 交叉互融"多维育人路径

学校高度重视职业精神培育和职业技能培养，以"德育"为内核，从"德、体、美、劳"四方面探索"德育"与"技能培养"深度交叉融合的育人路径。

（一）推进课程思政建设，完善建设框架与教学平台

以培养德技并修的人才为初心使命，将课程思政建设作为人才培养的重要举措，通过建立课程思政建设框架和课程思政教学平台，优化教育教学体系，全面推进课程思政建设。一是搭建课程思政建设框架，将课程思政纳入学校建设工作体系的顶层谋划之中，构建校、企、师、生"四位一体"协同开展课程思政建设的工作格局，以三个具体实施方案为载体层层落实课程思政"任务书"，完善课堂教学、学生评价和工作成效三维课程思政评价体系，形成课程思政工作规划、落实、监督、评估完整工作链条。二是构建一体化课程思政教学平台，依托课程思政教学研究中心、课程思政示范实训基地等平台，打造24支由行业"工匠"与校内思政课教师、专业教师共同组成的课程思政教学创新团队，加强教学理论创新和实践探索及教学资源开发，推动课程思政向"第二课堂""第三课堂"延展，全面提升课程思政育人功能，有机融合价值塑造与技能培养。

（二）构建体育教育体系，推进内容改革与效果提升

以"享受乐趣、增强体质、健全人格、锤炼意志"的体育文化为准则，发挥体育

教育的德育功能，推进体育教育改革，引导学生形成良好的意志品质，促进学生全面发展。一是深入推进体育课程内容改革，以职业需求为导向，结合不同专业的人才培养目标，分析工作岗位所需的核心职业体能要求，将实际工作场景按照静态站姿、静态坐姿、流动变姿、工场操作等类别进行分类，确定所需的素质体系，设计开发以工间操或康复操为应知应会内容的体育课程，以学生职业适应性为根本优化体育教育课程内容。二是不断提升体育教学效果，采用运动技能与职业体能两大模块的"线上线下＋理实结合"混合式教学模式，有针对性地开展体育教学，强化与职业有关的身体素质练习，提高学生职业岗位所需的身体关键部位的素质和素养。三是实施"阳光体育"行动计划，坚持改革创新、问题导向、协同推进的工作原则，树立"健康第一、全面发展"的教育理念，营造"处处是体育活动之地，人人是体育健身之人"的校园体育氛围，持续探索体育教育体系改革。

（三）打造美育教学生态，增强审美情趣与人文素养

通过"人文铸旅"工程及"人文旅院"建设，全方位打造由行政、知识、校园、学术四大文化系统构成的美育教学生态，为学生创造优质的人文环境、物化环境、知识环境、精神环境。一是在行政文化系统中，邀请全国知名院校专家组建人文素养教育专家委员会，聘任国学、哲学、艺术学、美学四大领域专家进行美育教学，形成了专家领衔的上下联动模式。二是在知识文化系统中，开发"2+4+X"课程体系（2门基础必修课+4大模块课程+多门专业与美学融合课程），在课程体系中多层次融入美育知识。三是在校园文化系统中，依托浙江省文化系统文艺院团、文博单位、非物质文化遗产中心、图书馆、文化馆等资源打造人文品质的校园文化系统，通过开展"礼绽芳华"品牌礼仪、国学经典诵读、校园文学创作等人文素养活动，营造浓厚的文化氛围。四是在学术文化系统中，聚焦人文，设立"大学生文旅融创研习空间"，在指导教师、专家团队的引导下，提升学生求知、思考、探索、研究的能力与素养。

（四）形成劳动育人模式，培育劳作意识与职业精神

遵循高职学生的认知偏好、认知特点和认知规律，耦合职业岗位劳作过程和学校实习实训过程，将劳动精神、劳模精神、工匠精神有机交融到教育教学全过程中，从劳动育人主体、育人模式和考评体系出发，形成自成体系的劳动教育模式。一是组建多元化的劳动育人主体，构建学校、家庭、企业、旅游行业等多元化主体共同参与的劳动育人共同体，全方位创设学习、生活、工作一体化的劳动育人环境。二是创新多层次的劳动育人模式，依托与开元集团、雷迪森、知味观等行业龙头企业共建的20

余个劳动教育实践基地，统筹校内和校外、课堂和实践多种劳动教育方式，将劳动教育有机融入理论教学和实践教学，有效增强劳动教育的育人效果。三是构建劳动教育考评体系，将劳动素养纳入专业实践类课程评价，对劳动育人成效进行多方位考评。

三、融通校企，丰富"校企双元+四方协同"协作育人主体

学校积极探索多种形式的校企合作模式，将人才培养主体扩展为"校、企"双元主体育人和"政、校、行、企"四方协同育人的多元化合作育人机制，深化产业学院、生产性实训基地、职教集团和协同创新中心四种合作模式，使人才培养从"自治"走向"共治"。

（一）以产业学院为载体，打造校企命运共同体

学校基于校企共建愿景，依托地方政府政策和行业企业资源支持，以合作共赢、共生发展为目标建立命运共同体的校企协同育人机制。一是依托优势特色专业与行业龙头企业（老牌酒店集团、5A级景区、新兴数字文旅企业等）共建产业学院，先后成立"麦扑智慧旅游学院""蜗牛景区管理集团产业学院""美心产业学院""开元森泊产业学院"等14家产业学院，校企双方共同投入建设资金、设施设备。二是基于产业学院建立30个"校企师资命运共同体"，校企联合开发课程、编写教材、培育学生、开展教育教学活动，实现人才培养课程体系、教学内容与产业发展、行业标准、企业实践等需求紧密对接。

（二）以生产性实训基地为平台，实现校企双方共赢

学校基于互利共赢的发展需求，与行业企业共建共管阿里巴巴新旅游人才孵化基地、钱江高尔夫练习场等生产性实训基地，创造企业真实工作场景，将企业生产任务作为实训教学项目，实现高职学校的实践教学与社会生产零距离对接，让学生在实训基地可真实操作、真实生产，达到"在生产中育人，在育人中生产"的目的。不同于传统意义上的实践教学，生产性实训基地实现了在真实工作场景中真干真做，如依托阿里巴巴新旅游人才孵化基地构建的现代学徒制"校企圈"协同育人新模式，开展工学交替培养，有效打通人才培养校企协同育人的各个环节，既能为学生的就业和发展奠定基础，又能为企业提供高素质技术技能人才，实现校企双方共赢。

（三）以职教集团为依托，共建共享多方优质资源

学校坚持以提高人才培养质量为核心，以促进学生就业为导向，以深化产教融合、

校企合作为重点，充分发挥政府推动和市场引导作用，组建了以"依托行业、服务地方"为宗旨的浙江旅游职业教育集团，以旅游人才培养和科研开发为纽带，凝聚行业力量，实现资源共享、市场共享、信息共享、成果共享和品牌共享。自集团组建以来，学校协同集团内行业企业共同参与人才培养全过程，探索委托培养、定向培养、订单培养、现代学徒制等多种形式的培养模式；开展虚拟教研室试点建设工作，建设以课程（群）教学、专业建设、教学研究改革等为主题的不同专业领域和类型的虚拟教研室，形成基层教学组织建设管理的新思路、新方法、新范式；成立全国高等职业教育旅游大类在线开放课程联盟、全国导游专业群开放式职教联盟、全国西式烹饪工艺专业教育联盟、全国空乘专业星空联盟等联盟；整合集团内各类资源，助力培养旅游产业所需的跨界融合型人才，培养成效显著，已成为国家示范性职业教育集团。

（四）以协同创新中心为抓手，推进产学研一体化发展

学校以旅游产业的具体项目为载体，整合政校行企多方资源进行技术研发、技术服务，先后建立现代旅行协同创新中心、住宿业协同创新中心、餐饮业协同创新中心、文旅规划设计协同创新中心等10个协同创新中心。通过参与和主持文化和旅游产业行业标准制定、专业规划、创新服务等形式，帮助学生深度融入文化和旅游产业一线，边学边做，全面提升技能水平。依托十大协同创新中心，学校有效推进旅游业产学研协同攻关，以行业标准、研究报告、发明专利等系列成果为引领，"以研促产"服务产业技术创新，推动旅游业高质量发展；以研制课程标准、教学标准、编制专业教材、共同研发产品为抓手，将企业的实际问题需求引入实践教学及学生创新项目中，及时让学生了解企业的技术发展动态，参与新技术的研发过程，实现教学与科研的协同发展。

四、融入国际，建立"国际标准＋内部诊改"双向评价机制

以"构建人类命运共同体"理念为引领，有针对性地强化教育国际化策略，创新打造国际化育人新模式，结合国际标准双向输送和内部质量诊改工作，将教育国际化落实于人才培养实践路径中，为旅游企业"走出去"提供人才保障。

（一）引领方向，创新打造国际化育人新模式

积极探索国际化教育的可持续发展之路，创新打造国际化育人新模式，创新"汉语＋职业"模式实现"走出去"办学，逐步建成中俄、中塞、中意三个境外办学机

构,以此提升国际化办学质量。一是集聚高水平国际化师资成立"旅游汉语"名师工作室,共同探索"中文+职业技能"项目,开设"空中课堂"进行在线直播授课,共建共享国际化教学资源研究成果,创设"知华课堂"传授中国文化,在双方互学互鉴、互联互通的基础上构建紧密的"职教共同体"。二是创新多样化育人方式,积极开展各类国际化项目培训,受世界旅游联盟、南非旅游培训署等组织委托进行中式厨艺、导游等系列技能培训;积极开展中国文化活动和社会服务,组织学生参与举办境外文化节、美食展等文化活动,投身当地中文解说翻译工作和旅游景区汉语解说,切实强化育人成效。

(二)接轨国际,输入/输出国际旅游教育标准

基于旅游产业的国际化特性,旅游类院校的人才培养质量天然需要接轨国际标准。从国际视野来看,联合国世界旅游组织(UNWTO)是唯一具有全球影响力的国际性组织,由其制定的国际旅游教育质量认证(UNWTO-TedQual)具有以用人单位需求为导向来设定培养目标与培养模式的教育理念和一套严谨完整的人才培养质量提升体系。学校积极引入国际旅游教育质量认证,将其内化为人才培养评价指标,以国际标准严格要求教育教学质量。

除引进国际标准外,职业教育标准输出也是教育国际化的重要内容,学校在对标国际行业标准的基础上,依据旅游行业的需求和发展趋势,探索、制定并输出《国际中文教育中文水平等级标准》《旅游及其相关服务——线上线下旅游咨询服务与要求》等旅游职业教育国际标准,形成一批可借鉴、可推广的旅游职业教育高质量发展标准,增强旅游职业教育的国际影响和文化自信。

(三)及时反馈,构建教学质量内部诊改常态化工作体系

学校以国际化标准为准则,制定教学质量内部评价标准,搭建内部质量诊断与改进平台实现信息实时更新,多措并举构建教学质量内部诊改工作体系。一是制定教学质量内部评价标准,对国际旅游教育质量认证进行本土化处理,制定"1+4"(学校+专业标准、课程标准、教师发展标准、学生发展标准)人才培养自我评价和诊改标准框架,系统制定专业(群)建设标准、课程标准、教师发展标准、学生发展标准,定期开展自我诊断与改进。二是搭建内部质量诊断与改进平台,充分对接人事系统、学工平台、教务系统等相关业务系统,各项考核工作与内部质量诊改工作有机融合,对学校、专业、课程、教师、学生五个层面进行诊断,充分保障人才培养评价的即时反馈与诊改机制。

第二节 专业与专业群

学校积极探索专业（群）建设的高质量发展路径，在专业建设上通过持续推动专业转型升级以适应旅游业变革，在专业群建设上通过科学组群、资源整合、培养模式优化构建专业群发展新格局，在保障措施上建立形成"诊断评估—动态调整"的专业（群）建设保障机制，有效推动高职教育深化改革，实现高职教育内涵式发展。

一、标准修订，提升专业转型升级新内涵

学校牵头修（制）订全国职业教育旅游大类专业目录、旅游类国家专业教学标准、旅游类专业简介，开创研学旅行管理与服务专业，持续推进专业数字化升级改造，通过专业转型升级，更好地适应旅游行业需求变化、经济结构调整和产业升级需要。

（一）修订专业目录，增强旅游人才培养的适应性

作为组长单位，学校牵头修（制）订全国职业教育旅游大类中高本一体化新专业目录，在科学分析产业、职业、岗位、专业关系的基础上，全面考量文旅融合促进旅游产业转型升级背景下旅游人才培养的文化内涵、大众旅游促进新业态发展环境下旅游人才培养的创新要求、体验经济促进旅游消费方式迭代模式下旅游人才培养的数字新元素，以及旅游产业迅猛发展导致旅游人才培养的结构新矛盾，一体化设计了中等职业教育、高等职业教育专科、高等职业教育本科不同层次旅游大类专业目录。新专业目录的旅游大类共计31个专业，包括中等职业教育9个、高等职业教育专科18个、高等职业教育本科4个，其中新增5个专业、更名9个专业、保留15个专业、合并1个专业、归属调整1个专业。同时，学校依托中国职业技术教育学会智慧旅游职业教育专业委员会，开展了旅游大类新版专业目录、专业标准的解读与宣讲，从职业教育专业目录修（制）订宏观背景、需求分析、过程、特点与思考四个方面介绍了新专业修订情况，充分实现专业对接现代产业体系，服务产业基础高级化、产业链现代化的需求。

（二）制定教学标准，明确专业建设标准与内涵

依据教育部《职业教育专业目录（2021）》（以下简称《新专业目录》），学校牵头

制定了智慧景区开发与管理、智慧旅游技术应用、餐饮智能管理3个专业的国家专业简介和国家专业教学标准，围绕旅游行业企业对人才需求的特点、岗位任务所需的职业能力与素养，聚焦相关职业岗位工作群，以岗位需求为导向开展典型任务和能力分析，制定各专业的培养目标和规格要求，构建并调整专业课程体系，明确师资队伍、教学资源等教学基本条件和质量保障，全面提升旅游职业教育人才培养标准化、专业化、规范化水平。

受全国文化艺术和旅游职业教育教学指导委员会委托，先后召开旅游大类专业简介与专业教学标准的研讨会、论证会、内审会、评审会等多次会议，围绕岗位群开展相关专业的系统设计、课程设置和配套的"1+X"证书设置，对接职业标准、职业资格标准，加强"教、学、做"一体化，注重教育延续性，促进中高职衔接和学生本硕衔接、继续学习通道的建立。

（三）推行专业改造，培养行业亟须的数字化旅游人才

学校全面探索旅游职业教育专业数字化升级改造路径，从开创新专业、改造传统专业、调整人才培养方案、完善课程体系、强化实习实训基地建设等方面，推动专业数字化改造，将数字化元素全方位融入专业转型升级中。

一是开创新专业，改造传统专业，增设新兴专业。2019年，学校受全国旅游职业教育教学指导委员会委托，申请增设高职专科研学旅行管理与服务专业，并经教育部职成司核准，于2020年起列入《新专业目录》，同年开始该专业人才的招生培养。对照《新专业目录》，学校对应调整导游、酒店管理与数字化运营等传统专业的人才培养目标，新增设定制旅行管理与服务、智慧旅游技术应用、民宿运营与管理等新专业，开设乡村旅游、生态旅游、红色旅游、文化旅游、体育旅游等特色旅游专业方向与模块课程，切实落实专业升级与数字化改造。二是将"三新"标准纳入人才培养方案。注重新技术、新工艺、新规范对旅游人才新需求的影响，提高专业人才培养定位与目标的适应性、课程体系的先进性，将数字化、模块化、标准化、岗课赛证一体化等改革措施落实进专业人才培养方案，确保专业人才培养方案均将"三新"纳入教学标准和教学内容。三是完善课程体系，加强课程资源建设。课程体系全面对照数字化转型的内涵要求，增设计算机信息服务、数字化等通识类课程和与人工智能、大数据、5G技术应用等新技术相关的专业类课程，培养学生的数字化思维和能力；大力推进在线课程的建设，已立项校级精品在线开放课程35门、在建线上课程133门，48门（次）在线开放课程入选国家智慧教育平台首批推荐课程；混合式教学成为全校课程教学新常态，全校教师在各开课平台累计选课 65 万余人次。四是强化专业实习实训基地建设。一方面，以数字化改革为创新点，学校积极与数字企业、互联网企业等头部数字化企业加强合作，如导游专业群与阿里巴巴集团共同创立全国唯一的"互联网+旅游"人才孵化基地，提供学生实践工位 130 余个，通过阿里巴巴集团的飞猪、天猫等数字化平台，学生可进行沟通服务、旅游产品预订、旅游线路设计与运营等适应旅游新特色的智慧项目实训。另一方面，校企共同投资 1905 万元建设国家级虚拟仿真示范基地——"现代旅游虚拟仿真实训基地"，系统打造虚拟景区、虚拟酒店、虚拟厨房等 7 个"云旅游"模块，开发未来导游、未来景区、未来酒店、未来厨房等数字化实训项目，依托 5G、VR、AR 等数字技术，为学生校内实训提供智慧化实践场地，开展沉浸式体验、学习活动。

二、统筹设计，创新专业群发展新格局

通过组建对接产业群结构的"四链合一"导游专业群、对接职业岗位群的酒店管理专业群、遵循创新设计理念的旅游规划与设计专业群和融合相近专业的烹饪专业群，学校形成了以四大专业群引领、20 个专业共同支撑的专业群发展整体布局，以此适应"新技术、新产业、新业态、新模式"带来的旅游行业变革。

（一）理顺组群逻辑，构建四大旅游类专业群

学校以"人才链—教育链—产业链—创新链"的耦合匹配为逻辑起点，结合旅游行业发展趋势、不同专业建设特点及资源配置优化等方面需求，组建了导游专业群（国家"双高计划"专业群）、酒店管理专业群（省高水平专业群）、旅游规划与设计专业群和烹饪专业群四大专业群。

一是对接产业群结构组建"四链合一"导游专业群。以导游专业为龙头，联合电子商务、智慧景区开发与管理、研学旅行管理与服务等专业，融合工艺美术品设计、表演艺术、旅游外语类专业等相关专业技能要素，以"产业链、教育链、创新链、人才链""四链合一"为逻辑组建导游专业群，对接景区、销售、定制、导游、售后五大服务产业组成的产业链（服务链），提供智慧景区导游导览、智能终端导游、全域深度导游、售前售后一体化、国际国内旅行管家服务五大类人才链的支撑，通过教育链的创新举措，最终形成创新链端的智慧型、管家型、研学型导游，实现产业链、人才链、教育链和创新链的有效对接，培养适应文旅融合、旅游全域化等重要发展趋势

的"互联网+现代导游"复合型人才。

二是对接职业岗位群组建酒店管理专业群。通过紧密对接住宿业，以浙江打造"中国最佳旅游目的地""全国文化和旅游融合发展样板地"战略目标为组群依据，根据浙江住宿业的结构特点、新业态发展和智慧管理趋势，以酒店管理专业为核心专业，协同对接"海上酒店"邮轮行业的国际邮轮乘务管理专业和对接高端养老产业的老年服务与管理专业，联合对应酒店餐饮这一核心业务单元的烹调工艺与营养专业、西餐工艺专业，纳入休闲服务与管理等相关专业技能要素，立足现代酒店业，组建培养从专业化技能型到创意化研发型，再到国际化管理型人才的"三维进阶式"国际化复合人才的酒店管理专业群。

三是遵循创新设计理念组建旅游规划与设计专业群。对应新兴产业"数字设计服务"及"数字创业与融合服务"领域，以文旅融合为主要路径，以运营管理为发展基础，以产品设计为重要载体，将课程内容有相关性、有利于激发创新的、技术通用度强、资源共享度高的专业组织到一起。据此将旅游管理专业（规划设计方向）、会展策划与管理专业和休闲服务与管理专业进行组建，以满足文旅融合下旅游目的地人才的需求、满足长三角地区打造世界文旅产业高地对技术技能人才的需求。

四是融合相近专业组建烹饪专业群。以烹调工艺与营养专业为龙头，聚集西餐工艺、餐饮管理专业组建烹饪专业群，紧扣市场需求变化设置群内各专业基础理论课程架构，统一职业规范和服务标准，使得职业场所和服务对象紧密联系，实现人才培养模式、课程建设、教学改革、师资团队、实训基地、技能平台等方面的共建共享、优势互补、交叉融合，为餐饮产业培养国际化高素质技术技能型复合人才，共同开创餐饮行业的美好未来。

（二）整合全校资源，推进专业群内资源互通

通过专业群优化配置教育教学资源，从课程设置、教学硬件条件、教学团队、社会服务等诸多方面推进资源共建共享共用，实现资源效益最大化。一是有机衔接群内各专业课程体系。以专业群为基本组织单位，建成"底层共享、中层分立、高层互选"的群课程体系，将数字化、模块化、标准化、岗课赛证一体化等改革措施落实进专业人才培养方案。二是探索群间学分互认。出台《浙江旅游职业学院辅修专业实施方案（试行）》支持学生群内跨专业辅修，出台《职业教育景区开发与管理专业教学资源库学分互认管理办法（暂行）》支持学生以证代考、跨校选修，贯通学生横向知识技能和纵向知识技能积累及学习路径。通过1个国家级教学资源库、4个校级专业

群资源库的建设与推广，实现线上课程资源共享共用，对于已开课成功的59门在线开放课程，都纳入学校公共选修课，全校学生均可学习使用。三是建设学校实训管理平台。实现全校实验实训设备共建共用，提高专业群内实训基地的共享度与使用率。四是跨专业、跨学院组建教师教学创新团队，优化师资队伍结构。根据不同课程模块组成51支教师创新团队，发挥团队协作优势，分组分阶段安排教师进入企业挂职锻炼，既不影响校内学生的授课，又能及时掌握旅游业发展动向，有效提升学校教师"双师"素质。

（三）优化培养模式，探寻专业群特色发展路径

学校始终贯彻职业教育类型特色理念，强化四大专业群人才培养模式，经过不断探索与实践，每个专业均形成各具特色的人才培养模式，切实提升了人才培养质量。

导游专业群重点实施"技能迭代、跨界融通"的现代导游人才培养新模式，以"四维融通：专业融通、岗课融通、书证融通、赛教融通"课程体系化建设为抓手，推动"多元融合""多岗递进"实践教学模式改革，实现从传统导游向"互联网＋现代导游"跨界人才转型。在育人方式上创建"无忧导游"智慧云平台的产教融合全过程、全方位协同育人模式，在育人质量评价上创建"过程性、多主体、多元化"的校企合作人才培养质量评价机制；建成《导游实务》《模拟导游》等对接专业群教学资源库的系列新形态一体化教材，构建"纸质教材、在线课程、混合式教学"三位一体的新形态教学体系；与龙头企业开展深度合作，联合企业建设产业学院、企业工作室等，依托浙旅院国际教育旅游体验区（4A校园智慧景区）校内实训基地、"现代导游"教学—实践联动型校外实践基地、"无忧导游"产教融合云平台等数字化实践教学基地，促进实践教学改革发展。

酒店管理专业群立足现代酒店业，推行"跨企业、跨专业、跨岗位"的校企联合培养双主体育人的中国特色现代学徒制、企业新型学徒制培养模式，培养"三维进阶式"复合型国际化人才。开发专业群创新创业课程，用创业代替实习、创业方案代替毕业设计、创新创业比赛获奖等级转换相应学分等方式，打通学生就业、创新、创业新渠道；开发移动端实训平台，建成民宿职业教育"教、学、做"一体化 App；改造旅苑酒店，打造以学生为运营主体的四星级生产经营型酒店，建设酒店交互、烹调工艺交互、民宿等新业态交互三大孵化基地，打造孵化式文旅创客综合服务平台。

旅游规划与设计专业群实行"三融入、三融通、三递进"的人才培养模式，以适应全域旅游时代对创新型、复合型人才的需求。建立创新"文化融入旅游、技术融

入设计、创意融入产品"的培养理念，实现学校、企业（市场）与行业协会的资源融通、人员融通和技术融通，逐步建成"规划设计群—产教融合联盟—协同创新中心—产业学院"的融通升级机制，形成"专业群课程体系—实践项目体系—岗位能力体系"三个维度的递进；紧密对接省文化和旅游厅非遗处、各级非遗中心、资源开发处、产业处及省体育局、省农业农村厅、省发展改革委等部门，全面服务本省非遗类、乡村振兴类、特色类项目的建设，助推浙江文化和旅游产业发展，提升专业群在浙江文旅的贡献力，进而提升专业群在国内文旅行业的影响力。

烹饪专业群基于现代学徒制推行"标准引领、文化共享"的烹饪类国际化人才培养模式，校企双方共同制订人才培养方案，共同制订授课计划，做到课程开发与行业技能发展同步，实现职业技能企业化学习，校企联合共育人才。将"岗位实习"变为"有计划、有考核、有师傅的轮岗定向培养"，做到岗岗考核、段段评估。提取各专业的普适性知识作为共享环，提取各专业的延伸性知识作为提升轴，以环带轴，稳步提升专业群的综合实力。组建学生第二课堂的"企业制"学院、非全日制"店长班""主厨班"等新型学徒制班级，建立校企合作联合委员会，实行"招生—高等教育—技能培训—岗位实习—高质量就业"一体化，最终快速实现企业人才需求目标。

三、动态调整，落实专业可持续发展新机制

学校科学制定专业建设发展评价体系和可持续发展机制，通过实施专业评估制度诊断与评估各专业发展情况，综合评定专业建设情况；实施专业动态调整机制，依据诊断与评估结果对专业建设绩效低、招生效果差、学生就业差的专业实行预警、调整或淘汰，形成"诊断评估—动态调整"的专业（群）建设保障机制。

（一）实施专业评估制度，促进专业自我完善与发展

学校遵循高职教育发展规律和人才培养规律，以《浙江旅游学院"十四五"发展规划》为依据，科学配置办学资源，强化专业优势与特色，优化学校专业结构布局，提升专业核心竞争力。构建以学生为中心、以教学为关键、以教师为保障的专业高质量发展评价指标体系，含定位与目标、"三教"改革、产教融合、学生成长、社会服务、持续发展、专业特色或创新等一级指标7个，二级指标20个（如表2-1所示），三级指标53个。校外专家组主要依据《浙江旅游职业学院专业高质量发展评估指标体系》，结合各专业自评及现场汇报，每年进行校内评估，提出评估建议。此举明确

二级学院在专业建设中的主体责任，自觉动态调整专业，加强专业内涵建设。每年依据专业办学现状、二级学院专业优化调整方案和校内调研评估结果，综合考虑专业设置对学校发展与定位的支撑度，完成《浙江旅游学院专业高质量发展评估方案》。

表2-1 浙江旅游职业学院专业高质量发展评估的一级指标和二级指标

序号	一级指标	二级指标
1	定位与目标	专业定位、培养目标、建设规划
2	"三教"改革	师资队伍、课程及教学资源建设、教材建设、教法改革
3	产教融合	合作培养、校企共建
4	学生成长	就业与发展、技术技能水平、社会吸引力
5	社会服务	职业培训、技术研发、社区公益、国际（合作）交流
6	持续发展	教学基本条件、质量监控、质量改进
7	专业特色或创新	专业特色或创新项目

（二）建立专业动态调整机制，持续推进专业高质量发展

学校建立专业动态调整机制，保证产业发展与专业建设紧密对接，推进专业持续转型升级与人才高质量发展。首先，根据学校"十四五"发展规划要求，为适应文旅产业发展变化，制定并出台《浙江旅游职业学院专业设置与动态调整实施办法》，对专业进行动态调整，从组织管理、专业准入、专业评估、专业调整、实施保障5个方面明确学校专业设置与动态调整的要求及保障措施，进一步优化学校专业结构，不断增强专业与行业产业发展的契合度，建立符合学校办学定位目标、特色发展的专业动态调整机制。其次，按照专业设置与产业需求对接、课程内容与职业标准对接、教学过程与生产过程对接的要求，完善内部质量保证标准体系建设；以服务地方经济社会发展需要为导向，满足社会及用人单位对各类人才的需求，优化结构，调整专业布局。最后，依据专业诊断及评估结果，根据旅游新业态的发展需要，结合专业历年招生规模，逐步细化与调整专业结构，建立有序的专业预警和退出机制。自2019年建立专业动态调整机制以来，学校共有4个专业被预警、2个专业暂停招生，新建5个专业并开始招生，近三分之一的专业进行了调整，形成了专业动态调整的常态化运行机制。

第三节　教育教学改革

学校深化"三教"改革，以提高教师教育教学能力为主线，以加快推进高质量教材建设为支撑，以提升打造"魅力课堂"为抓手，紧盯课堂教学质量，通过加强基层教学组织建设、课程团队建设和多部门协同联动，为打造成高素质技术技能旅游人才培养高地夯实基础、持续赋能。

一、系统谋划，全面夯实"三教"改革制度体系

学校深入推进"三教"改革，通过整体设计确立"三教"改革目标，紧抓课堂落实"三教"改革任务，多方协同保障"三教"改革工作实施，实现教师能力、教材质量、教学方法的全面提升。

（一）整体设计，确立"三教"改革建设目标

学校先后出台《关于深化"三教"改革、强化"三风"建设的实施意见》（浙旅院党委〔2022〕6号）、《关于印发浙江旅游职业学院2022年深化"三教"改革行动方案的通知》（浙旅院党委〔2022〕23号）等文件，整体规划"三教"改革任务，确立"三教"改革建设目标，即深入推进"三教"改革，实现教师能力、教材质量、教学方法全面提升，培育一大批至诚报国、甘于奉献，专业知识技能过硬，教学基本功扎实的"最美教师"和"黄大年式教师团队"；形成一批可听、可视、可练、可互动的新形态高质量教材；打造一批凸显现代复合型旅游人才培养特征的"融合文旅、融汇德技、融通校企、融入国际"的"四融"魅力课堂。

（二）精设抓手，深化"三教"改革任务落实

在深化"三教"改革行动方案中提出了三大建设任务9项工作举措，并牢牢抓住课堂这一体现"三教"改革成效的主阵地与主渠道，出台了《浙江旅游职业学院关于印发2022—2025年"四融·五美"魅力课堂行动方案的通知》（浙旅院教〔2022〕38号），以六大举措15项工作任务，进一步加强课堂建设，发挥好课堂的牵动效应。通过教学标准化建设、模块化教学改革、数字化教学资源建设与应用、教师教学能力提升、教研室职能强化、教学氛围营造六大举措，打造一批凸显现代复合型旅游人才培养特征的"融合文旅、融汇德技、融通校企、融入国际"的"四融"魅力课堂，培养

一批"情感美、语言美、板书美、教态美、技艺美"的"五美"教师,引导广大教师树立教书育人、精益求精的敬业精神和淡泊名利、甘于奉献的高尚情操,在全校教师群体中形成乐教、善教、崇教的良好氛围,进而引导和鼓励学生好学、乐学、善学。

(三)协同各方,完善"三教"改革保障机制

建立"三教"改革工作专班,由校长担任组长,分管人事的副书记和分管教学的副校长担任副组长,统筹谋划落实"三教"改革各项任务。坚持系统思维、整体思维,形成教务处牵头抓总,各职能部门各司其职、协同联动,二级学院落实推进的工作机制,各相关职能部门负责人作为本部门"三教"改革的第一责任人,协同做好各项工作任务的落实指导,全链条落实"三教"改革工作。

出台《教学成果培育和奖励办法》《教研室管理办法》,细化学校《各二级单位年度考核管理办法》《教职工年度考核评价办法》,修订《教学与科研成果等级认定管理办法》,进一步完善学校标志性成果培育的制度保障和激励机制,建立健全教学创新团队培养体系,构筑大平台、凝聚大团队,培育大成果,全面夯实以团队为基础、以体制机制为保障的标志性教学成果培育模式。同时强化考核督导,将"三教"改革落实情况及建设绩效纳入二级部门考核及教师年度工作考核、岗位聘期考核,作为表彰奖励、岗位聘任、职务晋升、专业技术职务评聘的重要依据,确保各项措施落实到位、取得实效。

二、聚焦"主渠道",深入开展"魅力课堂"行动计划

学校出台"四融·五美"魅力课堂建设评选办法,连续开展四届"魅力课堂"评选,鼓励教师有效应用现代信息技术,采用多样化的教学手段,培育打造"四融·五美"魅力课堂,对已被评为"魅力课堂"的主讲教师,实施"优课优酬"激励制度。

(一)标准先行,加快推进教学标准化建设

以教学服务全过程为脉络,对接职业教育国家教学标准体系,坚持将教学标准化工作与深化职业教育改革、专业数字化改造、教学质量内部控制与诊断改进相结合,坚持专业与产业、职业岗位对接,专业课程内容与职业标准对接,教学过程与生产过程对接,学历证书与职业资格证书对接,职业教育与终身学习对接的"五个对接原则",研制并创新以课程、教材、师资、实习实训为核心的教学服务提供和教学服务保障两大类系列标准,优化与健全具有旅游职业教育特色的教学标准体系,形成以课

程、教材、师资、实习实训为核心要素的标准框架。

以国家级服务业标准化试点项目"教学服务与管理标准化试点"建设为契机，全面修订全校公共基础课、专业群平台课、专业核心课、实习实训课等课程标准，加强课程标准实施的监督检查，从试点示范到全面实施逐步推进，实现平行班级课程在课程目标与内容设计、授课进度、评价考试等方面的统一。同时着力培养一支旅游职业教育与标准化建设相融合的标准化人才队伍，以试点工作推动旅游职业教育教学的"标准化、特色化、规范化"发展，为全国旅游职业教育教学标准化工作提供借鉴与参考。

（二）试点推进，积极探索模块化教学改革

依托专业群建设，将数字化、标准化、岗课赛证一体化建设思路融入模块化课程体系，通过培育校、省、国三级教学创新团队，引领推动模块化教学改革实施，培养学生宽泛的基础人文素质、基础从业能力和专门职业能力，体现了以人为本、全面育人的教育理念和具有中国特色的"宽基础、活模块"教育模式。

一是实施模块化备课。学校先从公共基础课教研室开始试行集体备课制，进而推广到全校所有教研室。在集体备课过程中，各教研室通过备课标、备学生、备资源、备教法，形成统一的教学大纲和教学计划，确定、分解课程备课模块，确定每个模块的主备课教师。各模块主备课教师进行分头备课后，教研室组织全体成员对各模块初备教案进行集体研讨、集中打磨、公开评议，形成统一的教学进度、教学资源、考核方式等。

二是实施模块化授课。各专业将岗课赛证一体化建设思路融入模块化课程体系设计，邀请行业名师、企业导师进入专业指导委员会、兼职教师队伍，选派专业教师赴行业、企业挂职锻炼，提升实践教学能力，根据课程组教师教学实践特长，将课程分成若干模块，安排不同教师进行模块化授课。模块化授课能最大化发挥教师特长，满足学生理论、实践、考证、备赛的不同需求，给予学生最专业、有针对性的指导。

三是实施模块化选课。针对学生升学、求职、留学的不同发展规划，以及学生增强人文素养、提升专业实践能力和拓展可迁移技能的不同学习需求，学校开设了人文素养、专升本、多语种、校外实习实训等模块化课程，出台《辅修专业实施方案》《学分银行管理办法》等保障性文件，支持学生跨专业选修、跨校选修、以证代考，满足学生个性化发展需求。

（三）一体建设，持续强化教学资源建设与应用

以教材为龙头牵动教学资源建用并举，一体化推动包含专业教学资源库、优质在线开放课程、融媒体教材在内的各类数字化教学资源建设。

一是以智慧景区开发与管理专业国家级教学资源库建设为引领，逐步建设国家级、省级和学院专业教学资源库，全面推进各专业群教学资源库的建设和应用，定期组织开展建设成果交流和验收，带动跨专业、跨专业群、跨学院的教学资源库建设，建成并使用以标准课程为主体，技能训练模块、考证模块、培训模块为特色的专业（群）教学资源库。其中，国家级"智慧景区开发与管理"资源库使用院校已超过3000所，累计用户量已达2万人。

二是分层推进线上线下混合式教学，加快在线课程建设，已建成并主持智慧职教专业教学资源库课程143门，职教云课程2135门，MOOC课程84门，各类素材资源数83 142个，题目总数374 562个；建成国家级精品课程2门，国家级精品在线开放课程5门，省级精品课程32门，省级精品在线开放课程11门，校级精品在线课程48门；评选出10个混合式教学优秀案例，形成可借鉴、可推广的教学模式，让课堂活起来，让育人成效显出来。

三是制定高质量教材建设规划，推进建设职业教育特色鲜明、产教融合紧密、建设应用成效可见的教材。围绕三大主题建设新形态教材25种，其中五育并举主题7种、专创融合主题3种、国际化素养主题10种；以适应产业升级转型为目标打造"四新"系列教材50种，其中数字化教材20种；从"岗课赛证"综合育人理念出发建设"融合"系列教材40种；促进中高职一体化衔接教育，支持开发中高职一体化新形态教材2种。

三、多维赋能，充分发挥"三教"改革聚合效应

学校建设在线教学平台、智慧化教学场所和教学运行管理平台，以"院长述教研"制度、教研室建设和教学活动实践创新为抓手，发挥基层教学组织作用，以赛促教，全面提升教师教学能力，从教育数字化改革、基层教学组织建设、以赛促教等方面多维赋能"三教"改革。

（一）数智迭代，全力推进"三教"提质升级

学校建成并运行学校课程建设服务中心，持续建设各类在线教学平台，改造智慧

化教学场所，优化教学运行管理平台，真正做到科技赋能"三教"改革。

充分利用智慧职教、智慧树、浙江省高等学校在线开放课程共享平台、中国大学MOOC、国家智慧教育平台、长三角旅游职教联盟学分互认平台、超星学习通等各类在线教学平台，推进专业教学资源库和优质在线课程建设，累计建成在线课程2556门，上线各类教学资源106 824个，注册教师用户数总计2752人，注册学生用户数总计90 591人。

大力改造智慧化教学场所，新增大批智慧化、虚拟仿真教学设施设备，已建成智慧教室92间、实训室94个，建设国家虚拟仿真示范基地——"现代旅游虚拟仿真实训基地"，为持续提升线上线下混合式教学水平提供强有力的资源和平台支撑。阿里巴巴新旅游人才孵化基地、麦扑智慧旅游学院等校内智慧化生产性实训基地为师生提供了虚拟实践教学环境，通过沉浸式体验全面提升各专业教学实训质量，不断拓展教学场景和实习实训场景，推动情景化教学更显实效。

建设教务系统、智慧空间管理系统、实习管理平台、质量诊断平台等教学管理平台，以数据治理为核心，撬动教学管理与教务运行系统性重塑，建立涵盖教学安排、教学实施、课堂管理、教学评价、实习管理、质量监控等教学环节在内的全周期教学管理闭环，提升学校现代化治理能力。

（二）施策基层，着力发挥教学组织主体作用

建立"院长述教研"制度，坚持在暑期教学工作会议、"三教"改革专班会议、教学院长工作例会等重要教学会议中开展院长述教研等活动，促使院长从"第一责任人"角色带动教研室充分参与学院专业建设、课程建设、师资队伍建设、教学管理和教育教学研究。

全面加强教研室建设和管理，修订教研室建设和管理制度，着力增强教研室的功能性和规范性，发挥教研室在课程建设、课堂教学、课程评价、改进监督方面的主体作用。加强教研室主任队伍建设，研究制定教研室主任选拔、管理、考核制度，探索将教研室主任队伍管理纳入学校干部培养考核体系，将教研室主任工作履历和工作业绩纳入职称评定、岗位晋升、评奖评优、选拔培养工作体系，严格教研室考核，将教研室建设情况纳入二级学院（部）年度考核。

重视教研活动的实践创新，以课堂教学为重点，以问题为导向，常态化开展教学研究与示范观摩分享活动，做到"周周有研讨""月月有分享"。每年围绕同一个主题，开展学校、二级学院、教研室三级主题教研活动。探索建设跨专业、跨校、跨地域的"三跨"虚拟教研室，已开展立项旅行数字化虚拟教研室、"创新创业+"教学工作坊模式改革虚拟教研室等4个虚拟教研室。

（三）以赛促教，全面提升教师教学能力

学校高度重视教师教学能力提升，以国家级、省级、校级教学创新团队建设为引领，鼓励教师围绕校企合作产教融合、教师能力体系、学生能力体系、校企协作共同体、"三全育人"不同利益主体协同机制、教师团队评价指标体系等内容开展理论研究，围绕模块化教学改革、线上线下混合式教学改革、"岗课赛证"一体化建设，引导教师积极参与课堂革命。

坚持"以赛促教、以赛促学、以赛促改、以赛促建"的理念，不断完善国家、省级、学校三级教师教学能力比赛培育机制，充分发挥比赛的促教促研功能，全力促进教师教学能力比赛提质增效。全年滚动开设教师教学能力提升工作坊，促进教师综合素质、专业化水平和创新能力全面提升，每年组织校级教师教学能力比赛，要求新进教师三年之内至少参加一次，同时在高校教龄三年以下的35岁青年教师群体中百分之百落实青年教师助讲制，重点夯实新进教师教学基本功，40周岁以下青年教师参加各级教师教学能力比赛的覆盖面达60%。截至2022年，学校已连续三年入围全国高职院校教学能力大赛，3支团队获国家级教学能力大赛一、二等奖，19支团队在省级教学能力大赛中获奖，省级国家级教学创新团队3支，入选数量居全国旅游类院校前列。

第四节　人才培养体系

学校以贯通现代职业教育体系、扩大高素质技术技能人才培养培训规模和实施"1+X"证书制度试点为重点任务，开展教育教学各项改革工作，进一步健全完善人才培养体系。

一、纵向贯通，打造"中高本一体化"旅游人才培养体系

不断探索和完善中高本一体化培养路径，与省内旅游类优质中职学校合作开展中高职一体化五年制人才培养，与浙江工商大学合作开设旅游管理本科专业试点，打通中高本一体化人才培养体系，形成了纵向贯通的中高本一体化旅游人才培养体系。

重点推进中高职一体化人才培养工作，依托浙江省中高职一体化课程改革重大课题项目，开展导游、酒店管理与数字化运营和空中乘务三个专业的中高职一体化试点工作，建立综合组统筹、三个试点专业组实施、校内外专家组协作的"1+3+N"工作机制，规范一体化育人机制。

（一）健全常态化交流体系，精准实施教育教学改革

通过搭建"制度保障、动态交流、标准考核"的常态化交流体系，有效推动中高职一体化落地实施，形成可持续的中高职一体化运行机制。一是顶层制度设计，通过制定《中高职一体化五年制职业教育合作教学方案》《中高职一体化五年制职业教育教学考核方案》等制度文件，规范中高职一体化教育教学实施全过程。二是动态交流机制，通过构建院校间、专业间两级教学、管理交流体系，形成中高职间教学管理部门与专业教研的常态化交流机制，针对教学方案制订、考核方式确定、人才培养方案制订、课程衔接、教学内容等进行及时沟通交流，确保专业学生中高职无缝衔接、转段升级。如空中乘务专业组联合中职院校成立"春华秋实"空中乘务专业中高一体化虚拟教研室，依托省域空乘中高职一体化专业联盟，举办中高职一体化教改研讨暨中高职师资培训，强化中职、高职学校间的日常交流与联系。三是教学考核改革，建立中高职一体化在中职阶段的教育教学考核标准，明确中高职在智育考试、过程性面试两个方面的职责和分工，明确以第二学期、第四学期和第五学期为过程性考核节点的考核时间和以网络考试形式为主的考核方式，以标准化的中高职一体化教育教学考核要求，规范、统一中职阶段教学内容和教学层次。

（二）遵循专业培养类型，科学开发岗位职业能力

在中高职一体化改革中，三个试点专业遵循不同层次学生连续性的能力成长规律，对接真实工作场景中的职业岗位、工作领域、工作任务开展职业能力分析，经过归并排序和科学编码转换为职业能力标准。

一是导游专业锚定"旅游+电商"的现代导游岗位群，开展 DACUM 职业分析法。对接由导游、领队、研学旅行导师及辅导员、旅行社计调、定制旅行管家、旅游策划师、旅行社门市网店接待人员、销售人员、旅游企业客服专员构成的岗位群，确立岗位群内的主要工作任务，对应分析工作任务所需掌握的知识和技能，结合分层次递进培养的原则，形成导游专业中高职一体化职业能力标准。

二是酒店管理与数字化运营专业锚定"管理+定制"的数字化酒店管理人才，开展 PGSD 能力分析。通过解析典型职业活动、工作任务和胜任职业活动所需要的能

力，提炼应知应会岗位知识、专业理论知识、行业发展趋势等专业能力，语言表达、文字表达、身体素质、审美能力等通用能力，人际交往、环境适应、心理承受、情绪管理等社会能力，逻辑思维、信息获取、问题解决、终身学习、创新思维等发展能力，依据中高职学生不同层级学习水平分类编码形成酒店管理与数字化运营专业职业能力标准。

三是空中乘务专业锚定"安全＋服务"的民航乘务员职业，开展"三维五阶四模"职业能力分析。召集职业教育专家、行业技术专家和专业骨干教师三维主体，通过文献分析、个案分析、小组讨论、头脑风暴等多种途径，针对民航乘务员职业按照工作领域、工作模块、工作任务、职业能力、学习水平五阶逻辑进行职业能力分析，形成由职业概况（职业名称、职业定义、职业技能等级等）、职业准则（职业道德、职业守则和基本通识要求等）、工作要求（"基本掌握""熟练掌握"及"进一步强化"三个层次）、职业能力分析表四大模块构成的空中乘务专业职业能力标准。

（三）确立一体化培养目标，系统重构专业标准体系

立足实践重构"定位准确、导向鲜明、结构完整"的中高职一体化标准体系，学校坚持推动与省内旅游类优质中高职学校的紧密合作，3个试点专业均与5所高职学校和8所中职院校联合共同研制可应用、可推广的中高职一体化标准体系。

一是构建中高职一体化专业教学标准。学校以"职业性＋教育性"内容为导向，基于"三维五阶四模"职业能力分析成果，规范专业的入学要求、基本学制、培养目标、职业面向、人才规格、课程设置及学时要求、实训实习环境、教学资源、专业师资、质量保障等内容，明确梯度化的人才培养目标及培养规格，以简单到复杂、基础到专业、核心到拓展为逻辑建构课程体系，分设公共基础课、专业核心课和专业拓展课，提出师资队伍、教学设置、教学资源等教学基本条件的配置要求及相关质量保障措施。

二是构建中高职一体化核心课程标准。学校以"连续性＋递进性"为原则，从课程性质、课程目标、内容与要求、实施建议等方面规范专业核心课程开发，依据职业能力及对应的学习水平，准确定位不同层次人才培养目标，分析确定课程目标及内容，分析职业能力在此课程中的映射点，将职业岗位向课程内涵过渡，将职业对能力的要求映射至课程内容及要求。

二、横向拓宽，有序推进"1+X"证书制度试点

学校聚焦产业积极开展"1+X"证书专业试点，探索建立"学分银行"制度，打通学习成果的认定、积累与转换，构建岗课赛证育人机制，全面提升学生技术技能水平，横向拓展学生专业知识与技能。

（一）聚焦旅游产业，开展"1+X"证书制度试点

以优先开发人才紧缺领域、社会热门领域为原则，根据办学特色、专业设置、学生需求，主动承接与参与开发职业技能等级证书项目。截至 2022 年底，学校与 21 家职业教育培训评价组织合作开设 23 个"1+X"试点证书，其中包括学校主持制定的"旅行策划"职业技能等级证书。学校年均 1000 余名人次参加并通过 X 证书考核。

通过深化校企合作和培育师资队伍，广泛开展"1+X"证书试点项目，提升教师准确把握旅游行业职业技能证书标准及旅游专业学历证书专业课程标准的能力。一是深化校企合作，学校联合蜗牛（北京）景区管理集团、开元酒店集团、浙江省旅游培训中心等旅游类头部行业企业开展"1+X"证书试点项目，依据国家职业标准，合作研发"旅行策划""景观设计师""活动新媒体运营师""食品雕刻师""客房运营"等 12 部 X 证书，其中"旅行策划"职业技能等级证书入选教育部第四批 X 证书。二是开展师资培训，学校从重点关注团队的"双师"结构转向关注团队"双能"内涵建设，通过承办各专业"1+X"师资培训班提升教师"双师双能"水平，如导游和研学旅行管理与服务专业承办研学旅行策划与管理职业技能等级证书师资培训班，吸引省内 60 余位教师的参与；国际邮轮乘务管理专业承办全国首届"1+X"邮轮运营服务职业技能等级证书初级师资培训班等，积极组织开展"1+X"证书融入教学、融入人才培养等教研活动，鼓励专业教师参与 X 证书相关的技能培训。

（二）依托三大联盟，探索建立"学分银行"制度

学校制定学分银行管理办法，组建由记录公共必修课和公共选修课学分的基础账户、记录专业平台课和专业选修课学分的专业账户、记录职业技能训练课和实习实训类课程学分的技能账户及记录素质类课程学分的综合素质账户构成的"学分银行四大账户"，解决弹性学制、学分互认、岗位职业资格证书学分认定、继续教育或企业培训的专业资格证书学分认定、学历证书学分认定等一系列问题。

基于学分银行管理办法，依托跨地域、跨产业、跨院校的三大课程联盟实现资源

共享和学分互认。一是跨地域组建职教联盟，联合上海旅游高等专科学校、南京旅游职业学院、黄山旅游管理学校共同建立长三角旅游职业教育联盟，实施长三角旅游职业教育联盟学分互认项目，打通课程资源共享壁垒；二是跨产业组建文旅课程联盟，与浙江音乐学院、浙江艺术职业学院成立浙江文化和旅游课程联盟，建立跨校选修课程库，共商出台学分互认管理办法，积极探索基于在线开放课程有效应用学习成果认证、累积和转换的机制，形成文化和旅游融合的课程共享体系；三是跨院校组建开放课程联盟，依托全国高等职业教育旅游大类在线开放课程联盟，联合全国 50 余所高职学校共建共享智慧景区开发与管理专业教学资源库和导游专业群开放共享教学资源库，实现校际的在线开放课程互选、学分互认工作，扩大学习成果认证和学分转换范围。

（三）协同校政行企，构建岗课赛证育人机制

学校积极践行"岗课赛证"综合育人机制实践，以"岗"为导向，对接岗位需求、职业标准和工作过程，更新教学内容；以"课"为核心，适应生源多样化特点，推动课堂革命；以"赛"为标杆，充分发挥"以赛促教、以赛促学、以赛促改"的作用；以"证"为标准，将"1+X"职业技能等级证书作为教学效果的评价和检验。

研学旅行管理与服务专业建立健全"岗课赛证"综合育人机制，初显成效。一是将证书培训内容及要求有机融入人才培养方案中，重新梳理人才培养目标，根据职业技能等级标准确立复合型研学旅行专业人才培养课程体系，设立研学旅行策划与管理职业技能等级证书、研学旅行指导师证书、导游员资格证书（普通话）、小学教师资格证等多个证书，培养学生多岗适应能力。二是进行新型教师团队建设和模块化教学模式改革，组建由 8 位专兼职教师构成的新型课程团队，以课程统筹、课程资源建设、证书培训考核、岗课赛证融通实践、在线课程视频拍摄等不同视角开发旅游类"1+X"证书，出版相关培训教材，以课程模块分工拍摄慕课资源，逐步形成了在线模块式授课的课程协作模式。三是以职业技能等级证书试点为契机，不断深化课证融通的教学改革模式，通过主办"旅游产品策划与定制"岗课赛证融通七校线上联赛等相关职业教育赛事，促进院校课程专任教师与企业技术顾问间的紧密合作，将职业能力大赛实战化，促进赛教融合一体化。四是通过参与旅行策划、民宿、景区等相关领域的 X 证书开发，形成职业资格证书、职业技能等级证书、行业资格证书、培训证书等证书体系，其中旅行策划职业技能等级证书获得教育部批准正式成为 1+X 培训考核证书，并建立以 X 证书为核心的多元化人才培养评价体系，对学生培养质量进行多维

度、全方位、立体化评价。

三、服务扩招，全面落实社会人士扩招计划

学校面向区域经济建设急需、社会民生领域紧缺和就业率高的专业开设扩招专业，创新教学组织、教学管理、考核评价等教学管理模式，遵循因材施教基本原则编制人才培养方案，以此提高百万扩招人才培养质量。

（一）回应区域经济发展需求，择优开设扩招专业

2019年，学校作为浙江省内社会人士扩招录取人数最多、覆盖专业最广的高职学校共计录取1200余名百万扩招学生，生源遍布26个省、自治区、直辖市，涵盖农民工、退役士兵、下岗失业人员、新型职业农民、幼儿园在职教师五个类别。同时，面向浙江省内持续开展学历继续教育招生，招生人数逐年递增，2019—2022年四年共计招生9000余人。面对复杂多样的扩招生源，学校以地区产业为导向，以行业需求为依托，择优开设导游、旅游管理、餐饮管理、景区开发与管理、休闲服务与管理、电子商务、酒店管理与数字化运营、空中乘务、烹饪工艺与营养等扩招专业，回应区域经济发展对高素质技术技能人才的需求；制定《高职扩招生（非住校）学分认定管理办法（试行）》《高职扩招生（非住校）学籍管理办法（试行）》等系列文件，规范扩招生学习成果认定、积累、转换和学籍信息管理等内容，保障扩招生基本权益。

（二）突出以人为本发展理念，创新教学管理模式

贯彻以人为本发展理念，针对扩招生的社会经验、实际学习水平、技能水平和职业生涯发展需求，探索形成多样化的教学管理模式。一是酒店管理学院创建"1+4+3"扩招生教学管理组织架构，解决扩招生源结构复杂导致管理工作开展难的问题，建立1个高职扩招工作领导小组负责统筹规划扩招生教学管理工作，组建课程建设组、学生管理组、教学服务组和学业辅导组4个工作服务小组，全方位覆盖扩招生学习过程所需的服务，配备班主任、专业教学指导、班委会3个实际管理班子，负责管理扩招生的日常生活和学习。二是工商管理学院构建"123"扩招生教学管理模式，围绕"全程用心服务学生"这个中心，把握"准确＋及时"两个关键，准确上传下达，及时解决特殊疑惑，按照"事前—事中—事后"教学管理落实"搭建平台＋合力助学＋分享经验"三项举措。三是旅游规划与设计学院依托景区开发与管理专业国家级教学资源库，实现"平台＋"教学资源共建共享，优化教育教学资源配置，搭建线上教学

载体，设计 SPOC 与 MOOC 两种授课形式，整合平台资源与原创资源，通过对资源进行重组与优化提升平台的灵活性与共享性，打破常规线上课程一成不变的局限性。

（三）遵循因材施教基本原则，助力人人出彩

从扩招生的职业分布来看，学校的扩招生涵盖农民工、退役士兵、下岗失业人员、新型职业农民、幼儿园在职教师五个类别，其中有学校保卫处校卫队队长通过百万扩招计划以职工和学生的双重身份就读于人力资源管理专业扩招班，也有杭州一家高星级酒店中层干部为提升自我能力就读于酒管扩招班；从扩招生的年龄分布来看，扩招生年龄从"50 后"跨越到"00 后"，年龄差最高达 48 岁，其中 1954 年出生的扩招生为实现上学的夙愿成为全校最年长的学生。

遵循因材施教基本原则，通过编制人才培养方案和实施教学改革来完善教育教学体系。一是针对生源结构复杂的问题，开展个性化、精准化培养。鉴于不同职业、年龄的扩招生有着截然不同的社会经历、技能水平和学习能力，有深谙技术技能、工作经验丰富的"能手"，有缺乏专业技能和工作经验的退役军人等，学校根据不同类型生源的技能水平、专业特长、就业需求和发展前景，分类编制各专业人才培养方案，有针对性地开展人才培养。二是针对扩招生"工学矛盾"的问题，实施弹性化、灵活化教学。由于扩招生多来源于社会，扩招生入学后可能面临工作与学习的冲突，学校通过实施线下面授课程与线上网络课程开展线上线下混合式教学，其中专业理论课、专业技能课和部分专业选修课采取线下面授形式进行，公共课和部分专业选修课采取线上形式进行。

（牵头人：吴雪飞　撰稿人：蒋炯坪、王蕴韵、袁子薇、余梦露）

第三章
DI SAN ZHANG

学生成长
XUESHENG CHENGZHANG

中国特色高水平高职学校建设"浙旅实践"

> 学校全面贯彻党的教育方针，通过"五育并举""阳光工程""人文铸旅"工程等多举措助力学生成长，创立徐霞客创新创业学院，打造"中国品牌""中国服务"旅游职业人才培养的重要载体。从招生进校到学生毕业步入社会，学校全过程贯彻"励志、惟实、博爱、精致"的校训，将人才培养的方式再聚焦、站位再提升，从而使育人效能发挥更加有力，真正实现学生全面发展和成长成才。

第一节　五育并举

学校致力于培养德智体美劳全面发展的社会主义建设者和接班人，深入推进新时代教育评价改革，构建"五育并举"的育人体系。将立德树人融入思想道德教育、文化知识教育、社会实践教育等各环节，通过抓重点、克难点、出亮点、补短板、提质量、求创新，不断提升学生综合素质，探索实践出一条卓有成效的学生综合素质提升之路。

一、谋篇共建，构建学生综合评价体系

学校为积极落实"五育并举"要求，出台《学生综合素质提升学分制认定办法》等制度文件，系统构建了德智体美劳全面发展的学生综合评价体系，指导全体教职员工建立健全协同育人机制，引领学生德智体美劳全面发展。

（一）德育为首，引导学生树立远大理想

德育以理想信念的教育和才情才干的培育为重点，涵养实现中华民族伟大复兴的中国梦的青春力量。德育测评结果是综合评价的基础性指标，以思想政治类非专业课程成绩、第二课堂德育活动参与情况与学生日常德行表现为依据，多主体、多角度、多层次采集相关评价要素。学校建立学生自评、生生互评、师生测评、社会广泛参与的多元评价体系。引导学生用思想道德修养来规范行为，约束言行，尤其是爱国主义

精神、社会主义核心价值观践行。同时，设置扣分项，对于相关失范行为"零容忍"，重视过程性评价，明确规定各类评先推优的候选人德育素质必须达到良好及以上的测评成绩。

（二）智育为重，引导学生加强专业能力

智育测评以学业成绩、学科竞赛成绩和职业技能竞赛成绩为测评依据，重视培养学生学习能力、创新意识和职业技能。学业成绩测评激励学生学好专业知识，将本学科的基础知识悟深、吃透，夯实基础；学科竞赛引导学生积极参加各类学科竞赛，参与创新创业项目，进一步增强学生的专业认知深度，提升学生的创新创业精神；职业技能竞赛体现职业教育的特点，依托学校"岗课赛证融通"的人才培养模式，全面提升学生专业相关的职业技能素养，培养德技并修、追求卓越的新时代高技能人才。

（三）身心为本，引导学生锻炼强健体魄

践行"健康第一、全面发展"的教育理念，营造"处处是体育活动之地，人人是体育健身之人"的校园体育氛围，倡导"每天锻炼一小时，健康工作五十年，幸福生活一辈子"的价值追求。体育素质测评以培养学生健康的身心素质为目标，健全学生健康体检制度，将学生基本健康情况、体质测试情况、心理测评情况等纳入学生综合素质档案，为学生身心健康"画像"。完善学校体育与健康水平考试评价体系，形成"运动参与＋体质健康测试＋运动技能测试"三方联动的评价机制。增加学生体育健康成绩在学生评奖评优中的权重，做好"阳光工程——体育标兵"的评选，实行体测不合格评奖评优"一票否决"。严格落实学生体质健康达标、体育素质学分修满方可毕业的原则要求。

（四）美育为根，引导学生提高审美意识

美育测评教育引导学生认识美、发现美、鉴别美、创造美，坚持正确的审美观。测评以美育相关课程（人文素养概论、旅游职业礼仪等）成绩和第二课堂文化艺术活动参与及表现为依据，学校构建"2+4+X"的人文素养课程体系，提高审美素养，提升学生认识美、发现美的能力；整合校内外优质资源，举办高雅艺术进校园、传统艺术进校园等活动，营造格调高雅的校园文化，培养学生鉴别美、欣赏美的能力；鼓励学生参加各级各类文艺活动、学科竞赛、实践，培养一项文艺特长，激发学生创造美、展现美的能力。

（五）劳育为荣，引导学生提升劳动素养

劳育测评以培育学生劳动素质为核心，以弘扬劳动精神、做最美文旅人为主旨，引导学生树立正确的劳动价值观、实践观和幸福观。劳育测评以学生在劳动思想性、劳动服务性、劳动创造性、劳动习惯与品质4个维度12个劳动实践项目的表现为依据，结合劳动教育课程引导学生认识劳动、崇尚劳动、懂得劳动、践行劳动，身体力行地参与到劳动实践之中，提升学生的劳动精神面貌、劳动价值取向和劳动技能水平，拓宽劳动视野，提高劳动素养，使其牢固树立劳动最光荣、劳动最崇高、劳动最伟大、劳动最美丽的思想观念，营造"劳动光荣、技能宝贵、创造伟大"的校园风尚。

二、协同推进，营造"五育并举"生态环境

学校通过拓展工作载体、构建工作运行机制、优化激励方式，注重全要素有机融合，创新工作推进及评价方式，营造良好的"五育并举"生态环境。

（一）三位一体，筑造"五育并举"立体空间

学校将专业学习、实践锻炼、创新创业三要素有机融合，形成理论、实践、创新"三位一体"的持续性学生发展体系，以"魅力课堂""阳光体育""人文铸旅""公益实践""乡创空间"5个项目为载体运行实施，进一步促进德育、智育、体育、美育和劳动教育的有机融合。

一是"魅力课堂"行动。学校以"四融五美"魅力课堂建设为抓手，开展"模块化"课程教学改革，注重理论教学与实践教学的紧密衔接、素质教育与专业教学的有机融合，搭建起以课程学习为基础的第二课堂"学习活动+学习成果"展示平台；将阅读、拓展、创造要求列入教学目标，学习成果纳入课程考核。择优引入"1+X"职业技能等级证书和行业认可度高的职业资格证书，精选一批团队支撑强的专业课程，以"岗课赛证"一体化为引领，开展模块化教学改革。先期立项试点课程20门左右，到2025年开展"岗课赛证"一体模块化教学改革的课程将达60门以上。

二是"阳光体育"计划。立足体育课"健康知识+基本运动技能+专项运动技能"教学目标，调整教学（训练）内容、重构管理方式、改革课程评价，构建高质量的体育课程体系。根据学生的兴趣爱好，开设了体育舞蹈、花式跳绳、健身、户外拓展、高尔夫等多个趣味运动项目，开展三人制篮球、五人制足球、羽毛球、乒乓球、礼仪

操等多个校园体育竞赛项目,并将竞赛与体育课教学评价进行结合。搭建智能化"阳光晨跑"平台,根据70千米的跑步锻炼任务,明确每周"晨跑"时间和里程,与体育活动参与和体测情况综合起来进行评价。

三是"人文铸旅"工程。2020年,学校全面启动"人文铸旅"工程,依托学校人文素养教育中心,打造以社会主义核心价值观为主线,"行业站得高,国内叫得响,国际有影响"的人文教育精品特色工程。构建以《人文素养概论》《旅游职业礼仪》为核心的"2+4+X"课程体系,建立人文素养公共选修课、人文大讲坛及以社会实践为主的素质教育第三课堂。启动"特长+"计划,获国家级、省级奖项15项,获立省级教学类项目10项;《旅游职业教育人文素养课程设置指南》(LB2022-08)国家行业标准经全国旅游标准化技术委员会批准立项。开展多场人文素养教育活动,由领衔专家主讲的"人文铸旅"大讲堂系列讲座已开展20余场,受众达5万余人次;已引进浙江省美术馆、浙江省话剧团等单位的高规格文化艺术展演10余场,线上线下受众达8万余人次。

四是"公益实践"项目。学生实践表现计入劳动教育得分,本着学生自主管理的理念,拓展公益性实践项目,增强学生的家国情怀和责任担当。组建"'助力乡村振兴'社会实践队""春晖义工""绿马甲生态文明志愿服务队"等多个自主管理组织,参与学生超20 000人次;3000多人次在校学生积极响应国家乡村振兴和浙江美丽乡村建设号召,参与"万村景区化建设""旅游微改造、精提升"等省文旅重大工程,指导全省57个县区的266个村庄开展景区化改造,助力56个村庄成功创建3A级景区村,入选《2021世界旅游联盟——旅游助力乡村振兴案例》。通过旅游赋能乡村振兴实践,增强了"三农"情怀。

五是"乡创空间"项目。学校以"双创"课程中的创造创新实践为重点,搭建了校企共建的助力乡村创新创业的"乡创空间",以开设乡村创客班的形式招募入驻学生团队,以创业实践替代实习,培养优质的乡村创客。2022年,学校招募了首批乡创空间合作运营企业,包括浙江艾歌旅游发展有限公司等10家乡村振兴相关企业。组织学生积极参加各类创新创业大赛,获得过近百项荣誉,在2022年的"互联网+"大学生创新创业大赛中,"行疆科技"等9个项目获得3金6银的校历史最佳成绩。每年开展创客嘉年华、创旅沙龙、创客集市、创业标兵评选、创客相亲会等创新创业实践活动20多场,营造了浓郁的创新创业校园文化氛围。

（二）三个结合，构建"五育并举"运行机制

学科专业教育与学生综合素质教育相结合。形成了"岗课赛证"的专业课程学习模式，将第二课堂实施方案纳入教学大纲、课程标准；开展"一专一证一赛"的教学活动，如国际导游专业学生的《英语导游》课程期中考试采用户外模拟导游的形式进行考核并与全国导游资格证考试内容、导游技能大赛相关联。

专业学习与实践活动相结合。各项目以"学习（课程、岗位）+实践（活动、创造、竞赛）"相结合的方式进行，针对不同项目设置不同侧重点的学习内容及评价标准，开展不同类型的实践活动、竞赛和评比。例如，"公益实践"项目中的学生志愿者团队的实践反思与交流，"阳光体育"项目中的学生体育项目参与，"人文铸旅"项目中艺术作品鉴赏与人文素养、特长的养成。

项目建设与学校管理相结合。学校成立了学生综合素质评价工作领导小组，制定了《学生综合素质提升学分制认定办法》等制度、方案，将各项目建设与管理、学生活动组织、教师指导等纳入相应管理部门和二级单位职责，明确工作要求与考核标准。定期或不定期开展沟通交流，解决实施中存在的问题，基本形成了学校统筹、各部门相互协作的学校素质教育管理运行机制。

（三）目标考核，形成"五育并举"激励机制

学校建立了"目标项目化、项目清单化、清单责任化"的闭环式工作责任体系，将落实"五育并举"工作纳入目标责任制考核，建立关键育人活动专项督查制度，加强绩效评估和监督考核，将考核结果与相关部门、个人的工作绩效相挂钩，实现正向激励。

在专业人才培养方案中设置《大学生综合素质提升》为公共必修课程，规定德育品行、人文素质、职业素质、身心素质、劳动素质、获奖表彰6个模块的完成要求。制定了学校第二课堂项目清单，通过素质模块分数要求引导和激励学生积极参与5个项目中的各项学习与实践活动。2022届毕业生综合素质学分合格率高达99.72%。

三、创新竞进，推动学生综合素质评价改革

依托5G、云计算、大数据、人工智能等核心技术，学校着力建构大学生综合素质智慧评价系统，面向学生工作相关部门、用人单位和学生本人提供综合素质提升全流程记录、"学、思、践、行、测、评"全环节覆盖的智慧评价服务，切实推动学生

综合素质评价的改革。

（一）系统集成，构建学生综合素质提升的管理体系

以模块化管理为着眼点，以融入人才培养、服务学生发展需求等为主要原则，强化第二课堂的全流程管理，修订《浙江旅游职业学院学生综合素质提升学分制认定办法（2021年修订）》，作为学校"综合素质学分证书"制度运行更为规范、更加有效的指导文件和实施标准，成为学生"五育并举"推进、综合素质提升的客观评价规则。

成立学生综合素质评价工作领导小组，各学院相应成立学生综合素质评价工作小组，学工部牵头成立学生综合素质评价工作评审委员会，各部门协同联动，建立标准完备、多元评价的大学生综合素质监测评估体系和第三方评价机制，保障工作实施，规范运行操作，加强动态管理，通过大学生综合素质智慧评价系统的应用，确保大学生综合素质提升的相关活动从申请到举办、学生参与活动从签到到签退、素质学分从申请到发放都规范有序、客观翔实、科学有效，全面记录和评估学生提升综合素质的过程与成果。

（二）育人为本，打造学生综合素质提升的评价体系

依托大学生综合素质智慧评价系统，通过目标导向和记录评价体系准确记录学生综合素质提升的全过程，形成有效的量化结果，用于学生群体和个人的"培优纠偏"。

在目标导向中，学校第二课堂活动在设置上引导学生树立"互融为和、克己为礼、业精于勤、功成于进"的成长思想，包括"一路阳光——人文素质模块""一技之长——职业素质模块""一生微笑——身心素质模块""一流服务——劳动素质模块"四大模块，并客观记录学生的获奖表彰。在四大模块中，大学生综合素质智慧评价系统针对不同类别的计分项目活动与奖项，根据相应级别，实现具体指标量化，对应可获得的相应分数，学生通过活动记录，生成评价结果，完成评价测量。学生的评价结果与《大学生综合素质提升》课程成绩挂钩，同时，每个模块必须完成的最低分数为1分，保证了学生在根据兴趣方向追求个性发展的同时，也能注重德智体美劳综合素质的全面发展。学生可以通过综合素质智慧评价系统形成一份详细的"学生成长档案"，详细记录在求学期间所经历的每一段实践活动经历，同时方便学生进行纵向和横向对比，查缺补漏，均衡发力，获得一个较为全面的综合素质发展状态。对于学生而言，有助于更好地认识与评价自己，制定更合理的学业及职业生涯规划；对于学校而言，通过综合素质智慧评价系统，实现了对学生全方位的立体评价，有助于提升育人内涵。

在记录体系中，在深度挖掘第二课堂育人价值基础上，强化过程评价，综合素质学分计分项目由"必修项目"和"选修项目"两部分构成，其中"项目计分"又分为"学生主动申请"和"组织方直录"，通过区分记录，在管理模式上根据具体情况灵活施策，既实现各类学时录入规范有序和有效区分，形成的数据方便服务"综合测评"等其他工作，又推进目标导向，明确发展方向，鼓励学生参与高质量活动，特别是职业技能类、学科类比赛和志愿服务活动，全面记录学生日常表现和突出表现，促进学生综合素质的提升。这种兼顾包容性和数据质量优先的记录评价体系将人才培养的目标再聚焦、定位再明确，从而使课程更丰富、更灵活、补充性更足、实践性更强。

（三）精准思政，创新大学生综合素质提升的价值体系

坚持精准思维，实现精准思政是"综合素质学分证书"制度的实施目标。在实现第二课堂评价结果可呈现的基础上，学校重点突出"学生成长档案"结果应用和价值发掘，改进结果评价，将大学生综合素质评价情况纳入学生综合测评和评奖评优。综合素质总学分当学年达到预警的学生将不得参与各类评优评奖，同时，将综合素质提升分数作为综合素质测评的重要参考指标，进一步探索综合素质学分的增值评价效益。将综合素质学分应用到学生综合素质评价，让高职教育回到"以学生为中心"的教育理念，通过动态发展的眼光帮助学生理性审视自身的成长；依托综合素质智慧评价系统形成学生成长档案、成长指标雷达图，智能化诊断当前综合素质提升可能存在的问题，有的放矢，更好地调动学生成长奋斗的主观能动性，让学生真正在"综合素质学分证书"制度的推行中受益，从而进一步构建多主体参与的"思政共同体"，形成"三全育人"的大思政工作格局。

2022年，学校已有第三批具有"综合素质学分证书"的毕业生，据统计，2022届毕业生5972人，截至8月31日，就业人数5889人，毕业去向落实率已达98%以上。浙江省教育评估院多年跟踪显示，学校毕业生的专业知识素养、实践能力、职业素养在浙江高职学校中排名前列，企业满意度在96%以上。

第二节　阳光工程

学校在遵循和总结当代大学生成长规律的基础上，靶向定位、精准施策，深入推进"阳光工程"，着力打造"六大计划"、构筑"一站式"社区、创新"智慧思政"，持续拓展当代大学生思想政治教育的载体和形式，全面提升大学生思想政治工

作实效性。

一、打造"六大计划"，全面关注学生成长

学校始终秉承"励志、惟实、博爱、精致"的校训，发扬"和礼勤进"的旅院精神，通过实施"坐标、修身、明德、实践、励志、启航"六大计划，助力学生成长。

（一）实施"阳光·坐标"计划，坚定理想信念

学校通过开展"阳光·坐标"始业教育，上好新生角色切换"第一课"，帮助其快速融入全新环境，适应大学生活，加深对学校的认知和对专业的认同，激发学习自主性和创造性，培养建立对未来职业的归属感。通过实施"先锋工程"，开展"一总支一品牌一支部一特色"党建文化品牌建设，将党性锤炼、理想信念、思想政治、道德修养等融入学生培养全过程，引导学生增强"四个意识"、坚定"四个自信"、做到"两个维护"，以执着的信念、优良的品德和过硬的本领，投入各级各类志愿服务和行业企业实践中。

（二）实施"阳光·修身"计划，根植人文素养

学校通过创新学生综合素质教育机制，制定《浙江旅游职业学院学生综合素质提升学分制认定办法》，将学生综合素质提升教育作为必修课，纳入人才培养方案。通过开发"校园文明礼仪教育ABC"优质核心课程和"最洁净校园"思想政治理论实践课程，将文明素养内化为学生的自觉行动。其中，大学生文明礼仪微课堂系列视频被浙江省教育工委办公室面向全省高校推广。通过实施"人文铸旅"工程，举办技能节、艺术节、体育节、女生节等校园文化活动，厚植学生的人文情怀，提升学生的人文素养。

（三）实施"阳光·明德"计划，选树阳光榜样

学校通过开展"星级班级""星级寝室""阳光标兵""十佳大学生""校长奖学金"等评选活动，选树榜样，彰显德行，既增强学生集体荣誉感和团队凝聚力，又鼓励学生发展独特个性。通过开展"学风建设月"活动和系列"学风之星"评选活动，扎实推进学风建设，持续改善校风、学风、班风建设，提升学生综合素养。依托教育部"一站式"学生社区建设，强化学生"三自"功能，组建寝室学生网格员、楼管会、"和小礼"巡查调解队伍、"勤小进"朋辈互助队伍，充分发挥学生党员、优秀团员、退伍军人的先锋模范作用。

（四）实施"阳光·实践"计划，深耕劳动教育

学校通过构建"519"劳动育人模式（见图3-1），将劳动精神、劳模精神、工匠精神有机融入人才培养、专业建设、师资建设、文化传承、社会服务等方面，引导学生形成正确的劳动价值观、实践观、幸福观。通过开发"实践啦·劳动在线"特色应用程序，广泛应用于学生劳动行为纠偏、劳动素质养成和劳动榜样选树培优等工作，并获评高校智慧思政特色应用场景建设单位。通过持续开展"百个师生团队助力万村景区化建设"等实践活动，引导学生在服务乡村、助力乡村振兴实践中增强社会责任，树立家国情怀，为高质量建设共同富裕示范区贡献青春力量。

图3-1 "519"劳动育人模式

（五）实施"阳光·励志"计划，资助学生成长

学校通过制订"七彩阳光助学计划"，即"奖、助、贷、勤、补、免、辅"七大助学模块的资助，基本做到"资助措施全涵盖、困难学生全覆盖"。在此基础上，学校不断提升资助育人效果，深化资助文化特色，创新培植一批以"阳光助跑"为代表的发展性资助项目，并以此为基础，指导和鼓励受助学生积极申报"浙江省大学生科技创新活动计划（新苗人才计划）"、浙江省职业院校"挑战杯"创新创业竞赛、国家

旅游局"万名旅游英才计划"等项目和竞赛，促进学生实践能力、创新能力、适应和服务社会能力的提升。

（六）实施"阳光·启航"计划，赋能创新创业

学校通过开展"阳光·启航"就业质量提升活动，引导学生合理规划职业生涯，鼓励和指导学生参加职业能力大赛、职业生涯规划大赛等，不断提高自身就业能力和职业素养。通过成立徐霞客创业学院，构建"四融"特色创新创业教育体系，激发学生发现自我能力、实现自我价值、促进职业成长的心理动力，获评浙江省普通高校示范性创业学院。通过建设校内实训基地，与省内旅游重点县（市、区）和开元旅业、乌镇旅业等知名企业合作，与宋城集团、艺龙集团等企业共建企业制学院等方式，为学生打造校内外实训实践平台和旅游类产业孵化平台。

二、构筑"一站式"社区，全心护航学生成才

学校紧跟教育部相关部署，快速落实《关于进一步推进"一站式"学生社区建设的工作方案》，及时协调解决机制构建、资源配置、经费保障等问题，实现理想信念"浸入式"教育，全力为学生成长成才保驾护航。

（一）育人队伍下沉，促进励志奋发

党建引领。深入推进学校"党建工作进学生社区模式创新"项目，实施党员"先锋工程"，着力开展党建、团建进社区，不断强化学生理想信念教育。在酒店管理学院教工党支部、旅游规划与设计学院教工党支部两个全国样板党支部的牵头下成立学生社区"特设支部"，设立党团活动室、党建文化墙、党建长廊等，以丰富党建活动，引领学生成长成才。

干部带头。通过"书记面对面"、"校长有约"、领导干部深入一线"面对面联系学生"、教职工"1+1"联系寝室、朋辈辅导员答疑等各项举措和系列活动，形成了自上而下、丰富多元的"大思政"工作格局和育人队伍力量，为持续深入开展理想信念教育和思想价值引领提供了保障。

资源联动。拓展"校内+校外"资源与平台。专任教师、思政辅导员、后勤服务人员、优秀校友、行业人才、劳模工匠纷纷走进学生社区，以讲座、沙龙等形式进行专业答疑、社团指导、心理辅导、生涯规划和创业扶持等。同时，积极引导学生在校外实践中增强才能才干，促进学生励志拼搏、奋发向上。

（二）校园文化浸润，促进惟实乐学

依托"人文铸旅"工程，"显性+隐性"教育相融合。举办丰富多彩的校园社区文化生活，不断增强学生人文综合素养。在社区举办女生节、技能节、艺术节、体育节、外语节、美食节、心理健康月、五月劳动文化月等，在潜移默化中引领学生风尚，丰富学生精神世界。举办高雅艺术进校园、传统艺术进校园等活动，营造格调高雅的校园文化，给予学生精神体验和文化陶冶。

优化环境育人功能，"有形+无形"教育相贯通。设立社会主义核心价值观宣传栏、习近平总书记寄语青年墙、党史宣传旗、"旅院精神石"、"旅院精神书卷"、校友墙、红馆、遂园等校园实地文化景观，生动诠释校史、校训、校歌所蕴含的办学理念、精神风气，全力打造"一院一品 一院一特色"文化品牌，抓好"国旗下讲话"等仪式。同时积极拥抱自媒体时代，打造学校及二级分院官网、官微、官方抖音等网络文化阵地，以学生喜闻乐见的方式，营造浓郁的"阳光旅院"文化育人氛围，进一步增强吸引力、向心力和凝聚力，强化学生认同感。

（三）社区学生自治，促进博爱互助

坚持以生为本、德育为先的工作理念，尊重学生主体地位，强化学生"三自"功能，推动学生共建共享。用互助的队伍帮扶人：组建寝室学生网格员、楼管会、学生社区党支部、"和小礼"巡查调解队伍、"勤小进"朋辈互助队伍，发挥学生党员、优秀团员、入党积极分子、团学干部、寝室长、楼管会、退伍军人的先锋模范作用，在共同参与社区建设实践中互相协作、共同成长。用互助的氛围感染人：连续十多年开展"阳光工程"特色育人活动，选树各类"阳光标兵"先进个人及星级班级、星级寝室等先进团体组织，培育"阳光助跑"资助育人项目，引领争先创优的校风、学风、班风建设，在朋辈榜样的激励中凝聚前行力量。用互助的空间锻炼人：学生社区作为除"第一课堂"外的重要育人阵地，也是学生独立生活、自我成长的重要场所；"乡创空间"成为学生创新创业的孵化地和互助空间，设置劳动教育责任包干区，成为学生加强文明寝室建设、锻炼自我清洁与维护能力的美丽社区，通过鼓励青年学生多元参与和实践体验，在交互式、共享式协助中不断深化学生自我管理能力。

（四）生活园区便捷，促进精致尚美

从学生需求出发，优化学生生活园区功能布局，在满足学生衣食住行用等生存维度需求的基础上，积极创设环境，满足学生社交维度、自我价值实现维度等多层次需求。建设"一站式"学生事务中心、健身房、心理咨询室、团辅室、宣泄室等设施；

以宿舍楼群为单位配备谈心讨论室、自习室、自助洗衣房、自助服务式阳光小家（学生厨房），并面向学生免费开放自主预约，开放学生阅读、研讨、咨询、展示、健身、休闲等功能。打造智慧社区平台，校内推行"E码通"、刷脸支付、智慧报修、智慧订送餐、功能室预约等服务，实现学生需求一键满足。学生社区提供"24小时不打烊"自助服务机器，打通智慧服务"最后一公里"。

三、创新"智慧思政"，全力助推学生发展

学校秉承"让思政教育更智慧"的时代理念，致力于发展智慧化思想政治教育，努力做到教书育人与促进成长同频共振。

（一）拓宽育人方式，实施前置式思想政治教育

学校改变传统"先管理后教育"理念，将思想政治教育在新生入学前通过数字化平台和网络媒体实现衔接，将全员全程全方位的育人理念在学生管理工作思政先行课中得到持续渗透。学校专门开发设计了新生自助报到系统，并以此为载体，设置"通识课程"在线学习模块，学生通过在线观看学校宣传片、资助宣传片、始业教育视频、安全微课、大学生文明礼仪视频等，提前了解学校相关政策，增强对学校的归属感和认同感；通过对《学生手册》的学习和考试，提前了解学校相关规章制度，强化遵规学规守规用规意识。同时，学校主动占领学生喜闻乐见的自媒体宣传阵地，引导各育人主体部门开通微信公众号，并围绕学校发展大局和育人需求，营造舆论氛围，培育校园文化，使新生在潜移默化中完成从高中向大学的过渡。

（二）营造育人环境，绘制贯穿式学生成长画像

学校抓住数字化改革的契机，利用大数据、云计算、移动互联网、人工智能等新一代信息技术的集成应用，为学生打造贯穿大学三年的"智慧思政"学生成长数据平台，全方位记录学生校园学习生活，实现对学生成长发展的全过程引领，不断挖掘育人深度。针对学生综合素质提升工程，学校设计开发综合素质分管理系统，将全校学生活动整合和优化为人文素质、身心素质、职业素质和劳动素养四大模块，形成一批各具特色的第二课堂课程，并将其纳入必修课程，帮助学生找到"兴趣点"，为自己绘制一幅成长"自画像"。针对学生个人和校园整体安全，学校建立基于学业预警、心理预警、经济预警、行为预警四种类型的预警信息，涵盖数据共享"安全舱"、安全教育"防火墙"、分析判断"预警台"、AI辅助"智慧脑"、反馈分析"稳定器"

五大功能模块的智慧思政平台，构建学生个人和校园整体的"安全画像"。

（三）搭建育人平台，建立一键式协同联动机制

学校通过数字化平台建设，构建全校育人主体衔接合作机制，实现教育教学、管理服务等资源共享共通，延展育人广度，使学生及时获得最优质的教育资源和服务。打造智慧社区安全管理平台，聚焦学生社区安全，集预警研判、接警处置、留档追溯等功能于一体，将学生社区的火灾监测、能耗监测、食品安全、寝室考勤融入安全管理平台，实现对学生社区各类突发事件的实时智能监控，加强智慧社区安全一体化设计，织密学生社区安全"一张网"。打造"一站式"学生服务平台，聚焦学生需求，通过统一授权及认证中心，形成学生相关服务业务分层分类的集成型数字空间，学生可以自定义高频的社区服务，通过浙旅钉快捷办理"E码通"、刷脸支付、智慧报修、智慧订送餐、功能室预约等服务业务，实现学生的衣食住行需求一键满足。

第三节 人文铸旅

"人文铸旅"工程是文旅融合在职业教育领域的一次实践探索，其价值内涵正是基于旅游服务行业的属性，引导学生通过学习人文学科知识，养成包括语言表达、思维方式、心理品格等在内的基本人文素养，掌握处理人与自然、人与社会关系的能力，树立人的信仰与职业发展、人的现实性与历史性辩证统一的价值观、世界观。"人文铸旅"工程的构建着重围绕实践路径的探索，力求教育实施能充分体现职业化和专业化的特色，树立以人文素养教育构筑旅游职业人才培养基底的理念，夯实旅游职业教育和人文素养教育融合的理论基础，以此为基础寻求构建一种科学有效的育人模式。

一、践行文旅融合，构筑"人文铸旅"工程教育体系

"人文铸旅"工程科学体系分为四个运行系统，即行政文化系统、知识文化系统、校园文化系统、学术文化系统。以调节性为原则构建的四个运行系统，目的是保证整个教育系统中各组织有序运行。

（一）上下联动，组建行政文化系统

上下联动的行政文化系统包含组建"人文素养教育专家委员会"和"人文素养

教育工作委员会",负责"人文铸旅"工程的高端设计和宏观指导、业务咨询;成立"人文素养教育中心",负责"人文铸旅"工程的执行管理工作;建立和完善"学校主导,学院主体、教师参与"的人文素养教育实施机制,按照"内培为主,适当外引;专职为主,适当兼职"的总体思路,加强教师资源整合与队伍建设,完善人文素养教育的实施、评估、督导机制。

(二)专业个性,建设知识文化系统

专业个性的知识文化系统的核心是"2+4+X"的人文素养教育课程体系,包含 2 门公共基础课、4 门专业基础课、X 门公共选修课。课程体系强调知识信息的"融合性",一方面要求人文素养教育的知识层次与职业教育的受教者心智水平相匹配,即人文素养教育知识点的颗粒度大小决定受教者信息活动的激活水平;另一方面要求人文素养教育的知识信息与职业教育的专业特点相匹配,即人文素养教育知识范围应涵盖人文学科的基本面,并能精准提炼与旅游专业相融合的知识点。

(三)人文品质,打造校园文化系统

人文品质的校园文化系统包含校园品牌文化、社团活动文化、社会实践文化、学校形象文化建设等。旨在打造一批省内颇有影响、国内具有特色、师生喜闻乐见的校园活动品牌,建设一批有学校特色的人文素养类社团;组织学生深入社会开展人文文化传播、志愿服务;有计划地开展高雅艺术进校园活动,提升师生艺术鉴赏力;以 4A 景区校园为基础,完善代表性文化景观建设,营造人文气质的环境;以"和礼勤进"的旅院精神为主题,加强人文知识宣贯,打造"亲和博雅旅院人"的新形象。

(四)聚焦人文,构建学术文化系统

聚焦人文的学术文化系统强调各个平台的智力整合,具体举措包含建立浙江省文旅融合研究基地,面向全省每年资助一批人文文化、文旅融合主题的科研项目、专著;依托"浙江省文旅大讲坛",开展名家名师专题讲座,积极打造人文素养教育宣讲平台,推动文旅融合相关教科研成果宣讲、推介;有计划地培育校级、省级乃至国家级人文素养精品课程或教学资源库;加强与各级各类学校和人文素养教育研究机构的联系与交流,拓展合作。争取旅游高等职业学校人文素质教育研究的国际合作、交流和研究项目。

二、创新"2+4+X"核心课程体系，提升人文素养教育质量

"2+4+X"人文素养教育课程体系是"人文铸旅"工程的创新举措，它将人文素养教育明确纳入人才培养方案，以第一课堂教学为逻辑起点，并将公共基础课程、专业群平台课程、公共选修课程形成系统性的知识结构。其构建基本思路为：一是"起点高"，在知识设计上具有宽广视野，力求知识信息应与高等教育的知识层次及大学生的心智水平相匹配；二是"知识精"，遵循职业教育的规律和特点，在知识传授上集东西方人文文化之精华，力求精品、精准、精练；三是"专业强"，结合旅游院校不同的学科与专业特征，巧妙设置知识节点，凸显专业特色，力求学而致用。

（一）注重人文素养水平，设置"2"类公共基础课程

公共基础课程是人文素养教育课程体系的公共教育部分，是所有专业共用的内容，可以分为人文基础知识类和旅游美学知识类两大类：人文基础知识类课程关注内在的人文精神修养，主要讲授东西方人文基础知识，包括人文主义的源起与发展、代表性思潮、人文素养的当代意义等内容；旅游美学知识类课程关注外在的形象气质塑造，主要讲授公共社交礼仪、语言沟通技能及旅游职业礼仪等知识，包括旅游接待、导游、酒店等服务美学方面的内容。

（二）融合人文与专业知识，设置"4"类专业基础课程

专业基础课程是公共基础课程的进阶课程。它根据不同的专业设置相应的职业性人文知识模块，赋予了人文知识职业化的特性，从"职业人"的视角提升受教者的核心综合能力。职业性人文知识重点在于人文知识与专业知识的融合，如酒店管理专业重点融合"礼敬宾客"的人文伦理教养，旅行服务类管理专业重点融合"诗化山水"的人文自然观，旅游规划专业重点融合"天人合一"的人文辩证思维，烹饪厨艺专业重点融合"乘物游心"的人文灵性养育等。知识信息的融合主要以"文学、哲学、历史、艺术"四大人文学科为基础，各旅游专业可以根据不同的人才培养目标，选择相应的学科类别模块进行人文素养教育。

（三）聚焦旅游业文化素养，设置"X"类行业定制选修课程

行业定制选修课程是为适应旅游新业态的发展需求，将行业特有的标识性文化及人文精神的内容引入职业教育的选修课程中，以实现行业、企业文化与高校校园文化的对接。行业定制选修课程可以是一个课程资源库，既讲授具有行业标识性的文化品

牌、发展历史、职业精神、道德规范等狭义上的旅游类课程，也讲授文化心理学、文化人类学、宗教文化学、人文地理学等广义上的旅游类相关课程，供学生根据就业兴趣方向和职业规划需求自由选修。课程体系详见表3-1。

表3-1 "2+4+X"课程体系

课程性质	课程类型	课程内容
"2"类 公共基础课程	人文基础知识类	讲授东西方人文基础知识。包括人文主义的源起与发展、代表性思潮、人文素养的当代意义等内容
	旅游美学知识类	讲授公共社交礼仪、语言沟通技能及旅游职业礼仪等知识。包括旅游接待、导游、酒店等服务美学方面的内容
"4"类 专业基础课	语言文学类	讲授东西方经典的与旅游相关的文学、语言学理论和作品。包括文学与旅游、言语交际学、中国山水诗艺术等
	哲学类	讲授东西方经典哲学理论，重点讲述与旅游相关的哲学知识。包括自然哲学、地理哲学、旅游哲学等内容
	艺术学类	讲授东西方经典艺术流派和作品，以及艺术创作实践体验。包括音乐与舞蹈学、戏剧与影视学、美术学、设计学等和旅游专业相融合的内容
	历史学类	讲授东西方经典史学理论和与旅游相关的文化常识。包括中国文化史、世界史、区域文化史等内容
"X"类 行业定制选修课程	旅游行业相关人文学科类课程	讲授具有行业标识性的文化品牌、发展历史、职业精神、道德规范等狭义上的旅游类课程； 讲授文化心理学、文化人类学、宗教文化学、人文地理学等广义上的旅游类相关课程

三、凝聚整合智力资源，打造"中国服务之美"育人品牌

"人文铸旅"工程是学校提升人文素养教育质量的品牌载体，工程旨在通过整合凝聚智力资源，体系化推进人文素养课程，品牌化打造人文素养活动，在职业教育领域有力践行文旅融合，培育具有"中国服务之美"和广博厚重人文情怀的旅游英才。

（一）联合专家与平台，构建生态化教育圈层

"人文铸旅"工程把学校教育与周围的生态环境联系起来，形成相互作用的各个圈层，从而最大限度地整合教育信息资源，实现育人效益的最大化。学校通过聘任北京大学、浙江大学等全国知名专家，组成专家委员会，为旅游职业教育的人文素养提升引航把脉，着力打造一支"名师领衔、团队负责、专兼结合"的教师团队。同时，学校与浙江省社会科学界联合会共建浙江省文旅融合研究基地，与省市级文化单位共

建共享培养基地，与文旅系统内浙江音乐学院、浙江艺术职业学院等本科、高职学校共建校际联盟，共选课程，互认学分。

（二）关注共性与个性，创新"2+4+X"课程体系

"人文铸旅"工程创新构建"共性＋个性"的人文素养课程体系，学校作为第一起草单位，指导发布《旅游职业教育人文素养课程设置指南》国家行业标准，形成标志化成果。重点推进"2+4+X"课程体系中"人文素养概论""旅游职业礼仪""旅游与国学修养""旅游哲学""旅游生活美学""旅游与艺术修养"课程的省级、国家级精品课程建设、教材建设、名师队伍建设，为实现学校成为"中国旅游职业教育的引领者""国际旅游职业教育的'中国品牌'"和"中国高职教育系统人文素养教育的标兵与典范"夯实基础。

（三）结合理论与实践，培养"中国服务之美"旅游人才

"人文铸旅"工程努力打造"中国服务之美"育人品牌，注重人文素养教育的成效外化，推行以毕业证、职业技能等级证书、综合素质学分证书为主体的"三证制"学生综合评价制度，推动育人评价从知识评价向素质能力评价拓展。学校组建和培育人文类学科竞赛团队、文旅融合学术研究团队等，通过各类赛事实践，综合展示人文素养教育的育人成果；通过服务世界互联网大会、亚运会等高层次礼仪需求，服务行业企业礼仪培训等，充分发挥礼仪服务的学校特色，提升"中国服务之美"的社会认可度。

第四节　创新创业

学校高度重视创新创业教育工作，将创新创业工作作为"中国品牌""中国服务"旅游职业人才培养的重要载体。2020年9月，学校成立独立建制的徐霞客创新创业学院，按照"创新创业教育生态体系"进行系统规划和建设，为创新创业教育工作做好顶层设计，高起点建设、高标准设计、高质量推进。

一、建设"双创"教学体系，全面提升"双创"教育质量

"双创"教学体系的创建是培养创新创业人才的重要载体，是学校创新创业人才培养方案中的重要环节。"双创"教学体系的搭建从一定程度上反映出学校在顶层设

计时对创新创业教育工作的重视程度。"双创"教学体系需要从师资队伍的组建、课程内容的构建和品牌班级创建等多方面进行设计和搭建。

（一）打造教学工作坊品牌，开展多样化的教学研讨活动

着力培育多能力的创新创业师资队伍，多方位提升创业教师能力。学校成立创新创业教研室，持续开展创新创业教学工作坊，邀请来自创业教育、企业投资、创业研究等不同领域的专家前来开展讲座、进行交流。教学工作坊内容涵盖课程开发、科学研究、专创融合、产创融合等不同主题。两年内，学校共举办了100余期教学工作坊，参训教师及学生助教达3000余人次。经过两年的积累和沉淀，"创新创业教学工作坊"已成为深受教师喜爱的内训品牌，多方面支持了教师的教学与科研工作。通过送培内训，打造"1+N"多能力师资，即1个核心能力"教学能力"及"科研能力""指导竞赛能力""指导创业能力""服务社会能力"，为教师赋能。

与中国创业教育工作者网络（EECN）联合共建了浙江省首家EECN创新创业虚拟联合教研室，并于每周四晚在线上开展教研讨论活动。该教研室以"线上虚拟教研"作为链接，突破空间的限制，联合各高校创业教师共同学习、探讨，为高校创新创业教师的成长提供有效助力。

（二）夯实创新创业课程内容，搭建创新创业课程体系

构建多层次的创新创业课程体系，分层分类开展创新创业教学。面向所有学生开设"创新创业基础"通识课程，面向准备创业的学生开设"创业方法论"系列课程，面向正在创业的学生开设"创业管理"系列课程。

各二级学院在学生专业课程体系中组织、规划、建设"专创融合"创新创业课程，将创新创业教育与专业教育有机融合，并纳入各专业人才培养方案中，鼓励学生专业创新，支持学生以创业代替专业实习、以创业方案代替毕业设计。

创新创业的所有模块课程分别由创业基础课程、创新创业公共选修模块课程和创客班精英课程三类组成，为不同类型的学生提供适用的创业教育和指导。其中，创新创业公共选修模块课程涵盖4门线下和14门线上线下翻转课程，以旅游专业为特色，覆盖创意民宿、乡村旅游运营和新媒体运营等多个主题，为学生提供更多元的内容和学习板块。

（三）组建精英创客班，培养创新创业精英人才

"徐霞客创客班"分集中培训和项目实践两个阶段，以创新创业项目贯穿全程，强化实践，着力提升学生创业者能力。同时，创客班配备具有丰富市场经验的企业导

师和专业能力突出的专任教师，实行"导师带徒"式结对培养。已连续开设 4 期"徐霞客创客班"，创客班培养期为 1 年，其间对学生进行 4 门课程的专业培训，每学期 2 门课程，合格学生可获得 8 个公共选修课学分，提高了学生创新创业能力和职业素养，培养了一批具有创新思维和企业家精神的创新创业精英学生。

学校以开拓创新思维为先导、打造领导力为核心，形成深度学习社群，促进各界资源对接，推动创客班学员参加各级各类创新创业竞赛，落地孵化创业创新项目。通过政、校、企、村深度合作，创客班不断探索"双创"教学体系下人才培养的新模式。

二、创建"双创"实践品牌，强化学生"双创"实践能力

"双创"实践品牌活动的创办是提升学生创新创业实践能力的重要手段，通过大量的创新创业实践品牌活动，营造校园创新创业氛围，带动更多的同学投身创新创业实践学习和各类大赛中，逐步培养学生形成具有思辨性、创造性的思维，促进更多的创业尝试和行动，从行动中进行反思和学习，真正掌握创业思维和实践能力，不断提升学生们的创业能力，达到创新创业教育的目的和效果。

（一）广泛开展"双创"实践活动，营造校园创业氛围

以创旅沙龙、创客集市、创业标兵和大学生创新创业协会等实践品牌为载体，广泛开展创新创业学生实践活动百余场，在全校营造创新创业文化氛围，激发学生对创新创业的浓厚兴趣。

创旅沙龙、创客集市是在校学生交流、讨论的活动平台，通过定期举办各类创新创业研讨教学活动、创业体验和实践活动，满足在校大学生创新创业的需求，让学生们在良好氛围中对创新创业产生新的认知，达到教育的目的。

自"创业标兵"评选活动启动以来，在全校毕业生范围内累计评出近百位创业效果好、行业影响大的"创业标兵"，并在校内进行了广泛宣传。学校将继续依托这一品牌活动，拓展创业标兵的影响力，促进在校学生树立正确的创业目标和价值观。

2022 年，学校创办大学生创新创业协会，定期开展创新创业社团活动，组织开展校内外创新创业专家讲座、大型赛事、社会创新创业基地实地考察等活动 30 余次，累计受益师生超过 1000 人次。

（二）增强创业校友交流，拓展学生"双创"项目资源

积极开展创业校友联络工作，建立创业校友俱乐部，推出"寻访我身边的创业校

友"系列品牌活动，通过在校大学生借助班主任老师和毕业生档案资料等活动，积极寻访已毕业的创业校友，加强他们与学校的联系，为学校"双创"教育储备校友师资力量。同时也能够发掘更多的优质校友项目，与校内有想法、有意愿创业的同学们储备更多的可参赛、可实践、可孵化的创业项目。

近两年，在"寻访我身边的创业校友"活动的支持下，学校不断凝聚创业校友的力量，顺利组织召开创业校友俱乐部第一届会员代表大会，成功举办首届校友创业大赛，为创业校友和在校生打造一个具备互助互惠、多方共赢的项目储备和交流平台。在创业校友的支持下，学校多个学生创新创业团队借助创业校友企业的力量组建自己的项目，创办自己的公司，并在省内外各项创新创业赛事中屡创佳绩，连续多年获得文化和旅游部大学生团队实践提质培优项目的立项。

（三）深度依托赛事平台，培育高水平学生竞赛团队

学校积极打造多元化的创新创业赛事活动品牌，支持师生体验多维度的创业实践。开展"创在旅院"大学生创新创业大赛，以赛促教、以赛促学、赛教融合，鼓励师生参加中国"互联网＋"、"挑战杯"、全国财经院校创新创业大赛、浙江省大学生乡村振兴创意大赛、中国（杭州）大学生创业大赛等国家级、省级高规格大赛，一方面提升师生创新创业和旅游专业的知识技能，另一方面挖掘有潜力的创业项目，并将其推向社会和市场，进而促进项目的孵化落地。

中国国际"互联网＋"大赛是目前国内参与人数最多、赛事影响力最大的大学生创新创业赛事，学校依托中国国际"互联网＋"大赛，不断深化以赛促学、以赛促创的"双创"教育理念，烘托校园创新创业氛围，引领和推动学校"双创"氛围不断升华。2022年第八届"互联网＋"大赛，学校共有4194名学生报名参赛，参赛项目数676个。赛事期间共组织了3轮重点项目征集、9期集训营、30余期夜门诊沙龙、100余次线上线下一对一项目打磨，在全校范围内形成敢闯会创的良好氛围。

2021年，学校还承办了第四届浙江省大学生乡村振兴创意大赛和首届全国大学生乡村振兴创意大赛研学旅行赛，该项赛事是高校主动服务国家和地方发展重大战略，进一步汇聚高校人才与智力资源，深入推动"政校企村"四位一体联合发力助力乡村振兴的重要举措。赛事的承办，不仅拓展了学校在省内高校中的影响力，更能助推学校探索乡村运营人才的培养。

三、推进专创产创融合，促进学生优质项目落地孵化

学校着力推进专创、产创融合，发挥专业、产业等资源优势，不断提升创新创业人才培养的效果和质量，积极促进学生优质项目落地孵化，培养了一批具有开创型思维的人才。

（一）创建专创融合工作室，发挥专业优势

注重将专创融合贯穿创新创业人才培养的全过程。在专业建设方面，学校紧跟旅游新业态发展趋势，深入实践育人的创新创业教育模式。各学院结合专业特色，开发具有鲜明特色的专创融合课程。各学院的专创融合工作室由专任教师进行指导，支持学生开展日常运营、管理和发展工作。每年，学校对各个专创融合工作室的建设成果进行量化考核。

专创融合工作室主要集合各二级学院的学科特色，充分发挥学科专业优势，依托教学、科研和实践等平台，建立开放共享的管理机制，搭建有效的创新创业交流互通平台，通过师生共同协作，开展创新创业意识启蒙，支持学生开展创新创业实践及创新创业社团活动，营造浓郁的"双创"氛围、提高师生的创业能力和创业精神，为发现和培育师生优秀的"双创"项目参加各类竞赛提供有利土壤。

（二）成立乡村创客空间，助力乡村运营

在开展创新创业教育的过程中注重发挥行业优势、挖掘旅游特色，深入推动"乡村旅游＋创新创业教育"的融合建设，积极对接乡镇政府、行业企业需求，开展面向社会的各类人才培训、科技成果转化和项目孵化等服务。

成立浙江省首个聚焦乡村运营人才培养、以乡村振兴为主题的大学生创业园区——乡村创客空间（乡创空间）。乡创空间主要包括成果展示区、路演教学区、创业孵化区、乡村电台区。其中，成果展示区主要展示学校研究项目和孵化项目的成果集合，包含村镇改造效果、研究奖项等；路演教学区主要提供给学生培训、比赛实践、项目路演使用；创业孵化区用于招募学生团队，进行专项主题比赛招募，帮助学生团队对接专业辅导企业，由企业对学生团队进行辅导实训；乡村电台区（直播室）可以通过短视频和直播的形式，帮助乡村实现带货和营销推广。乡创空间的运营方式依托校企共建新模式，企业全程参与空间的规划方案设计、装修建设、运营管理等环节。这是学校响应乡村振兴国家战略，充分挖掘乡村振兴和乡村旅游资源，联动

乡村运营相关企业，以乡创空间为载体，探索乡村运营人才培养新模式的重要举措。

（三）搭建企创合作平台，孵化优质创业项目

逐步建立多内容的创新创业孵化平台，为学生创业活动提供自由的空间。学校整合规划产创空间、文创空间、乡创空间，逐步形成"一园多点"的布局；引进优秀企业资源和真实企业项目向入驻园区的创业学生团队进行发布，让学生真题真做，在实践中不断打磨自己的能力，并孵化自己的优质创业项目，实现企创融合的"双创"教育目标。2021年，学校南校区浙旅·乡创空间全面运营，孵化乡村运营创业团队10个，目前已注册公司10家。乡村电台持续开展"我为家乡代言"直播活动，"乡创咖啡"成为校内新的网红打卡点。

依托旅游业人才培养的坚实基础和特色优势，联合校外优秀企业成立数字旅游创意产业学院。2022年，学校招收首届数字旅游创意产业创客班学员40名，通过联合企业的优质培训资源在校内来培育学生的创新创业能力，提升学生创业思维能力，孵化优秀的学生创业项目。北校区浙旅·产创空间聚焦以数字旅游创新创业项目培育为主题的大学生创业园区，目前，已经与企业共同孵化10余支优秀的学生创业团队。

第五节　招生就业

学校创新实施"五化"招生宣传模式和"网格化"就业管理工作模式，在中国教育在线"榜样力量·2021年度教育盛典"评选活动中，获得全国"2021年度高招服务创新奖"。作为全国高职学校的唯一代表，在教育部召开的2021年全国就业工作会议上作了典型经验发言。作为高职学校代表，在2022年浙江省就业创业工作推进会上作交流发言。学校的就业工作得到了浙江省教育厅、浙江省发改委等上级部门的肯定与表扬，学习强国及《光明日报》《中国旅游报》等十多家主流媒体报道了学校就业工作。

一、三个强化，构筑高效能招生就业工作体系

学校高度重视，精准研判招生就业形势，多措并举，聚集各部门的力量，以共同体理念助推招生就业工作。基于多边视角，积极探索疫情背景下具有旅游专业特色的"全员参与、产教协同、动态监测"的招生就业管理工作模式。

（一）强化组织领导，提供招生就业工作保障

落实招生就业工作"一把手"工程。成立招生就业工作领导小组，就业工作实行书记、校长双组长制，落实"一把手"工程，全面领导、研究部署、统筹推进招生就业工作。学校召开党委会和校长办公会专题会议，研究制定工作目标和应对举措，先后出台了促进就业的近20个政策性文件。

强化生源结构顶层设计和谋划。已形成普通高考、单独考试招生、高职提前招生、技能优秀中职毕业生免试升学、中高职一体化五年制职业教育等多元化的招生格局，面对新高考、新形势，合理编制招生计划，招生专业实行动态调整机制。积极响应浙江省教育厅工作要求，扩大单独考试招生和中高职一体化招生计划，逐步形成3（中高职一体化）：3（单独考试招生）：3（普通高考）：1（高职提前招生）的生源格局。

推行就业周会周报制度。每周全校发布毕业去向落实率情况，实时掌握毕业去向落实率情况。每周由分管校领导牵头召开就业工作推进会，纪委办公室、二级学院书记、就业辅导员及招生就业处工作人员共同参会，针对各个阶段就业推进情况及困难进行讨论，并制定下一阶段工作目标，全面保障就业工作顺利推进。

建立就业工作通报、约谈、问责机制。学校纪委书记亲自挂帅，带领纪委办公室等相关处室常态化开展就业督查专项行动。各二级学院书记带头签署就业工作任务书，明确分阶段毕业去向落实率指标要求。严肃工作态度，明确责任，坚决杜绝"四不准""三不得"现象发生，对于就业工作落后的二级学院由分管校领导进行约谈，对于就业工作态度有问题的教师由纪委办公室进行问责。

（二）强化各级责任，形成网格化管理机制

层层部署全员参与招生就业工作。充分发挥组织领导作用，主动作为，细化招生就业工作安排。从学校行政部门，到专业学院，再到普通教师员工，层层落实，形成招生就业管理体系。形成二级学院目标管理制，二级学院制订招生就业具体目标和工作方案，强化过程管理、精准指导服务、招生宣传等工作。

细化网格化招生就业管理工作机制。充分发挥专业教研室、招生专业宣传员、教职工和校友的宣传作用，实行二级学院省内外招生分片网络化管理机制。本着就业路上"应推尽推、应助尽助、应就尽就"的工作目标，实行就业网格化管理工作模式。招生工作开展招生咨询会、开展高中走访宣传、制作招生专业宣传片等。就业工作开展一场毕业生推介会、开展一次企业需求调研会、填好一张企业联系记录表。

（三）强化考核机制，激发招生就业工作活力

加强招生就业考核。招生就业工作作为各单位目标责任考核、辅导员和班主任年度考核的重要指标，以目标导向进行招生就业工作考核，充分调动全员参与招生就业工作的积极性。各二级学院将招生就业工作相关内容纳入教研室考核及教师个人考核之中，激发教研室及教师工作参与度。

制定就业工作激励政策。自 2020 年起，学校专门制定并出台就业工作先进集体及先进个人评奖办法，每个年度评选就业工作先进集体及就业先进个人，召开招生就业工作部署会，颁发证书及奖金。

二、四期联动，畅通高质量招生就业工作渠道

学校采取分阶段研究、施策和推进的工作模式，一一击破招生就业工作中的难点和痛点。本着招生就业路上"一个也不能少"的宗旨，审时度势，调动全校师生尤其是党员干部招生就业工作积极性，全过程促进招生就业工作。

（一）发动期，"全方位"宣传

精准研判招生就业形势，开展"五化"招生宣传模式，摸清毕业生的就业意愿和企业的人才需求。通过微信推文等新媒体宣传学校和专业特色，以及就业相关政策。招生方面，发挥"品牌化"宣传效应，采取"网络化"政策解读，开展"创新化"多维宣传，做好"内涵化"专业宣传，开展"专业化"招生宣传。就业方面，坚持汇总整理优质企业名录和岗位清单，制作招聘集锦系列宣传，举办分类型招聘活动。收集并分享各类就业典型案例，充分发挥示范引领作用。

（二）推进期，"大数据"反馈

建立"一生一档"和"一企一档"工作台账。全面掌握新生报到意向，建立新生报到动员信息库。全面摸排毕业生就业意向，进行就业意识形态的分析，建立"一生一档"基础信息。与用人单位进行对接，根据学生意愿不断拓宽企业类型，建立"一企一档"的台账信息，建立线上企业库。

实现大数据平台实时反馈。实时监测新生迎新自助系统，动态了解新生信息填报进度，制定有效的新生报到动员举措。为招聘会提供大数据反馈系统，一屏实时反馈招聘会参与情况，掌握毕业生求职动向。就业数据实施"每日一填报，每周一通报"，每位校领导点对点亲自督促指导联系学院就业工作。

（三）攻坚期，"精准化"帮扶

实施党员"先锋工程"。制定《以"先锋工程"引领就业困难毕业生帮扶工作方案》，重点关注身体残疾、少数民族、贫困家庭、学业困难学生，建立"就业困难学生帮扶台账"，做到"一生一策"。由35个基层党支部进行结对帮扶，每个基层党支部结对2~4名就业帮扶学生。近两年，学校各党支部结对帮扶的132名困难学生全部实现就业。

实施校友"双百计划"。发挥校友总会、各地校友会和各专业校友会资源，专门制定《浙江旅游职业学院校友总会"双百"计划实施细则》。推选思想品德好、业务技能精的校友，让校友智力反哺母校，以助于提升学院教育教学质量、增强学生思维和创新能力。

（四）决战期，"一对一"指导

加强招生就业指导，线上线下咨询"一对一"。形成校院两级招生咨询服务工作机制，开通"一对一"咨询服务的营销QQ号，为新生和家长提供及时的、专业的、全面的招生咨询解答。就业践行"一对一"全方面指导；实行就业帮扶包干制度，确保"情况清、底数明、措施准"；各二级学院党总支书记、副书记（主持工作）、就业辅导员、就业指导课任课教师为全体毕业生提供"一对一"专门的线上线下就业咨询，共计服务364人次。

精准定向服务，零距离就业指导"面对面"。主动定位家庭经济困难、就业困难、少数民族毕业生等特殊群体，零距离"面对面"帮扶，结合每个学生的情况提供针对性的就业指导，帮助其解决各类现实问题。各分院按照"一人一档""一人一策"要求开展重点帮扶，以"扶智"与"扶志"相结合的方式开展指导，让毕业生更有能力和底气地去面对就业、正视就业。

三、四端并进，提供高水平招生就业工作服务

招生就业工作是一项系统工程，学校应做到服务端、资源端、扶持端、质量端"四端并进"。通过搭建线上宣传平台、开展云上就业招聘等形式，积极开拓各类岗位资源，构建招生就业联动机制，提倡实习就业一体化，提升毕业生就业服务满意度。

（一）做好服务端，构建"智能化"服务体系

启动六大云端服务。一是为用人单位提供"线上招聘"服务。二是为毕业生提

供"线上应聘"服务。三是为毕业生提供请假手续"网上办"等服务。四是为毕业生提供"春风行动"服务，开放职场公益课及职业测评系统。五是为新生和毕业生提供"线上答疑"服务。六是提供就业信息"微信推送"服务，内容涵盖毕业生就业政策资讯、专升本政策和招聘信息等。

运行智慧招生就业平台。搭建招生计划信息决策辅助系统，提前招生系统实现录取结果自动确定功能，使用中高职一体化管理系统。运行智慧就业平台，重点实现简历管理、简历投递、预约咨询、活动报名、就业问答等功能。

开发企业网格化走访线上填报平台。研发学校企业网格化走访线上填报平台，以国系统"访企拓岗行动"填报系统为蓝本，加入学校个性化考量，形成走访电子台账，重点填报用人单位新开拓企业情况及毕业生就业情况与建议，实现用人单位与毕业生双走访。

（二）用好资源端，构建"多维度"保障体系

引岗位进校，精准推送就业岗位。通过书记校长访企拓岗专项行动、线上线下招聘会、招聘集聘、空中宣讲会、社会招聘会等模式，深挖和推荐就业岗位，各种渠道累计推荐岗位需求人数与毕业生数比达近 7：1。2022 年，学校书记、校长通过现场走访、网络连线、企业进学校等方式共走访用人企业 131 家；开展校领导班子带头"访企拓岗"活动 46 场，累计走访企业 252 家，访企拓岗新开拓岗位数 2499 个。近三年，组织招聘会百余场，发布招聘集锦共计 200 余期。

引课程进校，积极开展就业个性化指导。引进四门共计 32 小时精品课程，开展 SPOC 线上线下混合式教学。同时为学生开展职业生涯体验周活动。学校有丰富经验的校外专家、优秀校友担任就业课程教学任务，以赛促教提升带赛能力，组织开展大学生职业生涯规划大赛。

引智力进校，着力提升就业竞争力。前置"就业指导"，通过"始业教育"开展职业生涯规划指导讲座，引导学生从大一开始探索自我认知，从而明确自身职业生涯规划方向。同时，举办优秀企业家进校园讲座等系列活动，不定期邀请校内外专家举办校内外就业竞争力培训、就业沙龙等教学工作坊活动，连续三年举办"电子简历制作大赛"。

引项目进校，不断提高就业质量。一是建立供需对接育人项目。目前学校已与阿里巴巴（中国）教育科技有限公司、开元旅业集团、宋城演艺发展股份有限公司及美心集团建立了供需对接育人项目。二是各二级学院开展就业育人活动，形成"一院一

品牌"就业育人模式。

（三）搭好扶持端，构建"个性化"资助体系

设立百万就业资助专项资金，专项用于应届毕业生就业资助。相继修订出台《毕业生就业资助资金管理办法》《学生自主创业资助资金实施办法》《学生毕业生就业竞争力提升培训补贴办法》，将资助范围精准至基层就业毕业生、建档立卡贫困家庭毕业生、专升本毕业生等群体，并加大对山区26县的就业资助及相关政策和岗位的宣传。

（四）把好质量端，构建"跟踪式"反馈体系

专业建设适需求，推动教育新发展。从专业布局入手，推动职业教育新发展，积极助力乡村振兴和共同富裕。学校把招生就业工作纳入人才培养的整体战略中进行考察和思考，构建人才培养质量跟踪反馈评价机制，开展专业建设和人才需求预测预警，2022年进行专业动态调整，暂停2个专业招生，预警了4个专业，以就业为导向来促进招生和人才培养。

产教融合助就业，提升培养质量新水平。重视毕业生跟踪调查反馈工作，制定并出台《浙江旅游职业学院关于进一步做好毕业生职业发展状况和人才培养质量调查工作的实施方案》和《关于毕业生职业发展状况和人才培养质量调查工作实行班主任"3+1"管理模式的通知》，切实提升学校毕业生跟踪调查答题质量，毕业生跟踪调查相关数据作为二级学院专业调整的重要参考；将产教融合企业列入访企拓岗网络走访的主要联系范围，重点调研毕业生岗位需求情况、全面了解毕业生工作状态、解决毕业生工作中的困难、开展毕业生跟踪调查指导、深入了解联系企业用人需求、与联系企业建立紧密的合作关系六项工作内容，通过与企业零距离的深度对话交流，了解企业的人才培养要求，从而推进学校人才培养体系改革。

实习就业一体化，促进学业职业新对接。倡导实习就业一体化教育模式，树立"毕业即就业、实习即就业"的工作意识，出台《浙江旅游职业学院探索实习就业一体化方案》，二级学院深化校企、校地合作，开发更多就业实习岗位，建设高质量实习就业基地；层层压实就业责任，严肃认真对待就业数据核查工作，确保毕业生在全面就业的同时就业数据的真实性，开展班主任全面普查、二级学院自查与纠错、招生就业处审查与抽查的三级联动就业核查模式。

（牵头人：徐初娜　撰稿人：杨京艳、沈鑫泉、金蓓蕾、徐敏、李希哲、王琼琼、王越、倪钦锋、李晓聪）

第四章

DI SI ZHANG

教师发展

JIAOSHI FAZHAN

> 学校全面深化新时代教师队伍建设改革要求，紧扣"人才强校"战略，以提升教师思想政治素质和教学科研能力为目标，出台师资队伍建设"星光计划"，落实开展"158人才行动"。学校根据教师职业发展不同阶段的特点，按照分类管理、分层发展的原则，以教师发展中心为平台，坚持思想素质与业务素质培养并重、理论培训与实践辅导相结合，引导广大教师坚持"四个相统一"，当好"四个引路人"，争做"四有好老师"，建设了一支政治素质过硬、业务能力精湛、育人水平高超的高素质、专业化、创新型教师队伍。

第一节　星光计划

学校开展师资队伍建设"158人才行动"，围绕高水平"双师双能、国际特色"师资队伍建设这一目标，推行"百名博士计划、百名结对帮扶计划、百名新秀名师培养计划、百名优秀企业骨干进校园计划、百家企业和学校共建校企师资发展平台"的"五个一百"计划，实施"铸魂、青蓝、雄鹰、领雁、双师、添翼、远航、赋能"的"八大工程"。从教师成长的规律出发，根据教师职业发展不同阶段的特点，按照分类管理、分层发展的原则，构建以提升教师思想政治素质和教学科研能力为目标，以教师发展中心为平台，以领军人才培育为引领，以"双师"素质提升为核心，以青年教师培育为重点，以国际化师资培育为特色，以兼职教师队伍建设为抓手，以师德师风建设为保障的引培体系，综合教师在个人发展、专业定位、能力提升等方面的不同需求，贯穿教师职业生涯全周期，实现教师个性化发展、师资队伍梯次培育。

一、系统塑造，打造"三全"师资队伍培养体系

学校进一步健全教师培养发展体系和评价激励机制，使教师思想政治素质、业务能力、育人水平、创新能力得到显著提升，建设一支师德高尚、业务能力精湛、育人

水平高超的高素质、专业化、创新型教师队伍。

（一）政策引领，建立全员培训机制

通过完善全员培训机制，建立健全培训激励约束和考评机制，聚焦考核、评聘等关键环节，将培训学时作为年度考核、聘期考核、专业技术职务晋升的必要条件，引导教职工积极参加各级各类培训，营造全员学习的良好氛围。先后出台《教师教学能力提升培训计划》《教职工培训进修管理办法》等制度，详细规定教职工攻读学历学位、入职培训、实践能力培训、出国出境培训、外语培训、继续教育培训等培训相关待遇及政策，为全面提升教职工整体素质、优化队伍结构提供制度和经费保障。采用线上移动学习与线下集中培训相结合的方式，以高质量的培训方案为基础，信息技术与专业教学相整合，满足不同类别、不同学科教职工的学习需要。

（二）机制创新，创建全方位培养路径

以"提高质量、优化结构、体现特色"为主线，以师资队伍高质量发展为目标，构建多维度、广协同的师资培养体系。从教师发展的梯次维度，对新教师、青年教师、骨干教师、名师大师等进行分层培养。从教师发展的类别维度，对专业教师、公共课教师、教辅人员、行政人员等进行分类培养。从教师发展的空间维度，进行校本培训、企业实践、国内外访学、挂职锻炼、援疆援藏等多形式培养。从教师发展的内容维度，进行师德师风、教育理论、教学技能、专业实践等主题鲜明的培训。横向覆盖各类教师，纵向贯通教师的整个职业生涯，营造"面上拓展、线上深化、点上提高"的全方位师资队伍发展氛围。

（三）构筑平台，提供全过程培育服务

充分发挥教师发展中心作用，为教师提供教学能力提升、教师发展服务咨询、教师教学创新、教学质量评估、优质教学资源共享、区域交流服务等涵盖职业生涯全周期的服务。中心常年开展教学科研、信息化、国际化、课程思政、"1+X"证书、人文素养提升等主题培训，通过专家讲座、学术研讨会、主题沙龙等多形式，增强教师教学科研交流，推进全过程、多层次、递进式的教师研修体系建设。高度重视青年教师成长，依托教师发展中心成立青年教师发展促进会，以"青培营""青出旅院""青享会"等活动为载体，为青年教师搭建提升教科研水平和交流互助的平台。

二、需求细分，精准化开展师资培育工作

学校以"提高质量、优化结构、体现特色"为主线，以高层次和后备人才为重点，以深化体制机制改革为突破，通过实施"铸魂、青蓝、雄鹰、领雁、双师、添翼、远航、赋能"的"八大工程"，激发人才活力，增强人才凝聚力，提升人才竞争力。

（一）以"铸魂工程"为保障，提升教师思想政治素质

学校坚持师德师风第一标准，出台《关于进一步加强师德师风建设的实施意见》和《教职工师德师风负面清单及师德失范行为处理办法》等规章制度，把师德表现作为教师资格认定、业绩考核、职称评聘、评优奖励的首要要求，强化教师思想政治素质考察，建立师德师风年度考核制度，推动师德师风建设常态化、长效化。一是将师德师风融入入职教育。每年9月举行新教师培训，通过入职宣誓、教师德行修养专题讲座、"旅院最美教师大讨论"等活动，坚定新教师职业信念和职业操守，感悟立德树人的责任感和使命感。二是将师德师风融入教书育人。学校通过开展"最美教师""最美思政工作者""最美行政工作者""先锋奖章"等各类先进典型评选活动，奖励长期在学校工作，且在教学、科研、育人等方面取得重大成果、作出突出贡献的各种类型的优秀教师，让教职工更有获得感和荣誉感。三是将师德师风融入职业生涯。每年开展师德师风"五个一"常态化活动，即通过每年开展一次优秀教师表彰会、组织一场师德先进事迹宣讲、观看一批师德典范影视剧、组织一次师德师风自查自纠剖析会、举行一次师德主题交流等活动，着力提升广大教师的师德修养，引导教师切实担负起教书育人的神圣使命。

（二）以"青蓝工程"为基础，促进师资队伍可持续发展

学校以"个性化发展、分类别培养"为核心，对所有新进教师实施"入职培训＋顶岗实践＋助讲培养＋专项培育"的套餐式培训。实施青年教师助讲制、辅导员导师制、辅导员密友制、青年教师培训制度、青年教师分类课题制等培养项目，帮助青年教师尽快胜任高校教学岗位，顺利实现角色转变，适应新环境和新工作。开展"教坛新秀""科研新秀""行业新秀"等人才培养项目，加强对青年教师培训进修的支持力度，鼓励更多的青年教师攻读博士学位和开展访工访学，严格执行新教师履行1年行政管理和行业企业顶岗实践的规定，促进新教师了解所教专业在生产实践中的应用及企业对人才的使用标准，全面提升新教师服务社会、服务行业、服务企业的应用创新

能力。"双高计划"建设以来,已结对培养四批共60余名青年教师,对青年教师从教学、科研、育人、社会服务等方面进行培养,实现新教师"站稳讲台、打好基础、选好方向"的阶段性培养目标。

(三)以"雄鹰工程"为核心,发挥骨干教师支撑作用

依据"重点培育、专业引领、反哺行业"相结合的原则,学校做好教授、博士、专业带头人、高层次人才的深度培养与再提升工作,对具有高职称、高学历、高素质的优秀教师进行择优选拔、分类培养。通过内部选拔培养,集聚一批师德高尚、事业心强、善于创新、治学严谨的教学科研骨干,使之成为学校各专业带头人的有生力量。2019年以来,学校已经遴选教学名师、德育名师、行业名师、科研攻关专家、创新创业导师等各类骨干教师近80名,他们以产学合作、社会服务、教科研项目为载体,创造性地开展人才培养模式改革、课程建设、专业建设、教学资源库建设等工作,近三年,新增省级及以上各类人才荣誉和培育项目30余项,在学校"双高计划"建设中发挥了重要作用。

(四)以"领雁工程"为引领,加强领军人物培养

一是制定健全的保障制度。通过出台《关于开展2020—2023年教师教学创新团队建设的实施意见》《浙江旅游职业学院关于促进国家级和省级职业教育教师教学创新团队建设的实施意见》《浙江旅游职业学院专业(群)带头人培养实施办法》等文件,加快建设专家型、领军式的高层次师资队伍。二是发挥专业龙头作用。实施"专业(群)带头人"培育计划,积极探索聘请行业中有影响力的专家作为学校专业带头人,形成校内和校外专业带头人共同负责专业建设的工作机制。实施"星光团队"培养计划,通过组建和培养教学创新、科研创新、辅导员工作室等教师团队,培育一批"整体素质高、教科研成果突出、引领示范性强"的团队,推动教师"三教"改革。目前已组建科研、教学、课程思政等各类校级团队55个,立项省级团队2个,国家级团队1个,遴选专业(群)带头人15名。

(五)以"双师工程"为重点,全面提升教师教育能力

开展"双师双能型"教师资格认定工作。依托浙江省旅游产业产教融合联盟、校企师资发展共同体、产业学院等平台,与重点企业合作建设"双师型"教师培养培训基地和大师工作室,进一步加强校地、校企合作,推进产教深度融合。完善教师到企业挂职锻炼制度,通过实施省、校两级访问工程师项目,"一师一企一课题"等项目,选派青年教师到政府部门、企业、基地开展实践进修,增强教师的应用实践能力和应

用服务能力。深入实施专业课教师每5年到企业顶岗实践不少于6个月和每年1个月下企业制度，促进专业课教师学习掌握行业基本技能及前沿信息，推进企业实践成果向教学资源转化，提高每位专业教师的社会服务能力；进一步完善专业技术职务评聘中技术技能型岗位的评聘标准，探索职称与职业资格制度有效衔接，鼓励教师取得行业主管部门认可的本专业高级职业资格证书。

（六）以"添翼工程"为辅助，不断优化师资结构

一是建立兼职教师聘任制度。建立企业骨干人才信息库，依托校企合作单位，从企业中柔性引进一批具有丰富实践经验和精湛专业技能的技术专家和管理人才，聘请一批具有丰富的企业管理经验、实践经验和理论水平的专业技术人员和高技能人才作为兼职教师，打通校企人力资源共享的通道。目前已培育企业专业带头人23人，构建700余人的兼职教师库。二是开展"兼职教师导师制"。帮助校内专任教师与来自企业一线的实践课教师互相拜师，每年开展"一对一"结对互助活动，树立兼职教师的人才观、教育观和教学观，提高企业行业兼职教师教育教学水平。三是建立兼职教师校院二级管理和兼职教师考核激励机制。学校制定并出台《兼职教师管理办法（试行）》，各二级学院出台《兼职教师管理细则》，规范兼职教师准入制度，构建完善的教学信息反馈体系，注重兼职教师教学过程性管理，建立考评奖惩体系，评选"十佳兼职教师"。

（七）以"远航工程"为特色，提升国际合作水平

充分利用国家留学基金委等项目实施海外深度访学计划，学校积极选派教师到国境外高水平大学进行中短期交流学习培训。深入开展国际合作，充分发挥中俄旅游学院、中塞旅游学院、中意厨艺学院等境外办学机构的作用，拓宽人才队伍国际视野。进一步扩大国外精品教育资源"引进来"的宽度和广度，国际交流方式逐步由线下转变为线上线下同步推进。对接国家推进共建"一带一路"教育行动倡议，尝试选派教师赴"一带一路"沿线国家开展汉语培训、技能培养等项目。支持和鼓励教师参加澳大利亚TAE四级证书、德国职业教育"实践导师"等各类国际证书考试，持续开展教师外语能力培训和"双语"课程评选。每年引进海外高学历背景的教师3~5名，聘请外教硕士及以上学历比例达到80%以上，拥有海外学习工作经历的教师占比达到30%以上。

（八）以"赋能工程"为平台，激发师资队伍潜能

学校依托浙江文化和旅游教师发展中心，以"服务教师成长发展"为宗旨，将中

心作为教师培训、研讨交流、增值赋能的重要平台，充分整合校内外资源，用好青年教师发展促进会平台，坚持教师个体导向，以教师实际需求为出发点，结合教师教学能力提升、教师发展服务咨询、教师教学创新、教学质量评估、优质教学资源共享、区域交流服务六项中心工作，通过开展教学科研、信息化、国际化、课程思政、"1+X"证书、人文素养提升六大模块，推进全过程、多层次、递进式的教师研修体系建设，为教师成长发展提供平台保障。每年开展各级各类培训、研讨、交流活动近百场，参加培训的教师达2000人次以上。

三、全面提升，实现教师队伍发展新目标

学校以高层次人才培养、"双师双能"师资队伍和"三化"师资培养体系为抓手，进一步健全教师培养发展体系，全面提升教师思想政治素质、业务能力、育人水平、创新能力。

（一）健全培育体系，高层次人才培养初显成效

健全完善国家级、省级、校级三层师资培育体系，师资队伍整体水平显著提高。"双高计划"期间，学校新增专任教师165人，截至2023年6月，学校共有专任教师545人，其中高级职称有172人，占比31.6%，博士有38人，占比6.9%。新增省级及以上各类人才荣誉和培育项目51项，新增高层次人才近90人。特别是青年教师的学历、职称、教育教学水平得到较大的提升，45周岁以下教师新增在职和取得博士学位人员50余人，校级各类名师培育对象41人，一些青年教师脱颖而出，成长为骨干人才。

（二）完善双师结构，"双师双能"师资不断优化

通过百名结对帮扶计划、百家企业和学校共建校企师资发展平台等载体，以提升师资队伍教学、科研、社会服务能力为重点，以校企师资协同共育为依托，培养一支理论能力扎实、实践能力较强的高素质专业化"双师双能"师资队伍。与大中型企业合作建立"双师双能型"教师培养培训基地，推进产教融合。挖掘产学研结合的深度和广度，构建全方位的产学研用体系，有效提升学院学科水平、创新能力和核心竞争力。"双高计划"建设以来，3个月以上挂职教职工103人，省级访工项目30人，1人入选高校访问工程师校企合作项目成果交流评审的优秀项目，服务社会师生团队139个，立项"一师一企一项目"课题17项，青年行业课题37项，专业课教师1个

月在企业或实训基地实训完成率为 100%，学校累计有 3 年及以上行业企业工作实践经历的有 164 人；累计有 1 年以上行业企业工作实践经历的有 304 人，专业课"双师型"教师比例达到 90%。

（三）聚焦能力发展，"三化"师资培养初步形成

一是注重分类培养，优化教师"个性化"成长生态。加强顶层设计，畅通了教学为主型、教学科研并重型、科研为主型、技术技能型等不同类型教师的发展通道，形成了"青年教师—骨干教师—名师—专业带头人"分层培养体系。以多元化发展形式作为培养途径，实现教师个体个性化发展。二是围绕专业布局，重构教师"立体化"培养路径。整合校内外资源，构建"学校、二级学院、专业、个人"四级联动的立体化培养体系。创新培训形式，采用混合研修、在线培训、结对学习、跟岗研修、顶岗研修、访学研修、返岗实践等方式，构建以能力发展为核心的教师培养路径。三是聚焦内培体系，深挖教师"专业化"发展潜力。以百名博士计划、百名结对帮扶计划、百名新秀名师培养计划、百名优秀企业骨干进校园计划、百家企业和学校共建校企师资发展平台为抓手，加强教师专业化发展路径建设，提升师资队伍教学、科研、社会服务能力。

第二节　教学创新团队

推进建设高水平结构化教师教学创新团队，学校系统重构团队建设的制度、项目和路径体系，从体制机制和项目载体方面进行探索，有效提升教师专业素质、增强职业学校发展效能和推进职业教育教学深化改革。

一、顶层设计，统一谋划教师教学创新团队建设

学校通过明确团队建设目标，聚焦教学创新任务，培育了校级、省级和国家级三个梯次的教师教学创新团队，打造了一批高水平、结构化的教师教学创新团队。

（一）明确建设目标，指明教师教学创新团队建设方向

紧扣国家职业教育教师教学创新团队建设要求和学校"双高计划"建设目标，把握文旅产业融合发展新要求，明确团队的建设目标是推进"三教"改革，以教学模式与方法创新、教学内容与教材改革为核心任务，以"双师型"教师团队建设为重

点，全面提升教师教育教学水平与人才培养质量，打造师德高尚、视野开阔、业务精湛、能力突出、结构科学的高水平教师教学创新团队，引领全国旅游类专业高水平建设。

（二）聚焦中心任务，探索教师教学创新团队建设路径

围绕教学创新这个核心任务，团队重点探索模块化教学、融媒体教材、虚拟仿真实训项目、"四融"人才培养模式、"岗课赛证"一体化教学内容体系建设等方面的内容，着力破解教师、教法、教材"三教"改革方面的难题。研制基于专业能力的模块化课程设置方案，搭建多层级模块化课程结构体系，建设以核心能力模块为单元开发的专业教学资源，建设一批编排方式科学、配套资源丰富、呈现形式灵活、信息技术应用适当的融媒体教材，研发一批文旅特色鲜明的易实施、可观摩、能再现的虚拟仿真实训项目，形成一系列具有应用推广价值的教学改革研究与实践成果，攻坚国家级重大标志性成果，引领教育教学改革创新。

（三）分层梯次培育，建设三级教师教学创新团队

学校按照校级、省级和国家级团队建设的不同目标，对不同梯次的团队，设置了不同的建设要求、考核标准和保障政策，进行分类培育。2020年出台《关于开展2020—2023年教师教学创新团队建设的实施意见》，共立项校级教师教学创新重点团队6支，一般团队17支，思政团队4支，开展校级教师教学创新团队培育建设工作。2021年，智慧景区开发与管理专业团队入选国家级职业教育教师教学创新团队。2022年，酒店管理与数字化运营专业团队和导游专业团队入选省级教师教学创新团队。学校出台《关于促进国家级和省级职业教育教师教学创新团队建设的实施意见》，开展国家级和省级教师教学创新团队建设工作。

二、机制破题，推动教师教学创新团队建设工作

有效推动教师教学创新团队建设工作的实施，建立教师教学创新团队的运行管理机制、教师培养机制和考核评价机制三大机制，通过项目引领团队建设、校企联合培养教师、目标导向考核评价等方式，进一步加强教师教学创新团队建设工作实施，全面提升教师队伍素质水平。

（一）项目引领，探索团队运行管理机制

出台《关于成立教师教学创新团队建设领导小组的通知》，并整合校内外资源，

依托行业协会、产教联盟、职教集团与合作企业，组建平台层面的建设协调小组，共建发展共同体。各团队所在学院成立项目建设小组，细化分解任务，对日常工作进行具体协调和落实。各团队创新团队管理运行机制，考虑团队成员特点与团队发展需求，开展团队命运共同体制度探索，探求建立涵盖教学、科研与社会服务的转换制度，针对成员任务分工，在校企合作、社会服务、能力提升等方面发挥有效的作用。

（二）校企联合，完善团队教师培养机制

创新校企联合培养教师协作机制，建立学校、系部、企业三方共建共管的管理模式。出台《2020—2023年校企师资发展共同体建设实施方案》，共立项建设宋城演艺发展股份有限公司、浙江开元酒店管理股份有限公司、春秋航空股份有限公司、杭州王星记扇业有限公司等30余家企业为校企师资发展共同体建设单位，校企双方根据自身特点和人才培养需要，围绕学校和行业企业发展需求，通过合作开展教学改革、课程开发、标准研发、技术攻关、规划编制、中国特色现代学徒制建设、承接行业重大项目研究、共同申报产教融合相关项目等建设，培养一批专业能力和实践教学能力兼备的"双师型"教师，全力推进高素质、专业化、创新型师资队伍建设。

（三）目标导向，创新团队考核评价机制

加强对国家、省、学校三级团队的考核评价。设定三年建设期，期中和期末分别进行考核，考核结果与师资队伍建设考核和个人评奖评优结合。分别出台国家级、省级、校级教师教学创新团队考核目标要求，国家级和省级团队主要考核教学模式与方法创新、教学内容与教材改革方面的改革完成情况，并考核团队建设、师德师风、行业服务和国际交流等完成情况，按国家级和省级设定不同的考核目标。校级团队主要考核标志性成果突破和团队建设情况。

三、梯次培育，构建教师教学创新团队发展格局

学校通过国家级、省级和校级的三级梯次教师教学创新团队建设，推动区域教师教学创新发展，促进学校教师团队整体水平，形成教师教学创新团队发展新格局。

（一）国家级教师教学创新团队，引领旅游大类教师团队建设

智慧景区开发与管理专业国家级教师教学创新团队成功立项全国职业教育教师教学创新团队重点课题，成为全国职业教育教师教学创新团队文体旅游协作共同体牵头单位。出台团队建设实施意见与协作共同体章程，组织开展了协作共同体成立大会、

协作共同体课题开题会、协作共同体课题建设研讨会等多次会议，举办 2022 年全国旅游院校教师教学创新团队师资培训班等项活动，引领并促进了文体旅游国家级教师团队校际的合作和交流。

团队在课程体系重构方面，积极探索智慧景区开发与管理专业模块化教学改革，从景区"智慧化"转型的路径出发，整合乡村旅游景区、红色旅游景区、自然风光旅游景区、古城街区旅游景区、文博场馆类景区、主题乐园类景区六大典型岗位群与教学模块，将其按岗位群工作流程重新梳理教学内容、重新设置专业核心课与选修课的教学计划，实现学生专业技能"螺旋递进"发展。

团队在教学资源和教材改革方面，以核心能力模块为基础，借助国家级智慧景区开发与管理专业教学资源库建设形成的 38 门标准化线上课程，打造了"一库、两馆、三中心、四基地"的教学资源系统架构，其中 1 门入选国家在线精品课程。配合线上教学资源的建设开发数字化教材，配套新形态教材或数字课程 10 本（门），其中入选职业教育国家"十三五"规划教材（数字课程）3 本（门），并应用于实际教学与实践中。

团队在行业服务方面，通过助力政策的制定与标准的研发、修订等工作，助力旅游行业企业的转型升级与可持续发展。在标准研发上，领衔研发了全国旅游职业教育教学指导委员会委托的智慧景区开发与管理专业教学标准和旅游类专业学生景区实习规范国家级标准，与蜗牛（北京）景区管理集团形成战略合作协议建立的"蜗牛产业学院"起草的三项"微改造、精提升"技术导则成功列入首批产教融合新成果名单。

（二）省级教师教学创新团队，辐射带动区域教学创新发展

酒店管理与数字化运营专业省级教师教学创新团队通过主持浙江省酒店管理与数字化运营专业中高职一体化课程改革，形成具有浙江特色的中高职一体化课程体系；实施模块化课程改革，全面梳理人才的核心能力点，明确模块化教学的时间节点及考核方式，设计模块化教学体系，促进课程育人；建设课程与资源高契合、高利用，在智慧职教 MOOC 学院等平台建设《饭店信息系统》《服务心理学》《酒店概论》课程等，实现线上线下混合式教学模式；团队成员将新技术、新规范、典型岗位案例适时纳入教材内容，开展高质量职业教育，成员负责主编出版《民宿产品创新与开发》《饭店信息系统：OPERA 操作实务》等 11 本新形态教材，完成"课堂革命"教学创新案例 19 个；团队积极服务社会，参与星级饭店、民宿等级评定，制定并发布《无障碍旅游服务机构评价规范 旅行社》（T/CAS 556—2021）、《无障碍旅游服务机构评价规范 饭店》（T/CAS 557—2021）和《旅游民宿无障碍环境建设指南》（T/CAS

669—2022）等国家团体标准，发布文旅产业年度报告，研究报告获得省部级及以上领导批示 5 项。

导游专业省级教师教学创新团队制定《导游专业群 2020—2023 年教师教学创新团队建设实施意见》，创新建设"四维融通：专业融通、岗课融通、书证融通、赛教融通"的课程体系，推动了课程体系从"四岗递进课程体系"到"产教共融、专业互通、螺旋递进"课程体系的改革；开发建设旅行策划、电子商务数据分析等 5 种相关 X 证书，并以开发 X 证书为抓手，深入开展岗课赛证融通；出版《研学旅行指导师实务》《导游服务能力——浙江省现场导游考试指南》等系列新形态一体化教材，其中《中国旅游地理（第二版）》获得首届国家优秀教材二等奖；课程思政全面融入专业课程，1 门课程入选教育部课程思政示范课程，4 门课程入选浙江省课程思政示范课程；开展"导游学习无忧"产教融合智慧平台建设：完成"学生无忧""教师无忧""企业无忧""旅游数据人"（现代导游人才）平台搭建，建设导游专业群数字景点资源 150 个；团队组建现代旅行协同创新中心，服务全国和区域经济社会发展，主持编制了教育部"1+X"证书标准《研学旅行课程设计与实施标准》《旅行策划职业技能等级标准》等，承担了《2022 年全国研学旅行发展报告》《2022 年浙江省研学旅行发展报告》《杭州无障碍旅游线路设计项目》等社会技术服务项目。

（三）校级教师教学创新团队，促进教师队伍建设整体提升

2020 年，学校遴选校级教师教学创新团队，共立项旅游目的地开发与运营管理、烹饪专业群教学、空乘专业教师团队、英语语言文化教学、酒店管理专业人才培养教学、"双跨界"专家型教学等重大项目 6 项，智慧执教工作坊、"E 金融＋文旅"产教融合型人才培养教学、"双跨界"创新创业型教学、文旅创新创业教育、会展策划与管理、社会服务型、酒店管理专业现代学徒制教学、表演艺术专业教学、老年服务与管理教学、《饭店信息系统》课程教学模式改革与创新、康养休闲运营与管理、文旅创意与设计、旅游工艺品设计教学、厨房安全护卫、文化创意与策划专业、体育综合素养、会奖旅游教学等一般项目 17 项，立项课程思政教学创新团队项目 4 项。

校级各团队以教学能力和高层次教学成果为重点，推动团队在专业建设、课程建设、平台建设、校企合作、社会服务等方面全面开展建设。重大项目教学创新团队建设周期一般为 2~3 年，一般项目教学创新团队建设周期一般为 1~2 年。建设期满考核通过后，根据不同的项目类型给予不同的经费支持。

各校级团队围绕团队建设任务，积极投身教学改革创新，攻坚重大项目，取得了丰硕的标志性成果。"双跨界"专家型教学团队围绕"互联网＋现代导游"复合型人才培养目标，助力导游专业群以"优秀"成绩顺利通过"双高计划"专业群建设中期检查，并获 2021 年全国高职院校教师教学能力比赛一等奖、第八届中国国际"互联网＋"大学生创新创业大赛铜奖、2022 年职业教育国家级精品在线课程《导游文化基础知识》等成果；智慧景区开发与管理教师教学创新团队，2021 年顺利立项第二批国家级职业教育教师教学创新团队，《旅游策划》入选 2022 年职业教育国家在线精品课程，2021 年牵头修订教育部高等职业教育专科智慧景区开发与管理专业教学标准；烹饪专业群教学创新团队创建了"产教融合、德艺并修、阶梯递进"的国际化专业群课程体系，与浙江省饮食服务集团等知名集团合作，共同构建了"基础能力→核心能力→拓展能力"模块进阶式课程体系，牵头制定了 2022 年人社部国家行业标准（营养配餐员），并入选了 2021 年教育部课程思政示范课程和教学团队；酒店管理专业人才培养教学创新团队以酒店管理学院"双高计划"建设为牵引，实施职业经理人"M36培养模式"，获 2022 年全国教师教学能力大赛二等奖，《成长清单：基于"学生立场"的酒店技能人才培养探索与实践》获浙江省教学成果奖一等奖。

第三节　分层分类评价

学校建立以师德为先、教学为要、人才业绩贡献和能力水平为核心的分层分类的教师考评体系，全面、客观、准确地评价教师德才表现和工作绩效。考评结果运用到教师年度考核、岗位聘任、专业技术职务评聘等各个环节。

一、绩效为先，构建教师分层分类岗位聘任体系

学校积极探索实施能上能下、能进能出、有效激励、优胜劣汰、充满活力的动态岗位聘任管理机制。三年为一个聘期，本着"人尽其才、注重质量"的原则，重视工作实绩和个人能力，分类分层制定聘期任务，打破职称职级终身制，允许岗位间适度流动，以业绩为导向，实现人才间良性竞争。实行教职工全员聘任制度，制定并出台学校《第八轮教职工岗位设置与聘用实施方案》《管理岗位职责与聘用条件实施细则》《专业技术二级岗位管理办法》《专业技术三级岗位竞聘实施细则》等一系列岗位聘任考核相关制度，科学设岗、分层设计、分类考核，搭建岗位聘任全域制度体系，打通

岗位聘任动态通道。

（一）合理规划，岗位设置结构科学化

学校坚持"科学合理、精简效能"原则，按照浙江省人力资源和社会保障厅核准的岗位总量和结构比例，结合学校发展实际需求，科学合理地进行岗位设置，合理确定内部岗位结构。

首先，根据岗位性质不同进行分类规划。学校岗位按性质不同分为专业技术岗位、管理岗位、工勤技能岗位，中层及以上管理岗位因工作需要可纳入"双肩挑"人员管理，并实行"双岗双考"制度。

其次，分类细化教师系列、学生思政系列、其他专业技术系列各岗位等级可聘数量，细分各岗位等级竞聘业绩标准，在学校核定的岗位职数以内，以业绩导向为核心，体现竞争择优原则，明确竞聘优先标准，实行竞聘上岗。

再次，根据人员类别不同进行分类规划。根据岗位内容的不同，学校将岗位类别划分为中层及以上管理干部、主管级人员、专职辅导员、专任教师、专职研究人员、行政教辅人员等岗位，明确岗位职责、设置岗位任职条件与考核要求，实行择优聘任原则。本着工作需要、人岗相适、动态调整、从严控制的原则，学校在岗位设置结构比例的限额内，允许部分岗位类别之间的适度流动，明确岗位间转聘条件，同时严控转聘人员比例。

最后，根据专任教师的不同发展方向进行分类规划。将专任教师细分为教学型教师、研究型教师、技术技能型教师。坚持教学核心地位，以教学型教师为主体；关注教师的个性发展，可聘用一定比例的技术技能型和研究型教师，并分类设置不同类型岗位的任职条件。如研究型教师的人数不超过专任教师总人数的5%，技术技能型教师应具备一定条件，如特级技师、省工艺美术大师、省首席技师、省技术能手、浙江工匠等职业资格或技能方面荣誉。

（二）细化导向，岗位考评内容多元化

基于校情和教师队伍结构现状，学校从教学、科研、社会服务、育人等多方面、多角度评价教师各项能力，建立综合全面的考评内容体系。师德为先，坚持师德师风第一标准。在岗位聘任中加强专项师德考核要求，严格对照执行《浙江旅游职业学院教职工师德师风负面清单及师德失范行为处理办法》，实行师德考核一票否决制。提高教学建设的权重，激发教师参与课程改革、教学改革、教材建设、教学比赛的热情，解决轻教学、重科研的传统弊端。分类分层制定聘期任务，提供"菜单式"选

项，采用定性与定量相结合的考评内容，对任务的完成情况不再是所有教师一把尺子衡量，既设置标志性（高水平）工作任务，也设置一般性（难度适中）工作任务，教师可以根据自身特长，自选聘期任务菜单，增加考核的人性化设计。

根据专业技术岗位类型的不同，分类设置不同竞聘条件和聘期考核目标。教师系列岗位重视教学业绩、育人成绩、科研水平、社会服务、专业建设贡献等内容，将参与教育教学改革建设项目、主编教材、教学能力比赛获奖等作为教师系列岗位聘期考核可选目标；将"讲授本专业核心课程，开设本学科前沿领域专题讲座，培养高水平学生"纳入学校专业技术二级岗位聘期考核的职责要求。学生思政系列岗位重视学生思政教育成果、学生创新意识培养、思政能力素养等方面，如将辅导员素质能力大赛获奖作为岗位竞聘业绩条件，聘期考核可选目标中纳入主持名班主任工作室项目、辅导员工作室项目、指导学生新苗计划立项等内容。其他专业技术系列岗位侧重专业科学研究水平、科研成果转化能力等，如将获得发明专利授权作为聘期考核可选目标，其他专技系列人员起草各级各类制度性文件或主持各类项目工程可认定为校级项目等。

不同类型专任教师岗位考评的内容侧重点也有所不同。教学型教师侧重考核教学工作量、教学水平、教学效果、课程与教材建设、教学改革成果、教学技能比赛成绩等。研究型教师侧重考核学术研究能力、成果转换能力、标志性科研成果的取得。技术技能型教师侧重于考核技能传授、指导学生比赛成绩、技能相关获奖荣誉等。充分发挥出不同类型岗位的特征和能效，突出分类考核的导向作用。

教师系列根据专任教师的职称等级，建立分层考核标准。不同职称的教师，因能力与工作侧重面的不同，根据其岗位职责及任务目标，提出不同考核要求，细化规定逐个专业技术岗位等级的考核指标，引导教师建立科学连贯的职业发展观，引导教师朝着不同方向的专业化发展。对于新入职的教师，无论是刚毕业的研究生，还是引进的行业技能型人才，通过青年教师助讲制考核、取得高校教师资格证、具备一定教学工作量和科研能力等基本要求，侧重提升教师教学能力和提高教学质量。具有中级和副高级职称的教师占比最大，可谓学校教学科研的中坚力量，侧重于教师水平的提高、教学建设与改革研究成果等多个方面进行考评，引导教师正确认识自身，及早发现不足，发挥自身优势，实现自身个性化的专业发展。具有正高级职称的教师，单独出台专业技术三级岗位、专业技术二级岗位聘任和管理办法，重点考核其标志性成果的取得及开创前沿研究的责任，对于青年教师在教学、科研、专业建设、团队组建等方面的"传帮带"作用发挥。

（三）能上能下，岗位管理机制动态化

学校完善岗位"能进能出"、等级"能上能下"、待遇"能高能低"的聘期动态管理机制，畅通人员立体化分层流转退出通道，打破职称终身制。打破"唯资历、唯年限"的论资排辈的观念，转向业绩导向的全员竞聘，详细制定逐个专业技术岗位等级的越级竞聘规则，明确低聘、待聘、拒聘等规定，遵循"以岗定薪、岗变薪变"原则，实行按岗取酬的绩效分配制度，体现业绩导向的宗旨，实现岗位晋级的良性竞争。2019年学校第七轮岗位聘任共有527人参与，其中20余人因聘期业绩出色越级竞聘、9人因聘期考核不达标或业绩平平低聘，不乏教授低聘至专业技术五级岗位，副教授低聘至专业技术八级岗位的情况。2022年第八轮全员聘任共有672名教职工参与，业绩导向作用明显，共有71人越级竞聘、10人低聘。其中2位低聘人员因聘期考核结果不佳而再次低聘，如从专业技术七级连续低聘到专业技术九级，2位低聘人员因聘期业绩优秀，新一轮岗位聘任时恢复聘任至原岗位等级。这样能上能下的动态激励机制进一步调动了教职工工作的积极性。

二、能力导向，优化教师分层分类职称评审机制

学校依据教师系列、学生思政系列、其他专业技术系列等不同教师分层分类，制定相应的职称评审制度，重视教学核心地位，肯定教师个性需求，充分考虑教师的全面发展，为不同特点、不同职业发展阶段的教师提供灵活多样、分层分类的职称晋升路径。

（一）破立并举，完善职称评聘分类导向

按照专业技术职务系列，将职称评审人员划分为教师系列、学生思想政治教育系列、专业研究系列、教育管理系列、实验技术系列、图书资料系列、工程技术等系列、会计系列、经济系列等各类，细化不同评审标准和业绩要求。严格制定并执行评聘三年规划，细分各专业技术职务系列评聘标准。为进一步拓宽各类人员晋升通道，在保障教师系列主体地位的前提下，学校详细制定职称三年规划，不仅为学生思政系列、教育管理系列单列指标、单设标准，同时为思政专职教师群体单列计划，保证思政课教师专业技术高级岗位比例，激发思政课教师的积极性与创造性。进一步明确工程技术、图书资料、会计、经济、审计等其他系列专业技术职务评聘计划和指标、规

范评聘程序，打通该类职工群体的晋升渠道。

按照专任教师在教书育人、技术服务和科研能力上的侧重不同，学校进一步细化教师系列的高级专业技术职务申报类型，分为教学为主型、教学科研并重型、科研为主型、技术技能型4个岗位类型，在教学水平、育人成效、科研成果、技术技能传承等多个方面，分类型设置不同的业绩条件标准。教师可以根据自身的特点和现状，寻求不同的发展路径。对不同类型的申报人员设定不同的教学工作量、年度教学业绩考核结果和科研业绩基本要求。在教科研成果和参与教学建设工作方面，不同类型的申报人员可根据自身特点选择完成不同的成果。对教学为主型岗位的教师，注重教育教学水平考核，关注人才培养实绩，引导一线教师强化教学能力，如规定近5年内教学业绩考核累计3年为A或学生评价结果位于本部门前30%。对教学科研并重型岗位的教师，综合评价其在教育教学、教学改革与研究、科学研究方面的能力与贡献，将获得发明专利授权、成果转化、领导批示的决策报告等纳入替代性业绩。对科研为主型岗位的教师，着重评价创新价值、能力与贡献，注重高水平的研究成果，强化原创性、引领性的研究工作，学校缩减科研为主型教师评审的教学相关指标，替代"教学成果奖"等科研成果。对技术技能型岗位的教师，重点考核技术技能贡献，突出工作业绩，打通高技能人才与专业技术人才职业发展通道，如将行业认可度或技能获奖作为评审的必要条件。

（二）教学为要，重视教育教学核心地位

落实履行教书育人的本职要求，坚持和完善教授为全日制学生系统上课制度，对于教学工作量的要求作为教师系列专业技术职务评审的基本要求，成为"硬条件"，即使不同类型教师侧重会有所不同，但都需承担一定的教学工作量。如教学为主型教师职称评审要求教学平均周课时不得少于12节，技术技能型教师教学平均周课时不得少于8节。同时，出台文件丰富教学工作量的内涵与内容，教学工作量不仅包括课堂教学和实践指导的一类工作量，也涵盖竞赛辅导、毕业项目指导、参与教研活动、参与专业建设等二类工作量，进一步激发教师参与教学工作的积极性。凸显教学能力优势，教学为主型的高级职称评审条件在科研论文等级上要求略低于教学科研为主型和科研为主型，但申报教学为主型教师要求教学效果突出，深受学生喜爱，规定唯有符合"近5年内教学业绩考核累计3年为A或学生评价结果位于本部门前30%"的方可申报。突出教书育人的实绩导向，彰显教学为要、育人为本的理念，将教师教学效果、教学技能、教学研究等多维度指标纳入职称评审业绩条件，并置于中心地位，如

将获得省级优秀教师荣誉、获得省级教学成果奖与主持省部级课题项目同等对待，将主持课程建设、编著规划教材、制定教学标准等都纳入职称评审可选业绩条件。实行教学标志性业绩奖励机制，如教学成果奖、全国教学技能大赛获奖等教学重要标志性成果的获得，其资历、工作年限、教科研业绩等可不做要求，允许破格申报或确认相应的专业技术职务。

（三）不拘一格，探索优秀人才评聘"直通车"机制

根据上级主管部门的文件精神，学校坚持爱才惜才的初心，建立职称"直通车"机制，探索完善专业优秀、业绩卓越的教师职称评审直通机制，营造不拘一格评人才的良好氛围，厚植人才成长沃土，助力学校高层次人才蓄水池建设。一方面，"引才难、留才难"一直是高职学校高层次师资队伍建设的"瓶颈"和硬伤，既要有高薪政策来吸引人才，更要有通畅的人才晋升渠道来留住人才，对于学术水平和教学能力特别优秀、业绩和贡献特别突出的拔尖人才提供直评通道，进一步放宽任职年限限制，可不受科研业绩基本条件要求，直接申报高一级专业技术职务，如从行业企业引进的具有该领域高级职业资格的人员，可直接确认中级专业技术职务；对列入国家和省海外高层次人才引才计划的专业技术人才、博士后人员，经审核通过后，可直接确认副高级专业技术职务。另一方面，充分发挥职称评审的业绩导向作用，对获得学校急需的标志性成果、取得突破性业绩的教师提供职称评审绿色通道，允许破格评审，鼓励优秀教师人才脱颖而出，如获得国家级教学成果奖特等奖或一等奖、国家级教材建设奖、中国工艺美术大师等荣誉人员，可直接确认高一级专业技术职务，不限年限和教科研业绩，副教授的可直接确认教授专业技术职务。

此外，根据上级相关精神，为鼓励学校专业技术人员支持援疆援藏援青、助力山区 26 县、振兴革命老区、助力乡村建设等工作，在专业技术职务评审条件上开辟绿色通道。如经组织选派的援疆、援藏、援青专业技术人员，在派出前担任中、初级专业技术职务满 2 年的，予以直接确认高一级专业技术职务。按正常情况参加评聘的，同等条件下给予倾斜。援疆期间在援助单位晋升的专业技术职务，援疆结束后学校在岗位数量空余的情况下，优先聘任。助力山区 26 县人员帮扶挂职经历可折算为行业企业工程实践经历等。

三、个性发展，健全教师分层分类评奖评优通道

学校遵循不同类型人才成长发展规律，突出中长期目标导向，鼓励潜心研究、长期积累，遏制急功近利的短期行为，建立分类考评机制，实施分层管理机制，发挥平台资源优势，助力各类教师个性化、多元化发展。

（一）以评促改，以分类评价促教师发展

根据教职工岗位职责不同，实施教职工分类年度考核，制定了"1+X"考核体系。"1"是分层分类创新年度考核要求，制定并出台《教职工年度考核评价办法》，细化教师、辅导员、行政管理人员和研究人员年度考核实施细则，不断强化各岗位教职工出色完成目标任务、履行保障岗位职责的意识和创造良好业绩的能力，依托年度考核目标推动教师在日常工作中积累相应业绩，对个人专业技术职务晋升、岗位聘任等起到积极指导和促进作用，努力实现"人尽其才、才尽其用"，充分发挥分类考核的评价、激励和导向作用。"X"是根据教师成长的规律和工作特点，对不同发展阶段和不同类型教师个性化、不定期的单项评价，打好教师考核评价的"个性牌"，涵盖教学、科研、技能各个领域的考核评比，打通各类型教师职业成长的不同通道，从而实现量变到质变的突破。建立健全师德师风建设长效机制和考评机制，设立学校"德育名师"培养项目，开展"我最喜爱的教师""最美教师"等评比活动，营造尊师爱师的校园环境，引导教师把教书育人和自我修养结合起来，自觉践行新时代高校教师职业行为准则。重视教学核心地位，深化落实"三风建设""三教改革"行动方案，开展学校"教学新秀""教学名师""优秀教师""魅力课堂"等一系列教学相关评比活动，实施国家级、省级、校级三级教师教学能力比赛选拔培育机制，以赛促教、以赛促研，持续推进教师教学能力、专业化水平和创新能力全面提升。强化科研意识，营造良好的科研氛围，学校设立"科研新秀""科研导师""科研领头人""优秀科研成果奖"评选等，培育一批科研后备人才和高水平创新团队，充分发挥优秀科研骨干"传帮带"的作用，打造科研师资梯队。

（二）三位一体，以分层管理促教师发展

学校积极探索实施校院二级管理机制，调动激发二级教学单位的积极性和创造性，建立"学校—二级学院—教师"的三位一体绩效评价联动机制，让教师个人发展、二级学院专业提升与学校"双高计划"建设联动并进。

成立校院两级考核组织，学校层面成立综合考评委员会，统一部署全体教职工年度考核工作。设立学校岗位聘任工作领导小组，全面负责学校岗位设置与聘任工作，负责制定政策导向与出台顶层设计，为学校重视的标志性成果业绩开通评优评先"直通车"。各二级单位成立相应的考核组织，对照学校要求，结合部门自身特色和发展趋势，梳理目标任务，变被动考察为主动引导，激励教师发挥专长，将引导教师个人成长与发展、完成部门重点工作目标任务和落实学校考核学院的重点任务与中心工作有机结合。三级联动绩效评价既可作为学校提拔、奖励、培训教师的依据，也可促进教师调整自己的发展方向和发挥潜力超越自我，有利于二级学院打造实力强劲的师资团队，为二级学院的创新发展助力，实现学校、二级学院和教师三方合力共进。

（三）多跨协同，以平台优势促教师发展

充分发挥学校教师发展中心资源优势，从师德师风、教书育人、科学研究和技术服务等多方面，开展"线上＋线下"不同类别不同模块的培训提升项目，有计划地开展教师学术潜力、教学质量和科研能力的个性化指导，鼓励教师个性化发展，实施教师素质全面提升，推动教师内涵发展，为教师成长与个性化发展搭建平台。依托浙江省文化和旅游发展研究院、中国旅游研究院旅游标准化研究基地等产学研平台，提升教师产学研水平和社会服务能力，拓宽教师职业发展路径。

积极实施人事数据化改革，基于完整的校内人事系统的设计、构建与使用，完善"教职工一表通"信息，通过共享数据中心，对接学校教务系统、学工系统、科研系统等各个业务系统，进行信息采集、流程审核、全面展示、综合分析，涵盖教师个人信息、教学情况、科研成效、社会服务活动等，全方位覆盖教师职业发展全过程。通过人事数据化改革，教师可以自查个人职业发展的优势和薄弱环节，寻找差距，弥补不足；理性分析个人职业发展方向，选择与个人相适应的岗位类型。学校根据人事数据分析，制定人事政策、调整分配薪酬制度、优化人力资源配置。

（牵头人：刘婷婷　撰稿人：刘婷婷、姜雯、杨芳）

第五章
DI WU ZHANG

产教融合
CHANJIAO RONGHE

> 学校立足浙江实际，紧密对接行业企业与区域产业需求，牵头组建浙江旅游职业教育集团，通过创新校政行企地合作体制机制，整合各方资源，着力打造产教融合、校企合作的专业化载体和资源对接平台；开启产业学院培育建设工作，与文旅行业龙头企业合作建立14个产业学院；联通校校平台，与北大信息技术高等研究院合作成立浙江北大数字文化和旅游联合中心实验室，成立6个校级协同创新中心和19个校级研究所。

第一节　职教集团

学校坚持以职教集团建设，推动职业教育办学体制机制和人才培养模式优化。2005年，经浙江省教育厅批准，学校牵头成立了浙江旅游职业教育集团。多年来，集团通过高质量组建成员、高品质整合资源、高效能推进运作，持续完善对接地方政府、对接行业企业，促进地方旅游产业创新发展转型升级、促进院校内涵建设水平提升的"双对接、双促进"产教融合机制，促进院校教育链、人才链与产业链、创新链有机衔接。集团已于2019年获评浙江省示范性职教集团、于2021年入选国家示范性职业教育集团（联盟）培育单位，综合实力位于全国旅游类职教集团前列。

一、高质量组建成员，打造旅游职教"集团军"

职教集团注重成员质量，横向层面广泛吸收涵盖旅游产业链发展所需的各类成员，纵向层面拉开成员不同层次，构建互补性、互助性和互融性的成员组成，强化成员管理，保障成员质量不断提升。

（一）注重类别多元化，保障校企占比

集团以区域、类别、比例作为衡量成员组成的重要指标，坚持吸纳多元化成员，避免成员类别单一化、同质化。

一是区域指标。集团立足浙江旅游职业教育发展，精选深度参与浙江旅游职业教

育发展的成员，浙江地区成员占比超过90%。除在浙江地区广泛吸纳会员外，集团还跳出浙江地区吸纳会员，吸纳春秋航空股份有限公司、上海海昌极地海洋世界有限公司、亚朵（上海）酒店管理有限公司、美心食品（广州）有限公司上海分公司、王品（中国）餐饮有限公司等上海地区的企业，和中国旅游出版社、北京朔日科技有限公司等北京地区的组织和企业，以提高集团在全国旅游职业教育领域的影响力。

二是类别指标。集团积极吸纳政府主管部门、行业、企业、院校、协会和媒体成员，争取行业提供资源支持、企业提供合作支持、院校提供教育支持、协会提供辅助支持、媒体提供宣传支持，形成"校政行企协媒"六位一体共建共推集团发展的格局，保持良好的发展势头。

三是比例指标。集团始终把推动旅游职业教育发展作为集团第一要务，把职业学校和企业作为职教集团的主体。在省教育厅、省文化和旅游厅的指导下，集团目前共有成员单位77家，其中院校40家、企业29家、行业协会5家、媒体3家（其中1家为出版社）。具体来看，本科、高职、中职的数量分别是2家、9家、29家，中高职学校占学校总数的95%，占总成员的49.35%。企业作为校企合作的重要主体，在集团成员中占比达到了37.66%。职业学校和企业的总比例占了集团成员数量的87%以上，为集团内成员开展产教融合、合作育人奠定了扎实的成员基础。

（二）注重层次差异化，建立成员梯队

集团关注各类成员层次的差异化，建立有利于互补、互助的成员梯队，探索既有产业特色又有自身风格的发展之路。

首先是注重院校层次差异化。集团充分发挥院校的职业教育育人主体作用，坚持成员吸纳涵盖中职、高职、职业本科乃至研究生教育，形成完整的学历育人梯队。集团选择优质院校加入集团，9家高职成员均为中国特色高水平高职学校和专业建设单位、国家优质专科高等职业院校、国家示范性骨干高职院校中的一类，29家中职院校成员单位中有10家是国家级示范校、11家是省级示范校。

其次是注重企业层次差异化。集团坚持高标准选择企业成员，共吸纳29个旅游行业优质知名企业作为企业成员，其中有规模以上企业18家、上市企业4家、省级产教融合型企业4家，涵盖浙江省内最优质的旅游企业资源。从业态看，酒店类企业有6家、旅行社类企业有3家、景区类企业有3家、餐饮类企业有4家，涵盖旅游职业教育所需要的重要业态。

最后是注重其他会员层次差异化。集团积极吸纳优质的行业协会和媒体加入，支

持集团发展。吸纳浙江省具有丰富行业资源和广泛社会影响力的浙江省旅游联合会、浙江省旅行社协会、浙江省饭店业协会、浙江省饭店业协会、浙江省餐饮行业协会 5 家省级行业协会，和文化和旅游部主管的中央级图书、音像出版单位——中国旅游出版社，以及浙江省旅游信息中心、中国旅游浙江主流媒体联盟等省级媒体组织，坚实保障集团宣传推广工作。

（三）注重管理制度化，完善成员管理

针对集团成员来自不同类别、不同层次单位，集团通过制度化建设，为各成员单位提供统一且行之有效的管理模式和措施，提高机构运作和成员管理效能。

一是加强理事长单位建设。集团充分发挥浙江旅游职业学院作为集团理事长单位的带队凝聚作用，整合学校资源积极参与到集团的运作和管理之中，切实发挥协调、服务作用，引领集团成员单位共同发展。理事长单位重点承担组织理事大会和理事长会议、推进集团年度重点工作落实、组织实施集团年度工作计划、负责集团日常工作和协调集团内各成员单位相关事宜等工作，并与所有的成员建立良好的合作基础。

二是完善成员单位内部支撑。在集团带动下，一些成员单位通过不断完善组织结构和决策模式，建立与之适应的工作机制，提高集团治理能力。如集团成立了旅行服务与管理、酒店服务与管理、旅游规划与设计、厨艺四大专业群工作委员会和教学科研、师资培训、创新创业三个工作联盟，通过集团平台与成员单位对接需求、增强沟通、促成合作。其中四大专业群工作委员会重点指导集团内成员单位通过建立校校合作、校企合作关系，衔接中职、高职、本科不同阶段课程设置及教育教学工作；教学科研工作联盟以校企互动的形式，推进教学改革；师资培训工作联盟以提升教师"双师"素质为目标，组织协调各成员单位教师参与行业企业挂职等人才项目；创新创业工作联盟则以比赛、项目等为抓手，推进集团内部学校学生的就业创业工作。

三是完善章程管理。集团制定并实施了《浙江旅游职业教育集团章程》，进一步明确成员单位的权利和义务，规范集团的活动和成员单位的行为。成员单位经集团常务理事会同意后，可以集团的名义开展相关活动。成员单位可以共同享受国家、省给予职教集团的办学、收费、科技开发、技术推广、实习实训、培训考证等方面的优惠政策。成员单位有义务树立集团的良好形象，维护集团的合法权益。成员单位有义务参与集团组织的合作项目，有义务参加集团组织的各项活动。

二、高品质整合资源，构建旅游职教"共同体"

集团推动成员间资源共享、协同发展、互利共赢，积极通过自身平台建设，促进成员间共寻发展良机，共享所需资源，重点推动社会资源、产业资源、教育资源共享，有效调动成员单位参与集团建设的积极性。

（一）加强区域协作，共享社会资源

集团立足成员分布全省特点，通过理事长单位资源降低集团运作和成员间沟通合作成本，推动机构资源、智库资源、校地合作资源的共享共通。

一是共享机构资源。集团设立秘书处作为集团的日常工作机构，秘书处设在理事长单位——浙江旅游职业学院，由学校提供办公场地、办公设施设备和必要的经费保障。秘书处承担成员单位的联络协调工作，筹备组织理事大会和常务理事会议，收集、发布职业教育人才培养信息、人才供求信息，集团宣传和档案等工作，并负责完成理事长、常务副理事长、常务理事交办的日常事务工作。成员如有发展需要，可直接联系秘书处帮忙对接资源。

二是共享智库资源。集团成员单位建有省内较强的智库资源，均对集团内部成员开放。如理事长单位——浙江旅游职业学院拥有中国旅游研究院旅游标准化研究基地、全国旅游职业教育教学指导委员会秘书处、中国职业技术教育学会智慧旅游职业教育专业委员会、浙江省文化和旅游发展研究院等重要智库机构，集聚了一大批浙江省乃至全国知名的旅游业、职业教育专家、学者和高管，这些资源都完全向成员开放，帮助成员在发展规划、科研服务、创新举措等方面提供强有力的支撑。

三是共享校地合作资源。集团着眼集团成员立足当地经济发展已具有的良好基础，通过平台来进一步整合资源，帮助成员更深入地参与服务区域旅游经济和旅游职业教育发展，放大成员在当地的影响力。通过理事长单位等成员的校地资源，集团与全省内80多个县（市、区）建立了合作关系，在人才培训、教育帮扶、课题研究、教师挂职、合作办赛、学生实习等方面开展全方位校地战略合作。其中考虑到山区26县的经济发展和职教水平相对薄弱，集团理事长单位联合集团成员共同成立了"山区26县共同富裕学院"，通过开展人才培育、专业培训、资源整合、智库研究、社会服务等专项行动，为山区26县提供不少于100项文旅融合发展方面的智力服务，通过高质量社会服务，提高集团的凝聚力，提高集团成员的办学水平。

（二）密切产业联系，共享产业资源

集团锚定产业发展需求，拓宽产业资源渠道，积极推动集团成员间产业资源供需对接、资源共享、责任共担、互利共赢，重点在共享技术资源、市场资源、人力资源方面积累了丰富经验。

一是共享技术资源。集团汇集成员科研优势，通过对内共享技术资源，对外共推产业进步，推动项目研发与社会服务的良性互动。集团利用各院校成员的专业优势和企业成员的人才优势，合作组建开发团队、工作室，共同设计、研发产品，并把产品推向市场。如集团理事长单位——浙江旅游职业学院和北京大学信息技术高等研究院合作建立浙江北大数字文化和旅游联合中心实验室，聚焦全国文化和旅游产业，通过共享科研技术资源，合作发布《中国数字文化和旅游产业发展报告（2021）》，帮助企业把脉产业走向，得到了业内好评。

二是共享市场资源。集团积极为成员院校与企业搭建合作桥梁，推动旅游产业发展结构与旅游产业人力资源结构彼此互动，增加旅游产业人力资源开发投入，促进旅游产业转型和创新发展。如浙江旅游职业学院、杭州市旅游职业学校与开元旅业集团合作，改变院校封闭式、标准化的人才培养模式，实施"跨企业、跨专业、跨岗位"的企业新型学徒制育人模式，组建"M36 开元精英班"，培养复合型酒店职业经理人，形成全工作场景沉浸式体验型新形态教学模式，将旅游企业的创新要素、生产流程转化为学习场景和课程设置。该项目以培养"一专多向"人才为主要任务，突出以酒店管理专业为核心，向民宿、咖啡、金钥匙、酒店智能化、高级宴会服务师等多方向辐射，旨在为旅游新业态培养急需的专业人才，为行业留住更多的"未来之星"，用人才培养模式改革来激活行业的持续发展。

三是共享人力资源。一方面，集团根据院校成员对培养"双师型"队伍的迫切需要，积极帮助联系企业成员，为院校提供教师挂职锻炼、访学、访工等机会和岗位，推动行业实践锻炼成果转化。另一方面，集团根据企业发展需求，积极组织院校专家团队走进企业，提供发展建议。集团通过校企合作开展了校企师资发展共同体、青年教师企业导师制、校企师资深度培养项目、"国家工匠之师"引领的高层次高技能人才队伍等人才资源共享项目，推动企业经营管理、高技能人才与院校管理人员、骨干教师的双向流动与交流提升。

（三）促进院校沟通，共享教育资源

集团注重促进中高本学校之间的教育信息沟通交流，推动优质教育资源共建共享

和高质量发展。

一是开展"专升本"联合培养探索。集团不断完善现代旅游职业教育体系，统筹优质高职办学资源，推进高素质应用型人才培养，集团成员浙江旅游职业学院、浙江工商大学联合举办旅游管理专业开启了旅游职业教育"专升本"校校协同育人的新模式，推动优势互补，创造性地将高等职业教育与本科应用教育相结合，强化高技能复合型人才培养，形成良性高效的"专升本"教育生态体系。同时促进合作院校找准办学定位，强化内涵建设，创新应用型人才培养，不断拓宽、深化院校专升本教育合作关系，增强交流与协作，寻求更多领域的合作。

二是共享教师资源。集团积极推动中高职学校成员间的"3+2"、中高职一体化等项目的合作，通过组织优秀高职教师提前赴中职校参与专业教学、指导学生升学、支持实训室建设、开展"师徒结对"助力中职师资建设等手段，提高中高职一体化人才培养质量，拓宽"3+2"人才培养通道，为整体提升中职院校成员的教学育人水平提供帮助。

三是共享教学资源。集团大力推进专业教学资源库共建共享，通过丰富线上课程资源，推进跨专业跨院校线上课程资源使用，提供资源库搭建的标准化课程，帮助集团院校的学生突破教学场所的限制，提供优质教学资源。集团大力推进实习实训资源共享，将"现代旅游虚拟仿真实训基地"等高级别实训基地向集团成员单位开放，助力旅游行业人才技术技能提升。集团还积极推动中高职学校开展一体化教学、教研活动，推动形成中高职一体化的教研科研机制，引导中高职教师双向交流、相互促进，形成中高职一体化的教学创新团队。

三、高效能推进运作，共建旅游职教"生态圈"

集团契合不同类别、不同层次、不同领域单位的需求，建立完善的会商机制、调研机制、激励机制，推动集团高效能运作，推动旅游职业教育纵深发展。

（一）建立会商机制，加强交流协商

集团建立常态化的定期和不定期会商机制，聚焦集团建设发展需要和成员发展所需的重点工作提供交流协商的渠道，形成了由理事会、理事长会议、各类成员会商会组成的三级会商机制。

一是理事会机制。集团把理事会作为集团最高权力机构，原则上每年定期召开一

次理事会，决定集团发展重大事项，且须有三分之二以上理事出席。理事会主要负责制定和修改集团章程，选举和罢免集团领导机构成员、选举产生和撤销集团所设的有关工作机构、审议集团工作报告、审议通过集团各项议案、审议和决定集团的其他重大事项。理事会实行民主集中制，决议重大问题时，须有三分之二以上成员到会并获通过。

二是理事长会议机制。集团在理事大会闭会期间，适时召开理事长会议，由其行使理事大会权力，决定集团发展重要发展事项。理事长会议根据需要定期或不定期召开，且需三分之二理事长出席会议方为有效。理事长由牵头学校——浙江旅游职业学院的主要负责人担任，副理事长由理事会推荐选举产生。理事长会议实行民主集中制，决议重大问题时须有三分之二以上成员到会并获通过。

三是各类成员会商机制。集团为提高实际工作中成员间点对点交流合作的需要，通过摸排和信息收集，积极帮助成员开展定向化的牵线搭桥，协助召开各类会商会，减少行政成本，提高工作绩效。针对重要合作项目，由集团秘书处负责定期跟进，努力通过协商交流的方式，解决合作发展中遇到的问题，保障各方利益，努力实现共赢。

（二）建立调研机制，深入调查研究

集团聚焦产业前沿人才需求，聚焦职业学校发展诉求，建立了以专项调研为抓手，不定期调研为支撑，全时化调研为辅助的调研机制，以提升集团决策水平。

一是建立专项调研机制。集团聚焦上级重要工作决策部署，由集团理事长单位牵头组织成员开展专项调研行动，提前设计调研内容，深入县（市、区）、院校、企业等不同类型单位走访调研，针对职教集团工作中的重点、难点和热点问题，加强对策性研究，并提出行之有效的对策措施。开展2023年大调研活动，设置产教融合校企合作专题调研，范围覆盖100家紧密型产教融合校企合作单位、150家一般型产教融合校企合作单位和50家新拓展的合作单位，分析、研判产教融合校企合作体制、机制创新实践路径，进一步推动协同创新、产学研用转化。

二是建立不定期调研机制。集团根据工作需要不定期走访成员，主要通过实地考察、座谈交流的方式进行，目的是收集成员的发展诉求和对集团工作的意见和建议。每年集团会挑选部分成员开展一次普遍走访，基本每两年会对成员进行一次全覆盖的走访，动态掌握各成员在资源整合、人才培养、产学研用、社会服务等方面的发展需要，为集团工作落实落细、出新创新提供科学依据。集团通过不定期调研，还有助于

重点推动具体项目的合作落地与深化，如合作推动中高职一体化、院校"双师型"师资培养、学生顶岗实习实训等。

三是建立调研渠道拓展机制。集团积极拓宽调研群体，构建全时化的沟通渠道。重点拓宽校友调研群体，依托校友与院校成员间的情感维系，通过校友走访、就业调研、校友回访接待等，加强校友与用人单位之间的沟通，使之成为院校对外交流合作的重要渠道。重点建立常态化调研渠道矩阵，利用网站、微信群、微信公众号等信息化和新媒体手段，及时公布集团已开展和即将开展的特色亮点工作，及时回答成员提出的临时性、紧迫性、关注性问题，密切成员间交流联系互动，方便成员单位更好地参与集团工作。

（三）建立激励机制，激发工作活力

集团强化工作落实、提质增效，激发和调动广大成员参与集团工作、加强交流合作，建立了为优秀成员和个人提供荣誉奖项、典型推介、高质量活动邀约等激励机制，树立典型凝心聚力，激发集团发展活力。

一是荣誉奖项机制。集团专门设立"浙江旅游职业教育集团先进工作者"荣誉奖项，经各成员单位推荐及集团秘书处审核，评选一批工作热情度高、成绩突出、具有表率示范作用的成员单位个人，为其颁发荣誉证书并给予物质奖励，从精神和物质两个层面鼓励大家积极参与集团的建设和发展。在评选中尤为注重基层和实践导向，注重表彰表现优秀的基层干部，特别是那些长期在基层一线和艰苦岗位工作、默默无闻"老黄牛"式的工作者。

二是典型推介机制。集团通过官网、官微等平台大力宣传优秀成员，遴选优秀成员的先进工作经验并在集团年度报告中予以体现，营造宽松良好的发展氛围。尤其重视在各种场合宣传优秀成员的产教融合成果和典型案例，营造全体成员理解、支持、参与产教融合的良好氛围，并加强与媒体沟通合作，宣传推广集团优秀成员工作，提升成员和集团的社会影响力。

三是高质量活动邀约机制。集团积极邀约优秀成员，为其提供全国旅游院校教师教学创新团队师资培训班、中职教师酒店管理专业教学能力培训班等高质量活动的免费参与机会，帮助优秀院校成员拓宽行业视野，提高师生的教学科研行业能力。同时积极邀约优秀成员参加中国国际烹饪职业技能联赛、浙江省高职院校职业技能大赛等高规格赛事，帮助优秀院校成员加强与其他院校的交流，推动专业建设。

第二节　产业学院

　　自 2020 年启动产业学院培育工程以来，学校不断健全完善人才共育、过程共管、成果共享、责任共担的紧密型合作办学体制机制，培养适应和引领旅游产业发展的高素质技术技能型人才，支撑旅游经济高质量发展。通过二级学院自主申报、专家评审、立项培育、过程监管等各个环节，学校统筹产业学院建设资源，把关产业学院建设质量。截至 2022 年 12 月，已与文化和旅游行业的头部企业、知名企业合作培育了 14 个产业学院，其中 4 家示范性产业学院、6 家特色化产业学院、4 家前沿型产业学院，形成了"4+6+4"产业学院培育集群。

一、集中优势资源，培育示范性产业学院

　　精细化梳理学校各专业办学资源，依托建设基础最好、人才需求面最大、培养质量最优的优势专业，培育示范性产业学院，推动办学特色彰显，服务旅游经济发展。对标"双高计划"专业群建设，优化真实生产，推动资源导入，确立阿里巴巴"飞猪"产业学院、浙旅院开元产业学院、文旅规划与设计产业学院、餐饮数字化产业学院作为示范性产业学院的培育对象，如表 5-1 所示。

表 5-1　浙江旅游职业学院产业学院示范性产业学院培育名单

产业学院名称	合作企业（单位）名称	共建专业方向
浙旅院开元产业学院	开元旅业集团有限公司	酒店管理与数字化运营
阿里巴巴"飞猪"产业学院	杭州阿里巴巴青橙信息技术服务有限公司	电子商务
文旅规划与设计产业学院	蜗牛（北京）景区管理有限公司	智慧景区开发与管理 旅游管理（规划设计方向） 旅游管理（本科班）
餐饮数字化产业学院	香港美心集团 百胜餐饮集团 阿里巴巴本地生活 浙江田螺云厨科技有限公司 杭州有创餐饮管理有限公司	烹饪工艺与营养 西式烹饪工艺 餐饮智能管理

（一）聚焦高端示范，培育"双高计划"专业群产业学院

　　学校充分立足区域、行业、产业特点，结合学校自身禀赋特征，优化创新资源配

置模式，形成国家级、省级、校级三级"双高计划"专业群对应的示范性产业学院培育集群。

首先，聚焦名列"双高计划"高水平专业群建设单位名单的导游专业群，集中优势资源，谋划产业学院的建设和发展。学校改变与传统旅行社的合作模式，选择影响力大、实力强、发展势头好的阿里巴巴集团，合作建立阿里巴巴"飞猪"产业学院，以"飞猪旅行"平台为依托，共建校内生产性实训基地，共创"新旅游人才孵化基地"品牌。

其次，锚定浙江省"双高计划"A类专业群——酒店管理专业群，与有着20多年合作基础、规模位列全球酒店集团前17位的开元集团，合作培育浙旅院开元产业学院。通过产业学院的平台，酒店管理学生可以根据自身的兴趣爱好选择，便捷进入开元集团旗下的各个酒店开展实习、实训甚至是就业。

最后，学校依托旅游规划与设计专业群、烹饪专业群两个校级"双高计划"专业群，分别与蜗牛（北京）景区管理有限公司建设文旅规划与设计产业学院，与香港美心集团、阿里巴巴本地生活等五家企业共建餐饮数字化产业学院，推动学校更多专业群建设，整体提升学校综合育人实力，增强学校发展韧劲，激发学校发展潜力。

（二）优化真实生产，培育校内生产性产业学院

产业学院适应旅游产业数字化、智慧化转型升级背景，积极推动生产性产业学院运作模式，服务学生培养，引导学生转化和输出实践成果，降低企业参与成本，培育生产性产业学院。

一是搭建生产性校内实训基地。学校与4家企业共同深入探讨，在校内建立成本较低、成效较好的生产性实习基地。成功推动阿里巴巴集团率先在校内建立"飞猪"生产性实训基地，由学校提供场地，"飞猪"拿出"客户服务业务"生产性经营环节放入其中，让学生不出校门就可以参与到企业的真实运营环境中，实打实地让学生在实战中检验能力和水平，为产业学院的人才培养质量筑起坚实的堡垒。

二是推动实习就业一体化。在产业学院实行"工学交替、技能递进"式分阶段交替培养，帮助学生提高实践技能，帮助学生提前接触企业文化，帮助学生选择就业岗位。如浙旅院开元产业学院实施的"开元M36精英计划"，通过36个月的校企共管共育人才，完成学生从符合员工要求向符合酒店部门经理要求转变。在校企双方的有效衔接下，双方联合开发拥有自主知识产权的实训设施，学生每周走进酒店，利用节假日自主累积实践积分，通过积分考核保障其理论学习与实践训练融合，最终以"工

学交融"的产业学院育人模式，替代传统育人过程中的"见习—实训—实践"分段式工学交替学习法，为学生"毕业即经理"的精英化成长打开通道。

三是助力企业降本增收。通过产业学院的生产性实训，为企业降本增收，调动企业扩大生产性合作积极性。如阿里巴巴"飞猪"产业学院大大降低了企业自身培养人才的成本，提高了客户服务人员的整体素质和水平，实现企业无形收益向有形效益转化，该产业学院的商品交易总额年均超过 2 亿元人民币，客户服务满意度为 92%，处于阿里飞猪各客户服务中心的前 20%。文旅规划与设计产业学院每年策划举办浙江省大学生红色旅游创意策划大赛，不少创意转化为企业产品进入市场，降低企业的研发成本。

（三）推动资源导入，培育企业多元化投入产业学院

吸引企业多元化投入，重点吸引企业投入资金财力、设施设备和智力服务建设示范性产业学院，激发产业学院办学活力，增强可持续发展能力。

一是吸引企业投入资金财力。示范性产业学院合作各方经过至少三次校企合作交流会，精确对接企业需求，突出合作细节，明确合作双方各自的权责，协商明确科研成果转化、专利所属权、合作产出的经济价值等利益结合点的分配方案，推动建立紧密合作关系。每次资金预算都经过双方多轮共商，明确每笔费用的开支来源，做到预算精准，保障企业投入的每笔资金都"用在刀刃上"。

二是吸引企业投入设施设备。一类是企业转让设施设备的所有权，即由企业购买设施设备后捐赠给学校，设施设备的调试、维护也由企业负责。学校根据实际需求，进行设备的更新换代，后续费用"一事一议"，具体由双方协商确定。例如，2022 年，伊莱克斯（上海）商用机器有限责任公司将价值 13 万元的西式烹饪实训教学设备捐赠给餐饮数字化产业学院，用于优化产业学院的实训教学环节，学校定期向伊莱克斯（上海）商用机器有限责任公司出具使用报告，为企业提供新产品研发的参考数据。另一类是企业对部分会涉及商业机密的生产性设备只提供使用权，并负责设备折旧、升级等后续维护费用，如阿里巴巴集团连续多年提供三喜票务系统、会员权益及优惠系统、X-space 系统等实训软件给阿里巴巴"飞猪"产业学院使用，所有权归阿里巴巴集团。

三是吸引企业投入智力服务。产业学院推动建立人才共育、过程共管、成果共享、责任共担的紧密型产教融合命运共同体，推动合作企业智力服务投入。由企业人员负责全程指导师生使用生产性设备，校企共同开发高端认证证书及课程标准，共同

策划举办技能大赛，共同研发各项专利，共同开发课程资源和教材，共同开展横向课题研究及科研成果转化。产业学院企业师资进校教学产生的费用，由学校按照校内教师标准支付课时费，不足部分全部由企业承担。

二、凸显产业特性，培育特色化产业学院

特色化产业学院依托非"双高计划"专业群，重点突出非遗、县域服务和旅游商科特色，培育浙旅院雷迪森产业学院、悦旅产业学院、振石产业学院、文创设计产业学院、青田咖啡产业学院、开元森泊产业学院6家特色化产业学院，如表5-2所示。

表5-2 浙江旅游职业学院产业学院特色化产业学院培育名单

产业学院名称	合作企业（单位）名称	共建专业方向
浙旅院雷迪森产业学院	浙江雷迪森酒店集团有限公司	酒店管理与数字化运营
开元森泊产业学院	杭州开元森泊旅游投资有限公司	会计 人力资源管理 市场营销
文创设计产业学院	杭州云鼎文化创意有限公司	工艺美术品设计
悦旅产业学院	杭州华溥实业有限公司君悦酒店分公司 华润新鸿基房地产（杭州）有限公司柏悦酒店分公司 宁波市钱湖国际会议中心开发有限公司宁波博悦酒店 宁波合生名城房地产有限公司杭州湾新区酒店管理分公司 浙江雅达酒店投资管理有限公司乌镇阿丽拉酒店 宁波极富房地产开发有限公司滨湖半岛酒店分公司	酒店管理与数字化运营
振石产业学院	振石大酒店有限公司	酒店管理与数字化运营
青田咖啡产业学院	青田县文化和广电旅游体育局 青田县咖啡协会	酒店管理与数字化运营 西式烹饪工艺

（一）推动非遗传承，培育非遗特色产业学院

依托工艺美术品设计专业，与多次荣获中国工艺美术博览会、浙江省工艺美术博览会金、银奖的杭州云鼎文化创意有限公司合作培育非遗特色产业学院——文创设计产业学院，推动传承非遗技艺，弘扬非遗文化。

一是推动非遗传承。文创设计产业学院实训大楼设在全国职业院校传统技艺传承

示范基地、浙江省非物质文化遗产传承教学基地"和园"，营造浓郁的非遗氛围，推动环境育人。产业学院重点打造高水平师资队伍、提高学生培养质量，先后吸引国家级"非遗"龙泉青瓷代表性传承人徐朝兴、中国根艺美术大师高公博等成为产业学院兼职教师，在校内开设大师工作室，通过合作项目形式推动学生创作的非遗作品试水市场。

二是弘扬非遗文化。在校内，文创设计产业学院开展学生非遗作品展示节、校内师生非遗技艺体验节、学生毕业作品展等活动，吸引广大师生关注非遗工作，展示育人成效。在校外，文创设计产业学院瞄准产业链，紧跟产业集群融合发展的需要，将中国技艺、中国文化借助产业学院平台进行推广，积极推动传统工艺美术品以日用品的形式走进千家万户。

三是创新非遗设计。文创设计产业学院为校企深度合作提供了平台，联袂打造了针对区域旅游形象特征设计的品牌形象，着力打造城市礼品、地方伴手礼等文创IP，推动非遗产品走进生活，走入千家万户。

（二）服务县域发展，培育县域特色产业学院

聚焦县域人财物相对薄弱的现实状况，积极响应省委、省政府发出的高质量发展建设共同富裕示范区动员令，与县域有关方面合作培育县域特色产业学院，服务县域发展，拉动县域经济，助力"山区26县共同富裕""东西协作"。千岛湖国际酒店管理学院依托自身专业的国际化特点，与著名侨乡的青田县文化和广电旅游体育局、青田县咖啡协会共同培育国内首个咖啡产业学院——青田咖啡产业学院。

一是立足当地资源定方向。学校聚焦青田县320多家精品咖啡吧、每天1.5万多杯咖啡消费量、年人均咖啡消费量是全国平均水平9倍的产业市场，针对当地的咖啡人才较为紧缺、咖啡品质参差不齐、咖啡产业链发展还有进一步拓展的产业需求，依托千岛湖国际酒店管理学院酒店管理与数字化运营、西式烹饪工艺等中外合作办学专业资源，与青田县经过多轮研究，共同确定了服务咖啡产业发展，建立青田咖啡产业学院。

二是对接当地需求定标准。当地咖啡人才供给侧和产业需求侧在结构、质量、水平上尚未能实现高质量的匹配。青田咖啡产业学院在深入调研当地咖啡产业和企业需求的基础上，明确了以咖啡技能证书作为人才培养质量的重要衡量标准，强化了学生技能操作与经营管理能力。在有了证书标准的同时，该产业学院还重视经营人才的培养，以各类证书标准为引领，积极培育认知、操作、管理、经营、创业全过程覆盖的

咖啡人才。

三是整合当地资源强实战。产业学院积极整合当地资源，争取当地政府、企业每年为每位学生提供 4.5 千克咖啡豆的原料资源，由青田方面选派行业导师指导学生在千岛湖酒店管理学院湖畔青田咖啡馆自主创业；每月提供 10 千克咖啡豆赞助学生创业项目，并提供当地的全国咖啡豆一级代理渠道。学生则以自负盈亏的形式在校内运营，实现知行合一。

（三）支撑企业成长，培育旅游商科特色产业学院

聚焦旅游企业对财务、人力等商科岗位需求量不大但极为重要的情况，聚焦旅游企业对营销人才需求量增长较快的实际，积极培育旅游商科特色产业学院。工商管理学院与全产业链企业杭州开元森泊旅游投资有限公司共同培育了开元森泊产业学院。

首先是彰显财务特点。开元森泊产业学院依托国家示范性骨干重点建设专业、联合国世界旅游组织（UNWTO）旅游教育质量认证专业、浙江省高校"十三五"特色专业、教育部"1+X"证书制度试点专业——大数据与会计，校企联合建立开元财务总监菁鹰班，以财务专业人才培养为主，紧密合作共同探索"专业+旅游"的复合型人才培养模式，更贴合旅游企业发展需求。

其次是彰显旅游人力特点。开元森泊产业学院依托省内设立最早且唯一一个围绕旅游行业育人的人力资源管理专业，培养从事人才测评、人才开发、高级人才寻访（猎头）、人力资源业务合作伙伴（HRBP）、企业文化建设等人事或行政管理相关工作的旅游商科人才，与开元森泊酒店开展教学、科研、实习实训、社会实践、就业的一体化产教融合探索。

最后是彰显旅游营销特点。开元森泊产业学院依托营销与策划专业，扎实提升学生的人际交往和言语表达、随机应变等方面素养，打造具备基本营销能力又适合旅游企业特色的营销人才。开元森泊产业学院侧重把赛事作为旅游企业营销人才培养的重要载体，在实践中检验人才培养质量，反哺教育教学工作。如 2022 年与浙江省旅游产业产教融合联盟、长三角旅游职业教育联盟共同主办了"带你出道——全国大学生旅游营销大赛"，通过赛事帮助学生夯实技能，提升本领。

三、谋划创新出路，培育前沿型产业学院

坚持数字赋能，创新驱动，用数字化技术、数字化思维、数字化认知，对旅游业

进行全方位、系统性重塑，创新体制机制，推进旅游业从资源和要素驱动向创新驱动转变，瞄准数字化、国际化、双创型的产业学院培育定位，催生新产品、新业态、新服务，服务前沿需求，如表 5-3 所示。

表 5-3　浙江旅游职业学院产业学院前沿型产业学院培育名单

产业学院名称	合作企业（单位）名称	共建专业方向
麦扑产业学院	杭州麦扑文化创意有限公司	导游
必胜客产业学院	上海必胜客有限公司浙江分公司	烹饪工艺与营养 西式烹饪工艺 餐饮智能管理
"数字文旅出海"产业学院	杭州华智传媒有限公司 杭州领聚创海信息咨询有限公司	数字文旅出海
数字旅游创意产业学院	福建省文华贞观教育科技有限公司	产品设计专业（方向） 新媒体营销专业（方向）

（一）探索产业发展新实践，培育数字化产业学院

顺应现代旅游业发展的趋势，积极参与产业数字化、智能化建设，校企合作聚力推动产业数字化水平和效能，分别建立必胜客产业学院推动实体店数字化运营，建立餐饮数字化产业学院推动线上餐饮营销，建立麦扑产业学院推动导游导览数字化。特别是必胜客产业学院，为学校建设特色鲜明的数字化产业学院提供了宝贵思路和借鉴。与餐饮数字化产业学院仅服务企业某项工作内容不同，必胜客产业学院挖掘魔方城店地域优势，重点开展以下三项改革。

一是探索数字化餐饮课程改革。校企双方联合成立必胜客产业学院虚拟教研室，共同组建研发团队，开发数字化餐饮职业经理人可雇佣力培养课程，以职业能力为主线，突出工学结合、个性培养、独立创新、自主学习与团队学习相结合的课程特色，由企业文化基础模块、岗位基础模块、岗位实践模块和拓展模块四大模块组成（见表 5-4），重点培养学生的数字化、信息化能力。其中各模块均融入了数字化教学内容，涵盖企业信息化应用、生产、服务、门店管理等部分，提升学生的数字化实践技能学习。

表 5-4 数字化餐饮职业经理人可雇佣力培养课程模块

课程模块	课程类别	模块名称	学分	评价方式
企业文化基础		企业基础认知	5	实践考试
		企业文化学习	5	实践考试
专业课程	岗位基础模块	生产区介绍	5	企业考核
		服务区介绍	5	企业考核
		企业信息化应用	5	企业考核
	岗位实践模块	生产区操作	20	企业考核
		服务区操作	5	企业考核
		区域值班管理	40	企业考核
	拓展模块	数字化营销	5	企业考核
		门店标准化运营管理流程	5	企业考核
总学分			100	

二是探索实体店数字化运营改革。必胜客产业学院将萧山魔方城店作为门店运营管理的主要实践基地，引入企业员工标准、运营标准、雇主认证等，帮助学生快速掌握餐饮连锁企业运营所需的技能和经验，实现实战化教学育人。目前魔方城店80%的运营均由必胜客产业学院的学生和学校厨艺学院毕业生负责。

三是探索餐饮数字化营销改革。依托必胜客产业学院开展的"必胜客数字餐饮小白训练营"，组织学生参与到魔方城店的线上营销之中。通过定向培养的模式，"必胜客数字餐饮小白训练营"让学生有了直接参与门店线上宣传、营销及产品设计、出品等工作，在服务周围5所高校数万名学子的市场中赢得一席之地。

（二）探索文旅出海新模式，培育国际化产业学院

借力杭州数字经济高地的优势，推动文旅产业国际化发展，尤其是推动中国数字文旅IP出海，向世界传播中国声音、讲好中国故事。依托旅游外语学院英语、日语、韩语、西班牙语、俄语5个专业，与杭州华智传媒有限公司（国家短视频基地业态运营方）、杭州领聚创海信息咨询有限公司合作成立了数字文旅出海产业学院。

一是探索国际化文旅人才培养新路径。数字文旅出海产业学院立足旅游外语学院各语种专业，面向全校整合资源，推动专业教学体系的重构和优化，开展"语种＋专业"的人才培养工作。全力建强平台，创办了高校首家MCN机构，引入了三方协同运营的"数字文旅出海创新型人才孵化基地",形成数字文旅出海数据中心、研究中心、实训中心等多业态发展格局,并定期开展"数字文旅出海短视频直播营销"主题实训,为长三角中小型企业输送短视频直播运营等方面实习就业人才。

二是探索国际旅游人才培养新标准。数字文旅出海产业学院高度重视人才标准的设置,通过标准衡量人才,通过标准助力人才。产业学院从知识、能力、素质三个方面丰富国际旅游人才的定位内涵,重点对接谷歌数字营销师国际标准认证,帮助学生在3个月内掌握入门到进阶的数字营销基础技能,建立起学生对企业出海及全球化布局的全面认识。产业学院积极为学生提供营销岗位就业机会,并将有关标准要求分解到理论教学、项目实践和创新创业各个环节推进落实。

三是探索旅游对外传播新思路。数字文旅出海产业学院聚焦中国文化对外传播的实效性、针对性,依托旅游外语学院公众号开设"向世界微笑"专栏,组织师生用多国语言讲述中国共同富裕、乡村振兴、传统文化、当代青年等多个领域的"中国故事",用师生的视角选择主题,用师生的语言阐释内容,得到了外国友人的好评。

(三)探索创新创业新驱动,培育"双创型"产业学院

培养学生的创新创业意识和能力,推动旅游业供给侧结构性改革。以徐霞客创新创业学院为依托,培育目前唯一一个由公共教学部门培育的产业学院——数字旅游创意产业学院,满足全校各专业对创新创业教育的需求。

一是探索乡村振兴的双创培育新平台。数字旅游创意产业学院对接乡村旅游产业需求,积极发挥"政校行企协村"六方联动优势,村校协同,形成"乡村出卷—政府设问—高校答卷—企业提意—协会助力—乡村检验"的人才培养闭环,探索确立了"懂旅游、懂运营、懂数字""热爱乡村聚合力、美丽乡村创新力和数字乡村领导力"的乡村旅游运营人才培养目标,构建了"强基·创新·数智"实践课程体系。校企共同筹建围绕乡村文旅领域创新创业的人才培养平台,在校内建设由产创空间、文创空间、乡创空间组成的新型项目孵化平台——"徐霞客创客公园",整合全校专业资源开展乡村振兴的创新创业项目培育。同时数字旅游创意产业学院成立创新创业教研室,建立"创新创业教学工作坊",指导推动校内各二级学院成立专创融合工作室,形成"校级产业学院+二级工作室"的运作模式,更有利于乡村振兴项目的统筹落地。

二是探索以赛促育的人才培养新理念。数字旅游创意产业学院聚焦省部级以上双创赛事,组织校内"创在旅院"大学生创新创业大赛,努力发现好点子,培育好苗子,组建好团队,推动以赛促教、以赛促学、赛教融合。该产业学院共举办大赛集训

营 6 期，重点项目打磨 60 余次，并在 2021 年第七届中国国际"互联网＋"大学生创新创业大赛全国总决赛中斩获国赛铜奖，实现历史性突破。

三是探索校友参与的双创实践新机制。数字旅游创意产业学院积极挖掘宝贵的校友资源，成立了"创业校友俱乐部"，吸纳优秀校友成为产业学院双创育人的重要力量。同时针对校内有创新创业需求的同学开办"徐霞客创客班"，通过创客集市、一院一品、创旅沙龙等创新创业实践活动，以及邀请知名企业创始人兼职授课、开展讲座、指导实践等方式，打造创新创业实践活动品牌。

第三节　协同创新中心

协同创新中心作为搭建技术技能创新服务平台的重要举措，其功能在于引进外部资源、协调内部资源，以进一步提升学校技术技能创新服务能力。

一、完善制度，构建技术技能创新产教平台

2020 年，学校开始推动协同创新中心建设，同年 12 月举行了"双高计划"专业群协同创新中心授牌仪式，成立 4 个"双高计划"专业群协同创新中心，2022 年 4 月再成立 2 个校级协同创新中心，搭建整合内外资源、深化合作的协同创新平台。

（一）先行探索，搭建协同创新组织体系

学校协同创新平台组织体系主要分为三个层面：学校层面的浙江北大数字文化和旅游联合中心实验室、二级学院层面的校级协同创新中心和项目层面的校级研究所（见图 5-1）。

2020 年 6 月，学校与北大信息技术高等研究院合作成立浙江北大数字文化和旅游联合中心实验室（以下简称联合中心）。联合中心实行决策委员会领导下的主任负责制，在决策委员会领导下按照决策委员会章程管理运行。联合中心决策委员会成员共 5 个，北大信息技术高等研究院、浙江旅游职业学院、外部专家按照 2∶2∶1 的比例组成；决策委员会设联席理事长 2 名，由双方分别指定 1 名决策委员会成员出任。联合中心设主任 1 名，由北大信息技术高等研究院提名，经决策委员会讨论通过后聘任；联合中心设副主任 2 名，由双方分别提名，经决策委员会讨论通过后聘任，形成协同管理机制。

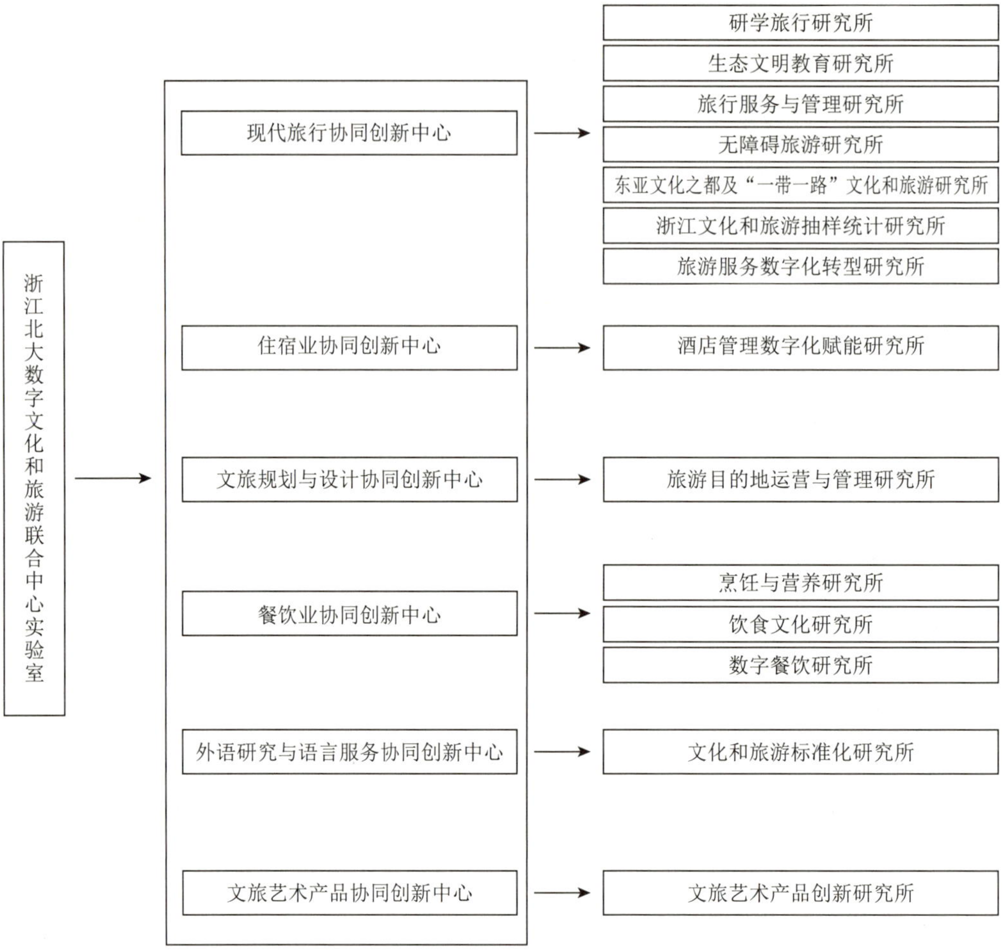

```
                                            ┌──────────────────────────┐
                                       ┌───▶│    研学旅行研究所         │
                                       │    ├──────────────────────────┤
                                       │    │    生态文明教育研究所     │
                                       │    ├──────────────────────────┤
                                       │    │    旅行服务与管理研究所   │
                  ┌──────────────────┐ │    ├──────────────────────────┤
                  │ 现代旅行协同创新 │─┤    │    无障碍旅游研究所      │
                  │     中心         │ │    ├──────────────────────────┤
                  └──────────────────┘ │    │ 东亚文化之都及"一带一路" │
                                       │    │ 文化和旅游研究所         │
                                       │    ├──────────────────────────┤
                                       │    │ 浙江文化和旅游抽样统计研究所 │
                                       │    ├──────────────────────────┤
                                       │    │ 旅游服务数字化转型研究所 │
                                       │    └──────────────────────────┘
```

图 5-1　浙江旅游职业学院协同创新组织体系架构

协同创新中心实行主任负责制。主任全面负责协同创新中心的运行管理，副主任协助主任负责协同创新中心的日常管理，秘书负责各单位部门的协调与联络等工作。各协同创新中心配备主任 1 名，根据工作需要配备副主任 1~2 名、秘书 1 名。人员由协同创新中心主任决定，报学校科研处备案，如表 5-5 所示。

表 5-5　校级协同创新中心汇总

序号	中心名称	应用研究方向
1	住宿业协同创新中心	酒店管理与数字化运营、产教融合
2	文旅规划与设计协同创新中心	研学旅行、生态文明、旅行服务与管理、无障碍旅游、东亚文化及"一带一路"旅行、文化和旅游抽样统计、旅游服务数字化等

续表

序号	中心名称	应用研究方向
3	文旅规划与设计协同创新中心	旅游目的地运营与管理、文旅创意与设计
4	餐饮业协同创新中心	烹饪科学与营养、烹饪（食品）工艺与技术、饮食文化、数字化餐饮、餐饮食品安全、餐饮教育、餐饮标准、饮食非遗
5	外语研究与语言服务协同创新中心	语言服务、旅游服务
6	文旅艺术产品协同创新中心	旅游文创、旅游演艺、非遗传承与创新

2021年7月，学校成立19个校级研究所，如表5-6所示，研究所实行所长负责制。所长负责制定本研究所的研究方向、研究规划和年度工作计划、年度经费预算及考核，指导本研究所的科学研究和技术服务工作，组织开展各项学术研究和社会服务活动。研究所由一定数量的专兼结合中青年业务骨干及必需的技术人员队伍组成，拥有高级职称或具有博士学位人员不少于3人，总人数不超过10人。

表5-6 校级研究所汇总

序号	校级研究所名称	研究方向
1	生态文明教育研究所	思政课堂、劳动教育、环境保护
2	研学旅行研究所	研学产业、研学教育
3	无障碍旅游研究所	无障碍旅游
4	东亚文化之都及"一带一路"文化和旅游研究所	国际文化传播和旅游推广
5	浙江文化和旅游抽样统计研究所	文化和旅游抽样统计
6	旅游服务数字化转型研究所	旅游管理
7	旅行服务与管理研究所	旅行行业发展及人才培养
8	酒店管理数字化赋能研究所	酒店业数字化转型期的运营管理
9	饮食文化研究所	饮食文化，烹饪理论等相关方向
10	数字餐饮研究所	餐饮数据研究分析
11	烹饪与营养研究所	烹饪与营养
12	旅游目的地运营与管理研究所	目的地运营与管理
13	文旅艺术产品创新研究所	旅游文创及演艺服务
14	乡村文化艺术研究所	乡村文化IP和文创研究、文化艺术节活动策划、地域文化研究、非遗文旅融合研究、乡村景观艺术与语言景观研究等

续表

序号	校级研究所名称	研究方向
15	浙江未来乡村创新创业研究所	乡村振兴与创新创业
16	文化和旅游标准化研究所	文化和旅游标准化
17	浙江数字文旅产业研究所	数字化文化旅游体育产业融合发展研究
18	浙江旅游业工匠精神研究所	行业＋专业＋劳动教育
19	产教融合协同育人研究所	产教融合、校企合作

（二）变中求新，优化协同创新运行模式

协同创新平台打通协同创新跨部门运行难题，构建协同创新多跨领域工作流程。其中联合中心主要负责推进校、政、行、企、协多方协作，引入校外资源，然后根据不同内容，分配给各大协同创新中心，协同创新中心主要负责协调校内资源，组织研究所推进具体项目执行。

联合中心是浙江旅游职业学院与北大信息技术高等研究院合作共建的非法人研究平台，围绕浙江省文化和旅游发展战略，推动浙江文化和旅游高质量发展。联合中心在双方各设一秘书处，北大信息技术高等研究院负责业务指导，浙江旅游职业学院负责保障支持和运行监督。联合中心主要负责争取外部资源，协调关系和监督管理，依托学校各类对外联络平台，汇聚社会多方资源，引入适合学校开展的各类项目，同时负责项目管理制度设计、项目内容审核、项目建设监督和验收审核等，以社会资源引入推动协同创新中心的发展，以协同创新中心发展引领学校创新能力的全面提升。

协同创新中心在联合中心统筹管理下，以二级学院为依托，与校外合作单位共同开展项目。不同协同创新中心根据自身不同研究方向，对学校已引入的项目进行分类，依照项目类型，将项目匹配给校内外专业团队，依托校级研究所，组建最优项目组。

研究所负责组建专业教师团队，鼓励和支持教师们发挥各自专长参与研究，对分配到的项目进行目标设定、人员安排、推进项目实施等，主要负责项目执行，根据区域经济、地方产业和学校发展，开展科技服务、地方合作、成果转化、学术研究和人才培养等。

（三）激发动力，完善协同创新管理制度

2020年，学校出台了《浙江旅游职业学院科研业绩量化标准及奖励实施办法》（浙旅院科研〔2020〕41号），将教师分为教学型教师、研究型教师和专职研究人员，

对于不同类型教师的科研进行分类管理，重点完善研究型教师和专职研究人员开展科学研究和社会服务的分类管理制度，为协同创新平台搭建专职教师研究队伍奠定制度基础。

2021年，学校修订了《浙江旅游职业学院科研成果等级认定管理办法》（浙旅院科研〔2021〕28号），将"领导批示"等有关社会服务成果列入奖励范围。同时，建立协同创新中心项目激励制度，《浙江旅游职业学院校级协同创新中心管理办法》（浙旅院科研〔2021〕64号）规定，对于所取得的横向课题实施优劳优酬，绩效支出安排与协同创新中心研究人员在项目中的工作实绩挂钩，调动教师参与协同创新社会服务活动的积极性。

2021年，学校陆续出台《浙江旅游职业学院校级研究所管理办法》（浙旅院科研〔2021〕12号）、《浙江旅游职业学院校级协同创新中心管理办法》（浙旅院科研〔2021〕64号），规定协同创新平台日常运作以项目为载体，以应用研究为导向。一是建立预算管理制度，运行经费纳入学校年度预算，各协同创新中心经批准后，学校予以项目启动经费，之后1~2年逐步趋于市场化运作，实现自给自足。协同创新中心工作经费由主任决定使用，所在二级学院负责监督。二是建立成果导向的考核制度，鼓励教师参与社会服务，打造协同创新品牌，促进科研成果转化。

二、引入资源，打造技术技能创新服务品牌

引入外部资源，发挥协同创新平台在人才培养、政策咨询和学术交流中的作用，积极打造文化和旅游行业协同创新服务品牌，培育行业精英服务政府决策，举办具有广泛影响力的高端峰会。

（一）借力项目，培育行业精英

学校贯彻落实《浙江省旅游业"微改造、精提升"五年行动计划（2021—2025）》文件精神，开展了"师生助力旅游业'微改造、精提升'"行动，其中现代旅行协同创新中心与文旅规划与设计协同创新中心组织根据内部职能定位，共组建128个师生工作团队分赴全省31试点县（市、区）业开展活动，其中学生参与人数超过500人次。

2021年，学校针对各市县"诗画浙江 百县千碗"经营人员组织开展"送教上门"服务，其中餐饮业协同创新中心承办浙江省技能人才评价管理服务中心"百县千碗"乡村美食与民宿产业发展高技能人才研修班，全年组织专业教师团队开展了3000多

人次的"诗画浙江·百县千碗"培训。

（二）政策咨询，服务政府战略

2020 年，文旅规划与设计协同创新中心协助浙江省文化和旅游厅出台《关于浙江省级文化生态保护区建设的意见》和《关于进一步加快激发文化和旅游消费潜力的实施意见》；2021 年，联合中心协助浙江省文化和旅游厅出台《浙江省文化和旅游科技创新示范项目实施方案》，为科技创新示范项目的组织申报、评审工作提供政策支持；住宿业协同创新中心的调研报告《推进长三角旅游市场和服务一体化建设》，获得副省级领导批示。

近两年，文旅规划与设计协同创新中心致力于服务地方文旅行业规划，开展应用研究和社会服务，从旅游目的地的发展规律、资源整合规划、品牌形象创建、文创产品创意与设计、市场管理及运营管理机制等方面进行研究和社会服务，提升旅游目的地在区域市场的竞争优势、确保旅游业的合理开发和可持续性发展、提高游客数量、塑造一个良好的充满活力的目的地形象。餐饮业协同创新中心，紧密围绕餐饮业发展的新理念、新技术、新政策等重大需求，以烹饪与营养、饮食文化及数字化餐饮三大研究所为依托，以烹饪科学与营养、烹饪（食品）工艺与技术、饮食文化等应用研究的协同创新为核心，融合烹饪（食品）科学、文化学、管理学等学科体系，充分发掘各协同单位的优势，促进产、学、研深度融合，实现优势互补，资源共享，人才汇聚，获得一批国内领先水平的餐饮业协同创新原创成果，成为餐饮业协同创新研究高地，如表 5-7 所示。

表 5-7　协同创新中心项目规划汇总

序号	项目名称
1	浙江省旅游风情小镇规划提升
2	湖州市南浔区省级全域旅游示范区创建系列服务
3	平湖市新仓镇创建省 4A 级景区镇系列服务
4	浙江音乐学院创建国家 4A 级旅游景区系列服务
5	平湖市新埭镇 4A 级景区镇创建系列服务
6	桐乡市全域旅游系统提升暨微改造精提升系列项目
7	王坛醉梅风情小镇创建专项规划及系列服务
8	杭州市淳安县姜家镇 5A 级景区镇创建

续表

序号	项目名称
9	东阳市 4A 级景区城创建
10	淳安县姜家镇山地探险运动休闲小镇总体规划
11	百县千碗美食示范街·兰溪江畔寻鲜美食街方案
12	"河坊街·浙味汇"美食产业总部综合体项目

现代旅行协同创新中心整合七个校级研究所及旅行服务与管理学院全部资源，力争横向项目，制定国家标准、主持省级标准。住宿业协同创新中心，围绕酒店新业态变化，制定国家（行业）标准、省级地方标准，如表 5-8 所示。

表 5-8 协同创新中心编制的行业标准汇总

序号	项目名称
1	海洋旅游安全规范
2	旅游导示标识系统建设指南
3	特色休闲示范点品质评定
4	玉环"百县千碗"美食标准
5	"诗画浙江·百县千碗"（永嘉）美食制作专项职业能力考核规范
6	国际中餐名店标准
7	《无障碍旅游服务机构评价规范旅行社》（T/CAS 556-2021）、《无障碍旅游服务机构评价规范饭店》（T/CAS 557-2021）、《旅游民宿无障碍环境建设指南》（T/CAS 669-2022）等国家团体标准
8	第 4 届亚残运会官方接待饭店遴选标准

（三）学术交流，举办高端峰会

联合中心成立以来，在举办高端峰会、促进学术交流方面发挥了重要作用。2020 年 11 月，联合中心举办了首届中国数字文旅产业创新高峰论坛，论坛现场围绕数字技术在文旅产业中的十大应用场景主题发布了各项研究成果，如表 5-9 所示。

表 5-9 数字技术在文旅产业中的十大应用场景汇总

序号	应用场景名称
1	大数据等技术在文物资源数字化上的应用
2	VR 等技术在数字内容场景化上的作用

续表

序号	应用场景名称
3	机器人等技术在景区导览中的应用
4	高清视觉技术在影院展示中的应用
5	现代声光技术在夜游体验中的应用
6	交互感应技术在沉浸式体验中的应用
7	情感识别技术在项目开发中的应用
8	AI 创作技术在纪念品创意中的应用
9	区块链等技术在"一机游"模式中的应用
10	分发算法技术在旅游宣传中的应用

举办了"旅游职业教育数字化转型"高峰论坛，探讨教育数字化转型背景下，旅游职业教育的挑战、机遇和发展方向。2021年11月，举办了"2021年数字文化和旅游产业发展学术研讨会"，会议引起了数字文化和旅游产业业界、学术界的广泛关注，共有130余位来自国家博物馆等的数字文旅从业者，以及来自英国伦敦大学、香港中文大学、澳门科技大学、中山大学、人民大学、浙江旅游职业学院等院校的师生报名，并与专家展开了交流互动。

三、探索路径，形成技术技能创新协同机制

经过多年实践，学校逐步形成技术技能创新机制，主要包括汇聚合力攻关重大科研项目、分类指导提升教师科研能力和校政合作打造订单式服务三个方面的"协同机制"。

（一）联动共促，打造联合攻关机制

学校通过组建联合中心，引进国内头部高校资源，整合北大信息技术高等研究院的学科优势和浙江旅游职业学院的行业经验优势，在重大项目的申报和实施过程中，打破原先单兵作战的模式，组建专兼结合、多学科的研究团队，共同开展重大项目攻关。

2020年，学校与北大信息技术高等研究院情感智能机器人实验室开展合作，双方合作完成2021年度浙江省文化和旅游厅重点项目——《智能机器人文旅场景应用

研究》。2021 年，学校与北京大学文化产业研究院共同组建项目组申报 2021 年度浙江省文化和旅游科技创新示范项目，最终获得立项。同时与北京大学校属企业合作，依托本校的行业优势和对方的技术优势，共同申报获得 3 项专利和 3 项计算机软件著作权。

（二）凝聚荟萃，构建学术交流机制

联合中心合理配置学术交流活动的各种资源。通过定期征求学校各部门、二级学院意见，将校内教师培训需求反馈给北大信息技术高等研究院，对方根据学校需求，定期安排相应专家来学校开设学术讲座。2020—2022 年，已有近 10 位北大教师开设专题讲座，与学校教师交流课题申报经验、探讨学术研究方向等。

同时，联合中心会定期邀请国内相关领域的知名专家为学校申报的重大项目、课题提供学术指导。如每年国家社科基金艺术学项目申报期间，联合中心会通过校外资源邀请各资深学者对本校的项目申报书进行多轮打磨，确保申报质量，并取得每年有收获的成绩。

另外，学校还与新疆理工学院、塔里木职业技术学院、青海柴达木职业技术学院、洞头区职业技术教育中心、浙江省开化县职业教育中心等多所院校签订战略合作协议，开展深度学术交流合作。

（三）精准配对，形成战略协同机制

学校与浙江省文化和旅游厅、省内各级地方政府及文旅部门通力合作，形成了紧密的战略协同机制。该机制主要包括两个方面：一是省文化和旅游厅根据浙江省文旅行业发展需要，向学校提出一些任务清单，诸如"百名教师送教下乡（企）"、"万村景区化"、文化和旅游资源普查等。二是各地方政府的任务清单。各地方政府或政府文旅部门通过与学校签订战略合作框架协议，建立双方合作关系，并根据实际提出需要学校服务的任务清单。到 2022 年，有各级政府和政府部门共计 68 家与学校签订了战略合作框架协议，其中地方政府 33 家、旅游部门 35 家，覆盖省内 10 个设区市、49 个县（市、区），还有 1 家省外合作单位。

学校根据文旅部门和各级政府的任务清单，安排各协同创新中心组建项目服务团队，开展有针对性的项目服务。近三年，学校完成了 306 项景区创建、全域规划、决策咨询、品牌认证等工作。主要如 2021 年全国文化和旅游资源普查试点省（浙江）工作，2022 年 6 月助力山区 26 县共同富裕行动等。其中，为了助力山区 26 县共同富裕，学校已与山区 26 县（市、区）签订《旅游助富框架协议》，组建专业教师团队，开展

人才培育、专业培训、资源整合、智库研究、社科服务等活动，在未来三年为山区 26 县提供不少于 100 项文旅融合发展方面的智力服务。

（牵头人：方敏　撰稿人：胡剑、王绍懿、汪汇、李宗宜）

第六章

DI LIU ZHANG

社会服务

SHEHUI FUWU

中国特色高水平高职学校建设"浙旅实践"

> 学校对标一流、瞄准先进，综合利用自身的学科优势、资源优势和对外交流优势，打造高端政府智库，构建全能行业智囊，建设优质学术高地，发展公益社会培训，为促进文化和旅游高质量发展提供积极有效的学术指导、智力支持和专业服务。通过拓宽社会服务领域、创新社会服务路径、提升社会服务能力，学校建立了综合、高效的社会服务体系，在社会服务领域做出了巨大贡献，赢得了广泛赞誉，连续6年荣登中国职业教育质量年度报告"服务贡献50强""服务贡献典型院校"榜单。

第一节 高端智库

学校呼应新时代对中国特色新型智库的迫切需求，打造文化和旅游发展领域的专业化创新型高端政府智库。学校智库在以整合资源为路径、提升综合实力的同时，积极拓展咨政建言的渠道，助力政府部门的科学决策，并且通过对浙江省文化和旅游领域的统计分析，持续为政府决策提供数据支撑。

一、整合资源，提升智库综合实力

学校遵循智库发展规律和智库运行特点，汇聚全校之力、发挥集约效应，设立了独立的智库实体机构——浙江省文化和旅游发展研究院，并在此基础上进一步完善智库管理制度，打造高端人才集聚高地，扩大智库合作互鉴交流，有效提升了智库的综合实力。

（一）建设多功能型综合智库，完善智库组织管理制度

学校智库为多功能型综合智库，拥有中国旅游研究院旅游标准化研究基地、长三角文旅一体化发展研究基地、浙江省文化和旅游智库、浙江省乡村振兴与乡村旅游应用技术协同创新中心、浙江省文化和旅游标准化技术委员会、浙江省数字研学旅行发展中心、浙江省文化标识建设研究基地等多个省部级研究平台，下设发展战略与理论

研究中心、文化和旅游产业发展研究中心、文化和旅游公共服务研究中心、文化和艺术发展研究中心等研究机构。

围绕打造全省文化事业、文化产业和旅游业发展的"思想库""智囊团""资源库"的工作目标，学校设置了智库工作的具体流程，即定期召开智库专家会议，从省委省政府、省文旅厅的重点工作中选出年度重点调研课题，对接落实各课题的主持人，由课题主持人组建研究团队并报智库秘书处；召开重点调研课题座谈会，讨论调研课题的基本情况及拟订分解方案，各课题组承担人作交流发言；根据智库专家的研究所长及各课题组主持人意见，将智库专家安排到各课题组指导参与课题，推动形成重点调研报告。通过专门流程的设置与运转，学校充分调动了研究人员参与咨政建言工作的积极性，强化了研究信息与成果的共享，及时就我省文化和旅游发展中的热点、难点问题提供了决策咨询和参考。

（二）依托内引内培与开门办院，打造高端人才集聚高地

通过内引内培和开门办院，建设具有较高专业素养的研究人员和管理队伍，打造高端人才集聚高地，提升智库研究实力。对内，学校进一步加强高层次人才引进，重点引进专业技术应用领域高水平的领军人才、带头人，行业和产业界具有相当影响的技术大师、工艺大师等拔尖人才和海内外高水平大学的博士，努力实现"双高计划"建设专业群省级人才全覆盖。其中，学校的独立智库实体机构已引进学术领军知名教授1名，高层次人才5名（其中博士4名、副教授1名），行业紧缺人才1名。学校还推出了"教授工程""博士工程""名师培养工程""双师素质提升工程""国际化师资培养工程"等项目，提升现有人才队伍的专业素养，并着力培育科研攻关团队，增强承担理论研究、政策服务、决策咨询及咨政建言的能力。对外，学校坚持开门办院，柔性引智，吸引浙江省政府咨询委员会学术委副主任、中山大学旅游学院教授、教育部长江学者特聘教授，浙江省社会科学院副院长，浙江大学社会科学研究院常务副院长，开元旅业集团创始人，乌镇旅游股份有限公司总裁，浙江省旅游集团公司党委书记、董事长，浙江大丰实业股份有限公司董事长等47位省内外文化艺术和旅游学界的专家学者、知名企业家担任智库专家。

（三）积极开展各类活动，扩大智库合作互鉴交流

学校智库积极主办或承办各种类型学术论坛、研讨会、高峰论坛等，推进与其他智库之间的合作互鉴交流，有效扩大了自身的影响力。作为省"一带一路"智库联盟单位，学校积极参加"一带一路"建设大会和智库论坛，援助新疆阿克苏地区、青海

海西州，主办"智汇新和——文化和旅游发展"论坛等相关学术论坛两次，出席全国性论坛并作主旨发言。作为浙江省内唯一一个聚焦文化建设领域的智库联盟——"文化浙江"智库联盟的智库单位，学校参加"新时代浙江文化高地建设与传播研讨会"暨新时代文化浙江建设研究智库联盟启动仪式。学校每年主办浙江文旅大讲坛，内容涵盖文化和旅游各个方面，如《大数据时代 5G 与文旅融合发展》《IP 引领文旅创新发展》《昆曲等你 600 年》等，还承办了第十四届中国国际网络文化博览会数字文旅促进共同富裕分论坛、全国体育旅游产业发展高峰论坛等活动。

二、拓展渠道，助力政府科学决策

学校拓展咨政建言的多重渠道，积极承担重大委托课题调研任务，充分利用媒体平台发声，提高研究成果的能见度，呼应国家战略、策应浙江省发展战略的政府智库功用得到进一步显现。

（一）创办智库自有内参刊物，凸显政府智库功能

以浙江省文化和旅游发展研究院为平台，创办自有内参《浙江省文化和旅游发展研究院简报》（2020—2021 年）、《浙江省文化和旅游智库专报》（2022 年至今），并以此为主渠道向省级政府部门呈送浙江省文化和旅游发展领域的咨政要报。截至目前，已经编印报送内参 10 期，刊载的数篇咨政要报成功获得省领导的批示。如 2021 年第 3 期《浙江省文化和旅游发展研究院简报》刊载的《激发文旅活力 助力乡村振兴》，获省政协副主席孙景淼批示。

依托公开学术刊物《文化艺术研究》和省文化和旅游厅机关刊物《浙江文化和旅游》的选题策划、组稿发稿，积极发挥政府智库功能，先后刊用了《公共文化服务和旅游融合发展的实践探索和路径思考》《特大疫情防控中信息治理的观念重构与行动选择——一个基于"文化治理"视域的分析框架》等文章，在推动新时代文化和旅游治理的学术探索方面做出了诸多贡献。

（二）畅通校外智库内参渠道，增强咨政建言实效

畅通《文化和旅游部〈智库要报〉》《浙江省文史研究馆馆员建言》《浙江政协信息》《教育参阅》《城市治理决策参阅》《咨询研究》等校外智库内参渠道，鼓励学校智库专家积极报送咨政建言，扩大政府智库功能。学校智库撰写的《关于编制我省"十四五"文旅发展规划的几点建议》《关于加快打造我省新时代思想理论高地的

建议》，获得时任省委书记袁家军批示。学校智库通过省咨询委《咨询研究》上报的《优化乡村旅游运营管理　推进乡村产业现代化》，获时任省长郑栅洁、副省长成岳冲批示。

学校智库专家还通过《浙江日报》《光明日报》等重要报纸理论版，智库门户网站人民论坛网等媒体平台，公开发表对于文化和旅游领域热点问题的政策主张，在《浙江日报》理论周刊发布《以文旅融合彰显诗画浙江之美》，在《中国文化报》理论评论版发表《文旅融合之我见》，在国家智库门户网站——人民论坛网发布《新冠肺炎疫情下文旅行业怎么办》等文章，对政府有关部门的决策制定也产生了积极的影响。

（三）承担省级部门委托课题，提供政府决策参考

主动与省级政府部门对接，承担委托研究课题，并将研究成果报相关领导决策参考。2020年接受省文化和旅游厅委托，承担浙江省"十四五"文旅重大发展改革课题研究，撰写并提交了《浙江旅游发展代表性模式研究》《全面总结提炼2004年以来浙江省旅游业发展主要做法、成就、优势与经验》《文化和旅游"十四五"发展规划编制思路和建议》《"十四五"及远景文旅发展规划需谋划的重大问题思考》等系列文章，完成了《关于推进文化和旅游高质量融合发展的实施意见（征求意见稿）》的起草，得到了厅领导的高度肯定。2021年高质量完成省政协委托的《长三角地区政协2021年开展"长三角旅游市场和服务一体化推进落实情况"联动民主监督（浙江）分报告》，获得省政府成岳冲副省长和省政协张泽熙副主席的肯定批示；《关于杭黄世界级文化旅游廊道建设推进情况调研报告》获副省长成岳冲、省政协副主席张泽熙批示；《共建五张网　畅游长三角——关于推进长三角旅游公共服务体系建设》的调研报告获省政协副主席张泽熙批示；完成长三角执委会委托的《长三角生态绿色一体化发展示范区江南水乡古镇生态文化旅游圈建设三年行动计划》《长三角生态绿色一体化发展示范区江南水乡古镇保护研究》，受到长三角执委会的好评。

三、强化统计，提供多元数据支撑

学校下设的浙江省文化和旅游统计数据中心，通过积极修改完善数据统计分析的工作机制，向政府有关部门提供了更加及时、更加多元、更高质量的行业数据，为文化和旅游领域政策决策的制定提供了有益的科学参考。

（一）构建文旅统计工作体系，精进数据统计工作流程

浙江省文化和旅游统计数据中心（以下简称统计中心）是国内首家专门技术机构，负责承担全省文化和旅游统计八大任务，包括全省文化和旅游常规统计、旅游产业统计、旅游企业景气监测与预警、统计数据分析、统计改革研究、大数据监测、统计资料编纂及培训指导地方旅游统计工作，目前已经形成了"数出一门"的工作体系，落实了数据质量评估机制，建设了统一标准的数据库，并建立了数据质量标准体系。

在旅游数据统计方面，通过技术手段健全乡村旅游统计原始记录和统计台账，强化乡村旅游统计源头数据质量管控，加强统计数据全流程管理；开展全域旅游产业测算，配合省统计局完成 11 市、淳安等 26 县、第一批和第三批全域旅游示范县复核、创建测算；修订《浙江省文化和旅游统计调查制度》，规范省、市、县三级国内旅游接待测算方法。在文化数据统计方面，根据文化和旅游部《全国文化文物和旅游统计制度》，完成《浙江省文化和旅游统计调查制度》修订工作，建立健全了文化产业重点行业统计体系，按季度撰写浙江省文化事业和产业运行数据简报，组织实施文化及相关特色产业重点企业景气监测。在文旅融合数据统计方面，研讨文旅融合发展评价指标体系，完成全省和各设区市文化和旅游融合发展综合评价指数测算和《浙江省文化和旅游产业融合发展评价研究报告》。

（二）开展数据技术创新实验，初步建立应用数据模型

2020 年初，统计中心联合中国移动浙江公司开展旅游统计大数据实验，基于手机信令大数据，构建游客识别模型，尝试以大数据、云计算和抽样调查相结合，创新统计数据制度方法、生产模式和工作流程。目前核心技术已应用于各个假日客流量监测和旅游消费短信调查。获得的知识产权有：发明专利证书 1 项（一种基于手机信令大数据的旅游行为识别方法）、软件著作权 2 项（文旅数智通旅游监测系统、文旅数智通调查系统）。2021 年，统计中心成功通过各个假日客流量统计和旅游消费短信调查，完成了假日旅游监测报告。此外，继续在全省范围内开展大数据旅游统计应用试点工作，初步建立了乡村旅游、红色旅游、海洋旅游等业态客流监测模型。

（三）丰富统计分析产品体系，提供文旅发展数据支持

统计中心目前已形成系列文化和旅游统计产品，包括《旅游业数据要情》《旅游企业预订指数简报》《旅游大数据监测报告》《文化事业和产业运行数据简报》《旅游统计数据分析报告》《文化和旅游发展报告》等分析报告和《文化和旅游统计手册》

《文化文物和旅游统计年鉴》《文化和旅游统计手册》等数据资料，涵盖假日、月度、季度、年度分析等多种类型（见表6-1），为政府有关部门对文化和旅游发展的监测与预判提供了全面的数据依据。

表 6-1 文化和旅游统计数据中心统计产品

序号	类别	内容	频率
1	数据资料	《浙江文化和旅游统计手册》	年度
2	数据资料	《浙江省文化文物统计年鉴》	年度
3	数据资料	《浙江省旅游业数据要情》	月度
4	数据资料	《浙江文化和旅游统计便览》	年度
5	分析报告	《浙江省文化事业和产业运行数据简报》	季度
6	分析报告	《浙江文化和旅游发展报告》	年度
7	分析报告	《浙江省旅游统计数据分析》	季度
8	分析报告	《浙江省旅游业景气监测简报》	季度
9	分析报告	《假日旅游企业预订指数简报》	国庆节/春节
10	分析报告	《浙江省假日旅游监测报告》	法定节假日

在提供常规统计产品的基础之上，统计数据中心还深度挖掘数据资源承载的信息要义，围绕文化和旅游治理的迫切需求开展专题研究，撰写了《浙江省全域旅游产业测算分析》《浙江省农村居民旅游收入调查研究报告》等研究报告，先后获得文化和旅游部优秀研究成果奖。其中，《浙江省农村居民旅游收入调查研究报告》，通过调查数据分析，客观反映了乡村旅游对农村居民可支配收入的贡献，切实体现了在乡村振兴背景下农村居民在乡村旅游发展中的主体作用。

第二节 行业智囊

学校坚持以高质量为要求，努力承担起行业发展研究的"导师"责任，以标准研制引领行业健康发展，以整体规划推动区域差异发展，以项目服务助力企业智慧发展。通过长期深耕与实践，学校已成为备受信赖的全能行业智囊，在浙江省乃至全国范围内均赢得了一定的知名度和美誉度。

一、研制标准，引领行业健康发展

学校将标准研制作为行业智囊建设的重要组成部分，下设浙江省文化和旅游标准化技术委员会秘书处，紧扣文化和旅游高质量发展的现实需求，全力推动文化和旅游标准体系构建，有效引领了文化和旅游领域细分行业的健康发展。

（一）实行常态化管理制度，健全标准工作管理规范

持续加大对浙江省文化和旅游标准化技术委员会秘书处的人力、物力投入，充分保障全省文化和旅游标准研制工作的有序推进。秘书处实行"季度例会＋月度简讯＋日常微信"的常态化管理制度，即每季度至少召开一次工作例会，由全体人员参加进行阶段性工作小结汇报，检查并部署下阶段工作；每月以简讯形式向全体委员通报标技委工作进展；每天通过微信工作群发布标准化工作信息，加强委员之间沟通和交流。

在健全标准工作管理机制方面进行了多重探索。首先，出台了《文化和旅游省级地方标准内部审查制度（试行）》，通过导入全生命周期管理理念，进一步完善了标准制修订程序和技术审查要求。其次，推行了项目负责制，通过组建委员团队为标准起草单位提供一对一技术辅导，有效提升了演出经纪机构、品质旅行社、公共图书馆等省级地方标准的立项成功率和编写质量。最后，整合了多方资源，通过统筹中国旅游研究院旅游标准化研究基地、旅游国际标准化专委会、校级文化和旅游标准化研究所等平台的资源，引育标准化人才开展高级别标准研制和高水平项目研究，取得了系列标志性成果，如成功申请成为ITU-T成员等。

（二）提升标准制（修）订质量，推进文旅产业高质量发展

紧扣文化和旅游高质量发展的现实需求，全力提升文化和旅游领域细分行业的标准制定修订质量，有力推进相关行业高质量发展。其中，国家标准方面，学校主导制定了《旅游民宿的基本要求与等级划分》等标准，通过引导民宿经营者为消费者提供绿色、优质、安全的服务，有力地促进了民宿新业态的规范化发展；牵头起草国家团体标准《无障碍旅游服务机构评价规范 旅行社》（T/CAS 556—2021）、《无障碍旅游服务机构评价规范 饭店》（T/CAS 557—2021）和《旅游民宿无障碍环境建设指南》（T/CAS 669—2022），关注特殊人群的旅游体验，为老年人及残障人士等特殊人群提供无障碍旅游服务的服务提供者。省级地方标准方面，学校指导并推进了《文化志

愿者管理与服务规范》《公共美术馆数字化服务和管理规范》《品质旅行社评价规范》《景区数字化服务规范》等标准的制定，从诸多维度促进了浙江省文化和旅游服务质量的提升。国际标准方面，学校成立了专门的国际标准化专业研究团队，努力突破由外国主导起草旅游国际标准的局面，为旅游国际标准注入中国元素。2021年11月，学校代表中国提出的《旅游及其相关服务——线上线下旅游咨询服务与要求》(ISO 14785）国际标准提案，经国际标准化组织（ISO）确认通过正式立项。该标准旨在引导全球各类旅游咨询服务中心充分运用数字技术，通过邮件、电话、第三方社交媒体、触摸屏等途径，提供准确、安全的线上线下旅游服务信息咨询，消除国际旅游信息咨询障碍，促进后疫情时代旅游业的可持续发展。

（三）开展线上线下专题活动，加强标准宣贯推广实施

积极组织开展相关国家标准、行业标准和地方标准的宣贯实施、技术咨询、绩效评估等服务，不断提高公众对行业标准的认知，促进行业标准的推广和实施。线下方面，学校开展了《高水平开启文旅标准化发展新征程》《文化和旅游标准化实践》《文化和旅游标准化体系构建与创新》《国际标准技术工作程序》等专题讲座，并点对点指导推进了"杭州西湖景区无障碍旅游服务""浙江音乐学院智慧琴房"全国级服务业标准化试点项目推进。线上方面，学校以在线课程的方式完成了对《旅游饭店星级的划分与评定》《旅游餐馆设施与服务等级划分》《城市书房服务规范》《公共美术馆数字化服务与管理规范》《博物馆教育服务规范》《品质旅行社评价规范》等标准的解读，以在线讲座的方式完成了对《标准化法》《浙江省标准化条例》《旅游区（点）质量等级的划分与评定》《文化和旅游省级地方标准内部审查制度》等标准相关工作法律、制度的推广。学校线上线下的标准宣贯，有力地提高了文化和旅游行业对业界标准的认识，更进一步推广了文化和旅游行业标准的贯彻实施。

二、制定规划，推动区域个性发展

学校充分发挥专业、技术、人才、平台等综合资源优势，通过建立校地战略合作、挖掘区域特色资源、制定区域文旅规划等多措并举，推动浙江更高水平区域协同发展。

（一）建立校地战略，助力山区26县共同富裕

助力浙江省高质量发展建设共同富裕示范区，助推山区26县文化和旅游高质量

发展。2022 年 6 月，学校对原有校地战略合作机制进行了全新的迭代升级，正式启动了助力山区 26 县共同富裕工作，制定了"11519"目标任务，即成立 1 个"山区 26 县共同富裕学院"、重点开展 100 项精准服务、实施 500 名教师助力计划、落实 1000 人次乡村管理培训、完成 9000 人次专业培训。学校组建了由校党委书记、校长任组长，学校相关党政领导任副组长的助力山区 26 县共同富裕工作领导小组，主要负责顶层设计和统筹协调；整合学校现有平台资源，在全省范围内率先成立了"山区 26 县共同富裕学院"，并在山区 26 县分别设立了共同富裕服务站，主要用于日常工作联系、项目需求反馈、合作事宜洽谈等。在共同富裕学院的总指挥下，学校创造性地推出了教授专家服务团，高起点、高标准、高质量指导区域发展，具体操作模式为：由学校 9 位党政领导任教授专家团团长组建 9 支服务团队，每个团队配备数名教授专家、行业能手，每个团牵头助力 2~3 个山区县。9 支专家团深入发展一线，问诊把脉地方文旅发展，形成 26 县文旅发展报告并反馈各地。2023 年，学校职教助力模式赋能山区 26 县共同富裕案例，入选第三批浙江省文化和旅游促进共同富裕最佳案例。学校坚持扎根浙江、面向基层，与东阳市、义乌市、开化县、青田县、松阳县、泰顺县、淳安县等地政府签订了长期战略合作协议，积极为这些地方政府决策提供科学、专业的政策建议。

（二）挖掘区域特色资源，助推地方文旅产业发展

通过对区域特色文旅资源的挖掘与利用，有效助推地方文旅产业发展。2021 年，学校启动了面向全省的文化和旅游资源普查工作，组成项目团队前往温州市、丽水市、金华市、台州市、绍兴市等地市，以及部分县（市、区）进行实地督查与指导。项目团队前往舟山市、绍兴市、嘉兴市、湖州市等 10 个地级市开展《浙江省文化和旅游资源分类、调查与评价》《浙江省文化和旅游资源普查工作操作手册》《浙江省文化和旅游资源普查工作技术规程》《浙江省文化和旅游资源数据库平台》等全员培训，累计培训超 2000 人次。2021 年，学校深度参与全省文化基因解码工程，举办了全省"文化基因解码工程"暨浙江文化标识建设工作推进会及全省"文化基因解码工程"中期成果展，并组织专家团队具体指导重点县区的基因解码工作。通过推进文化和旅游资源普查工作、文化基因解码工作，学校成功助力全省各地精准深入地掌握了自身的资源优势和基因特质，也为各个区域个性化发展目标的确立提供了参考依据。2022 年，学校主导制定《百县千碗》评价认定规范》，为全省"百县千碗"工程持续深入推进提供了标准指引，对更好地打造展示区域美食文化、塑造区域旅游品牌提供了智

慧引导。

（三）研判文旅发展趋势，制定区域文旅规划

学校下设的浙江省旅游发展研究中心有限公司积极参与市场竞争，面向文化和旅游领域的企事业单位开展技术服务，日渐成长为信赖度颇高的行业智囊。凭借对文化和旅游发展趋势的前瞻预判，学校依据地方需求和发展特点量身定制浙江各县市区的"文化和旅游'十四五'发展规划"、"文化产业'十四五'规划"、全域旅游发展规划等规划，有力助推浙江各地文化和旅游的高质量发展。如学校为丽水市遂昌县编制的"文化产业'十四五'规划"，以"中外戏剧文化交流研学样板地、浙西南红绿融合创新发展示范区、山区县数字文化产业发展先行区"为总体定位，提出构建"一核、两翼、两带"的空间布局，重点推动数字科创文化产业、汤显祖文化产业、红绿融合产业、非遗传统文化产业、创意智造产业、音旅文化产业六大文化产业的发展，为遂昌县文化产业的高质量发展提供了科学的顶层指导。再如学校为湖州市南浔区制订的全域旅游发展规划，跳出传统旅游谋划现代旅游、跳出小旅游谋划大旅游，明确了南浔区"旅游空间全区域、旅游产业全领域、旅游受众全民化"的发展目标，提出了全方位、系统性保障南浔推进主客共享的全域旅游网络的路径。此外，学校还走出浙江，积极参与援疆、援青建设，通过制定不同区域的文化和旅游发展规划，服务新疆阿克苏地区新和县、青海省海西州文旅高质量发展。

三、强化指导，助力企业智慧发展

学校依靠文旅企业和文旅项目微观运营的丰富经验，积极承接相关技术服务工作。仅2019—2021年，学校就承接了行业委托项目306项，合同总金额近9247.19万元，服务范围涵盖浙江、江苏、安徽、山东、陕西、青海、海南等国内多个省份。

（一）强化企业服务质量，深化文旅企业发展研究

通过撰写课题研究报告等方式，加强对文旅企业发展的指导。2020年，学校为促进缙云低空空域旅游开发，编制了专项课题研究报告，提出利用缙云县交通区位、经济状况、地形地貌、风景形态、文化传统等资源特点，坚持国际化、品牌化发展方向和市场化、专业化运作思路，以低空空域旅游产品项目为重要抓手，以低空飞行专项服务设施为配套，搭建缙云空中5分钟交通网络圈，积极融入浙江省1小时交通圈，总体形成"1+5+14+N"的低空空域旅游格局，即1个通航机场、5个飞行基地、14

个起降点、N条低空空域旅游精品路线。该报告获得了委托单位的高度认可，并在评审中全票通过。

学校通过编制规划等方式参与对文旅企业发展的指导，推动文旅企业锚定发展方向、提升服务品质。如2021年，学校为常山县编制了《常山·黄塘国家油茶公园旅游发展总体规划》，提出"将黄塘国家油茶公园核心区打造成为集旅游休闲、文化体验、产业集聚、生态宜居为一体的国家4A级旅游景区、省级旅游风情小镇、长三角地区重要的生态旅游休闲基地、全国知名油茶产业文化体验基地和文旅融合发展示范基地"的总体目标。该规划对黄塘国家油茶公园的优势、短板进行了详细的分析，为公园的经营单位提供了可操作性较强的发展举措。

（二）参与企业科学决策，引领文旅企业健康发展

以咨询服务等形式，直接参与到文旅企业的科学决策中。如学校与杭州黄龙饭店有限公司签订了技能大师工作室厨房经营管理咨询服务合同，协助企业提高经营管理水平以更好地应对市场的激烈竞争，有力地助推企业更加规范、科学、健康的发展。学校为千岛湖洲际度假酒店撰写了服务质量调研报告，精准分析了酒店在基础设施、配套服务、程序操作、沟通交流等方面存在的问题，提出了完善服务质量激励制度、强化员工科学管理、加强设施质量管理等具体举措，为该企业的发展注入了新鲜活力。又如学校受长三角发展研究院委托，先后赴东阳、无锡、上海等地对影视拍摄基地进行调查研究，在此基础上了完成了《长三角影视产业和文旅融合发展调研报告》，为长三角各大影视拍摄基地提出了基于自身地缘优势和产业优势的差异化发展策略。

（三）指导文旅企业品牌创建，提升企业综合实力

紧紧围绕文化和旅游发展中心工作要求，参与"百千万""百县千碗"等工程及A级旅游景区等各类品牌创建指导。如学校从2021年开始在暑期组织开展师生助力旅游业"微改造、精提升"行动，由2名老师和3~5名学生组成团队服务各县（市、区），根据"五精"工程要求提供发现问题清单和解决问题方案，助力各地重要文旅企业提升服务品质、强化品牌创建。再如学校在A级景区创建指导方面长期深耕、成绩丰硕，为龙游石窟——红木小镇、衢州南孔古城、古堰画乡、中华孝德园、台州市绿心飞龙湖等项目创建国家5A级旅游景区提供过专题调研、资源评估、规划设计等服务，为柯桥安昌古镇、浦江神丽峡、嘉兴银杏天鹅湖、富阳黄公望隐居地、新昌七磐仙谷、龙游龙和渔业园、缙云河阳古民居、常山三衢石林、梅渚古村、浦江嵩溪古

村等项目创建国家 4A 级旅游景区，提供景观质量评估、规划设计等服务。学校通过指导 A 级景区品牌创建，成功提升了相关景区的综合实力、服务质量和影响半径，进而使得相关景区企业迈出了繁荣发展的关键步伐。

第三节　学术高地

学校抓好深化新时代旅院学术高地建设的总体设计和落实落地，以路径优化、高质量发展主线，以制度构建高效能治理框架，以实践引领高水平研究学术阵地，坚持创新引领，建设具有旅院实际的学术高地。

一、优化路径，筑牢高质量发展主线

学校以高质量学术成果为目的，优化路径，依托专项经费设置培育项目，加强学术研究队伍建设，强化模块化协同思维，增强队伍的创新认知和专业技能，优化学术成果过程性评价和综合性评价模式，注重文化和旅游的行业特征，筑造以高质量教科研成果为创新的发展主线。

（一）质量优先，斩获标志性科研成果

近年来，学校教职工教科研成果的数量和质量继续攀升，整体效能不断优化，实现了重大标志性成果历史性突破。2022 年，学校实现连续第 4 年获得国家社科基金项目，其中"双高计划"专业群教师主持的课题为 2022 年全国高职学校唯一立项单位。

4 年内，学校成功立项国家社科基金艺术学项目 7 项，其中重点项目 1 项——《浙江当代戏曲史》，一般项目 6 项，分别为《信息技术和人文智慧整合背景下的旅游治理体系现代化建设研究》《高质量发展视角下中国数字文化创意产业政策模型构建与实证研究》《红色旅游与公众国家认同的文化逻辑及其建构策略研究》《线上线下融合的乡村文化旅游模式及实现路径研究》《文化记忆视野下的乡村旅游历史人类学意义及第三水平文旅融合理论研究》《文旅融合背景下职业教育产教融合的旅游人才培养路径与措施》。在国家社科基金艺术学项目排行榜（2013—2022）上，与众多高水平本科院校同台竞争，荣获全国高校第 88 名，与复旦大学同列，如图 6-1 所示。

排名	立项单位	重大	重点	一般	青年	西部	合计
1	中国艺术研究院	5	7	32	15		59
2	中国传媒大学	5	3	31	11		50
3	南京艺术学院	7	3	29	4		43
4	中国美术学院	6	3	24	4		37
5	上海戏剧学院		9	19	2		30
5	清华大学	2	3	22	3		30
7	苏州大学	3	1	20	2		26
8	中央美术学院	4	2	10	9		25
8	上海大学	2	4	18	1		25
10	东南大学	4	3	13	3		23
88	复旦大学	1		2	3		6
88	国家艺术基金管理中心	1		2	3		6
88	浙江旅游职业学院			1	5		6

图6-1 国家社科基金艺术学立项项目排行榜（2013—2022）（部分）

2022年下半年，学校联合4家单位牵头主持项目《优秀文化沉浸式实景展演服务关键技术研究与应用》，获2023年度浙江省"尖兵""领雁"研发攻关计划项目立项。浙江省"尖兵""领雁"研发攻关计划项目聚焦三大科创高地建设，围绕云计算与未来网络等15大战略领域，根据战略需求、规划需求、市场需求三类需求，经广泛公开征集和组织多次论证，提炼形成榜单，鼓励产学研联合协作，最后全网公开进行竞争性申报。本次项目通过受理申报、通讯初评、会议评审、网上公示等程序，最后经浙江省科技厅批准发布立项名单，全省共立项508项，其中"领雁"项目295项，每项资助金额为250万元，立项率约5%。学校是该领域全省人文社科高职学校唯一立项单位。

同时，学校还获得教育部、民政部、文化和旅游部等国家部委课题19项，在全国旅游高等职业学校中处于第一方阵。

（二）成果导向，建立精准化培育机制

学校以标志性成果为导向，依托专项经费设置专项培育项目，建立精准化培育机制。专项培育校级重点项目申报国家级项目，选派40周岁以下青年教师和中年教师参加科研能力提升培训，设立校级优秀科研成果后期资助项目，激发青年教师的科研热情；实施校级青年科研领军人物培养计划，提升学校青年教师的科研水平；遴选国家级项目、教育部科研专项和省部级重大专项孵化项目；文化和旅游研究基地动态调整，优胜劣汰；成立浙江旅游职业学院校级专项研究项目；建立"一对一"或"一对二"科研导师和助理团队项目，充分发挥优秀科研骨干"传帮带"的作用，营造良好的科研氛围，培育一批科研后备人才和高水平创新团队，提升整个教师队伍的科研能力并反哺教学与社会服务工作。

在此培育机制下，2022年，全校教职工在公开期刊发表论文400余篇，其中在旅游类国际顶级期刊 Journal of Sustainable Tourism 连发3篇论文。其余一级及权威刊物发文达到39篇，学术专著5部，编著13本，科研综合业绩实现质量与数量并举。

（三）项目载体，组建高水平攻关团队

标志性成果的取得离不开高水平的研究团队。学校以项目为载体，组建高水平攻关团队，将不同单位、部门的各方资源汇总到一起，克服外部组织结构分散带来的矛盾，解决合作主体的职能割裂问题。在浙江省科学技术厅2023年度"尖兵""领雁"研发攻关计划项目申报期间，学校牵头联合浙江工业大学、浙江理工大学、浙江大丰数艺科技有限公司、浙江大丰实业股份有限公司等多家高校及单位共同组建项目攻关团队，共同申报课题，项目组成员多达40余人，囊括了来自校、政、行、企、协的多位专家学者及技术人员，最终成功获"领雁"计划项目立项。

同时，学校在往年立项经验的基础上，创新重大标志性科研成果培育方法，多次举办线上线下一对一专题研讨会，从选题、论证到填报等多方面提供精准指导，提升申报质量。对于学术前沿热点和人才培养难点，联合学校科研骨干建立六大校级研究基地。旅游产教融合研究基地，探究旅游教育、全域旅游、智慧旅游新视角；旅游学科应用研究基地，开展科技服务、成果转化、学术研究和人才培养等工作；文化和旅游治理现代化研究基地，为文化和旅游发展提供有效制度支撑；可持续旅游与社区发展研究基地，主要探究旅游者、旅游地居民环境责任行为、文明旅游行为；红色旅游研究基地，着重研究红色旅游的基本特征、构成要素及其价值功能研究；日本文化旅游研究基地，研究日本旅游、旅游产业、旅游文化。同时，整合学校产学力量，跨学院、跨学科建立校级研究所。

中国特色高水平高职学校建设"浙旅实践"

二、制度先行，构建高效能管理框架

学校制度先行，规范学校科研管理，提升学校学术发展高效能治理，推动专业建设，提高人才培养质量和社会服务能力。

（一）构筑学术成果分类化制度，推动科研管理规范化

学校于 2022 年 10 月修订出台《浙江旅游职业学院教学与科研成果等级认定管理办法》，为学术成果赋分、科研经费管理、专业技术职务评聘和年度考核提供基准。主要包括论文、课题、专著、编著、译著及教材、获奖、批示和标准等成果的等级认定体系。论文等级分为权威刊物、一级刊物、二级刊物、三级刊物、四级刊物、五级刊物 6 个等级。课题分为国家级（重大、重点、一般）、省部级（重大、重点）、省部级一般、厅局级重点、厅局级一般、校级重点、校级一般。将决策报告、研究报告、建议、提案、标准、软件著作权、实用新型专利授权、外观设计专利授权等一并纳入教科研成果等级认定。

专著、编著、译著及教材等分为中央级出版社和地方级出版社，中央级出版社包括全国性专业出版社和大学出版社，地方级出版社包括除中央级出版社的其他出版社。构建重大科研成果激励办法，奖励本年度高层次、高质量、有影响的科研成果。构建标志性教科研成果奖励实施办法，主要包括国家级教学成果奖、省级教学成果奖、国家级职业院校技能大赛教学能力比赛、国家级专业教学资源库、国家级课程建设项目、国家级等科研成果奖。

（二）制定科研业绩数量化标准，推动科研管理标准化

根据学校科研管理办法，教职工的各类教学与科研成果均须报教务处、科研处认定并备案，由科研处以量化方式记入个人的教科研业绩档案。包括在公开出版发行的学术性期刊（包括公开出版的论文集）上发表论文，公开出版的专著、编著、译著、教材及其审、校、修订本等，与通过鉴定的各级各类教学与科研获奖成果（含艺术类作品）、省部级及以上领导批示的研究报告、标准制定和各类专利授权，以及各级各类教学与科研立项课题，各级各类横向课题等。

一是论文级别及计分标准，如一级期刊计 150 分 / 篇。二是教科研项目、其他科研成果级别与计分标准，国家级重大项目计 1000 分等，且科研成果分类计基本科研分、奖励科研分。三是著作、编著、教材、译著级别与计分标准、教学成果获奖奖级

（含成果）与计分标准，中央级出版社专著计 6 分 / 万字等。四是教学成果获奖奖级（含成果）与计分标准，分为 A 类（基本科研分）和 B 类（奖励科研分），国家级教学成果奖特等奖计科研考核合格，并包括一次性现金奖励等。五是科研成果获奖奖级与计分标准，国家级、省部级、厅局级科研成果奖仅作现金或项目制奖励；校级科研成果奖仅计 A 类基本科研分，不作奖励等。六是艺术类成果获奖奖级与计分标准，各类作品参赛、参展获得的优秀奖或优胜奖认定为三等奖。七是教学和科研成果及获奖排名加权系数标准。

（三）创新科研经费多样化试行，推动科研管理人性化

在保证科研经费使用规范的前提下，学校着力改进和创新学校科研经费使用和管理方式，出台了《浙江旅游职业学院科研项目经费管理办法》，纵向科研项目和委托科研项目经费预算分为直接费用和间接费用。直接费用指在项目组织实施过程中与研究开发活动直接相关的各种费用，简化原来的多种类型，目前主要包括设备费、业务费和劳务费三大类。间接费用指在项目组织实施过程中无法在直接费用中列支的相关费用，包括管理费用和绩效支出，绩效支出可给科研项目负责人和项目组成员直接发放激励费用。

探索包干制项目经费管理，按照是否需要编制经费预算分为预算制项目经费与包干制项目经费。包干制项目经费是指本校主持或参与各级政府科研主管部门或机构等批准可以包干的、无须编制项目经费预算的各类纵向科研计划项目的资助经费。预算制项目经费支出实行预算制；包干制项目经费由项目负责人自主决定使用。在省"杰青"项目经费包干制试点基础上，进一步在人才类和基础研究类科研项目中推行经费包干制，同时开展省科技研发攻关项目包干制试点。改进纵向科研项目的配套经费管理。厅局级以上科研项目按照立项到款额和等级，进行不同程度的配套资助。科研启动资金经费预算按照预拨配套资金额度编制。

三、实践引领，夯实高水平学术阵地

学校通过实践引领，构建行业认可、社会知名的产业研究引领性机构，依托浙江北大数字文化和旅游联合中心实验室平台发布数字文旅产业发展报告蓝皮书，凝聚多方智慧筑造学术沙龙，更好地赋能文化和旅游新发展格局。

（一）四大期刊，营造行业研究期刊阵地

学校共设有四本学术期刊，其中《文化艺术研究》是经国家新闻出版总署批准、浙江省文化和旅游厅主管、国内外公开发行的文化艺术类综合性学术期刊，2008年7月正式创刊，2019年12月并入学校。《文化艺术研究》现为双月刊，是《科学引文数据库》（SCD）来源期刊、《中国人文社会科学期刊 AMI 综合评价报告》引文数据库核心（扩展版）来源期刊、《中国学术期刊综合评价数据库》来源期刊、《中国学术期刊网络出版总库》（CNKI）全文收录期刊、《中文科技期刊数据库（全文版）》收录期刊。期刊设有文化研究、艺术研究、景观研究、海外新译等板块。近两年，《文化艺术研究》坚持优化创新栏目、开发优质稿源，影响因子显著提高，获人大复印报刊资料、《新华文摘》《高等学校文科学术文摘》《社会科学报》等转载、转摘33篇次，学术影响力不断提升。

《戏文》为《文化艺术研究》增刊。刊物自20世纪80年代创刊以来，记录了浙江戏剧艺术界的精神风貌和艺术成果，为浙江推动戏剧发展、传播和研究作出了较大贡献。内容包括：艺术文化研究、舞台艺术评论、剧本解读、艺术赏析、艺术教育及其他艺术相关评论解读文章。近年来，《戏文》发表的论文、剧本多次获得"田汉戏剧奖"。

《文化与旅游研究》（集刊）由浙江旅游职业学院、中国职业技术教育学会智慧旅游职业教育专业委员会联合主编。主要刊登文化、旅游、文旅融合研究的学术论文，目前设有"特约稿""文化研究""旅游研究""文旅融合研究""旅游教育研究"等栏目。

《浙江文化与旅游》是由浙江省文化与旅游厅主办、浙江旅游职业学院承办的文化和旅游类综合性刊物，办刊宗旨是指导工作、交流信息、开阔视野，宣传浙江文化和旅游工作，讲好浙江文化和旅游故事，展示浙江文化和旅游形象，为浙江打造"重要窗口"增添文化底色和旅游魅力。

（二）数智赋能，靶向数字文旅蓝皮书阵地

学校与北京大学信息技术高等研究院、北京大学文化产业研究院合作建立年度数字文旅蓝皮书阵地，联合海内外高校、政府部门、相关企业、行业协会等的众多专家共同编撰《中国数字文化和旅游产业发展报告（2021）——数智技术赋能新文旅的应用场景》。报告共包括五部分。总报告《数智技术赋能新文旅的应用场景》从宏观条件、技术创新、政策支撑等角度，指出数字文化和旅游产业是实现高质量发展的必由

之路，并对新发展阶段下数字文化和旅游产业的产业边界、年度特点、融合态势进行了细致的界定与分析，凸显数智技术在文旅产业的信息化、网络化、数字化、智能化场景的赋能作用。

该书于 2022 年 4 月正式出版，同期举办了《中国数字文化和旅游产业发展报告（2021）》新书元宇宙发布会，发布会突破时空限制，采用数字技术手段，在天猫、视频号和今日头条直播间同步播出，会上同步发售本书的 NFT 数智文旅知识图谱，这是目前全球首个自带知识图谱的数字藏品。2022 年《中国数字文化和旅游产业发展报告》推出"数智创意赋能乡村文旅的模式与路径"的年度专题，在持续关注追踪数字文旅业态的同时，面向国内外关注乡村文旅数字化转型的专家学者、乡创实践团队广征优质稿件。

（三）搭建平台，筑造学术交流沙龙阵地

"北大钱江数字文旅沙龙"系列活动是在北京大学信息技术高等研究院、北京大学文化产业研究院的指导下，由浙江北大数字文化和旅游联合中心实验室、中关村数字文化产业联盟等共同主办的数字文旅产业主题沙龙，此平台搭建旨在促进数字文旅产业政产学研从业者之间的交流学习，推动数字文旅产业重大政策、前沿理论与产业实践的互动发展。沙龙以系列主题活动的形式呈现，覆盖数字创意、光影沉浸、智能交互、数字乡创、数字展演、3D 打印、旅游机器人等不同主题，为更多的科技、艺术从业者搭建深度交流阵地。

2022 年 6 月 20 日，沙龙开展《数字经济：如何从数字技术中提炼经济问题（以数字文旅为例）》主题讲座，探讨数字文旅中的数字化结构、数字虚拟空间、数字态旅游、虚拟临境系统选择及经营场景配置、数字技术负面结果防范研究等前沿研究。同年 9 月 29 日，开展《文旅产业赋能乡村振兴的机制与路径》的主题讲座，从文化产业赋能乡村振兴的重要领域和文化产业赋能乡村振兴的人才开发两个方面，通过创意设计、演出产业、音乐产业、美术产业、手工艺、数字文化和文旅融合等不同视角赋能乡村振兴，深度探讨了乡村振兴的机制与路径。

第四节　公益培训

学校坚持公益为本，发展社会培训，不断提升社会培训规模与质量，坚持育训并举，通过充分利用国家级、省级文旅人才培训基地，创新培训产品研发，组建起由知名专家、教授学者、行业导师组成的高水平培训专家库，开展多元化、个性化培训，培养培训各类文旅产业人才。通过牵头国家职业技能标准制定和省级题库开发项目，稳步推进职业技能人才等级认定工作质量，助力服务技能社会建设。通过"高校＋社区"联建、"理论＋实践"联动，将高校智慧注入社区，打造"公益服务菜单"，为社区建设和治理注入新活力，助力国家学习型社会建设和公民终身学习习惯养成。

一、聚焦行业，共育文旅产业人才

学校精准对接产业发展需求，打造全方位、多层次旅游人才培训示范基地，研发与全域旅游发展相匹配的人才培训产品，组建知名专家、教授学者和行业导师构成的专家库。

（一）立足专业优势，打造旅游人才培训基地

学校充分发挥专业优势，从国家级、省级、校级层面，打造全方位、多层次旅游人才培训示范基地。针对不同群体需求，激活各级各类培训示范基地作用。通过全方位建设各层级旅游人才示范培训基地，培训各类文旅产业人才，促进就业创业和技能型社会构建。国家级层面，学校拥有国家级职业教育"双师型"教师培训基地，建有高水平培训专家库，配有包括大型现代化业态实习实训场所、国家级虚拟仿真实训示范基地在内的数百家校内外实训基地，并与包括宋城演艺发展股份有限公司、开元旅业集团等数十家知名企业建立师资共育机制，有效满足教师培养培训需求。

省级层面，充分利用文化和旅游部浙江培训基地、浙江农民大学旅游学院分校区、文旅人才继续教育基地等平台，主动服务旅游行业和区域经济社会发展。通过送教下乡、送教进社区、送教进企业等途径，开展多元化培训，助力"乡村振兴"国家战略，每年培训超3万人次，累计培训人数达40余万人次。充分发挥作为浙江省技能评价专家培养基地、浙江省专业技术人员继续教育基地的作用，做好西式烹调师、中式面点师、中式烹调师、讲解员、调酒师5个职业的技能人才评价专家培养及认定。

联合浙江省饭店业协会、开元旅业集团等行业龙头共同成立省级住宿业职工培训基地，重点聚焦培训住宿业涵盖的所有人群。充分发挥"'学在浙旅 乐学终身'社区教育基地"作用，通过"高校＋社区"联建、"理论＋实践"联动，助力国家学习型社会建设和公民终身学习习惯养成。

校级层面，根据学校继续教育质量提升行动计划，重点培育建设示范性职工培训基地3个。与美心芝乐坊、西湖国宾馆、浙江世贸君澜大饭店、杭州开元名都大酒店、浙江皓石教育科技有限公司等旅游行业龙头企业深度开展校企合作、产教融合，基地年培训规模均在5000人/日以上。

（二）创新产品特色，研制旅院社会培训项目

学校凭借对行业现状和人才培养的前瞻性认知，不断加大旅游人才培养的深度和广度，打造与全域旅游发展相匹配的人才培训产品，做优做强学校的社会培训品牌。

学校不断深耕旅行社、景区、酒店等传统旅游行业培训产品的开发，通过申报国家级、省级项目，带动高质量培训项目的培育，扩大培训的覆盖面和辐射面。如《导游文化基础知识》成功入选国家级继续教育课程思政示范课程，累计选课人数已达22142人，累计日志总数达3404582条。"'百县千碗'进社区，共同富裕食先行"入选教育部首批社区教育"能者为师"实践创新项目，培育了一批"百县千碗"美食传承师资队伍。同时，学校积极打造智慧景区开发与管理专业国家级教学资源库，建设涵盖中高职和应用型本科、旅游景区行业企业、职业学校教师、社会大众的现代职教培训体系，丰富线上线下培训课程资源，资源库素材总量达2万余条，标准化课程38门，微课1095门，使用院校超过3000所，累计学员逾20万人。

针对文旅行业发展出现的新情况、新趋势、新问题，学校积极拓展旅游新业态培训领域。作为首批全国研学旅行指导师培训基地，成功举办了全国研学旅行指导师高级研修班、研学旅行策划与管理（EEPM）职业技能等级证书师资培训班，为培养研学旅行指导师这一新职业人才贡献力量。作为浙江省非物质文化传承教育基地，学校自2017年连续开展非遗大师进校园活动，聘请国家级"非遗"代表性传承人徐朝兴、高公博等大师为客座教授，举办"融合与创新"非遗雕刻类手工艺高级技能人才研修班等项目。

（三）广开引师渠道，建设高水平培训专家库

学校高度重视培训师资队伍建设，通过"内强"＋"外引"的方式，组建了一个具有高水平的培训专家库。"内强"即培养校内的卓越培训师。学校在搭建好梯次培育建设工作体系的同时，针对不同层次、不同专业、不同岗位教师群体的需求，建立分类培训模式，分别设计了梯次培养项目载体，盘活师资存量。学校通过"卓越培训师"培养认定计划、"卓越培训师"师徒结对、选派专业教师去行业、企业挂职、实习等方式，促进自有培训专家教师队伍成长。

"外引"则是引进优秀产业导师，这是学校深化产教融合的一项重要举措。学校从学界、业界、政界聘请460多位旅游行业"高、精、尖"优秀人才做产业导师，通过组建旅游职教集团等方式与省内外十几家大、中专院校建立了密切合作关系。学校还构建校企合作共建机制，通过"校企师资发展共同体""产业学院""浙江省旅游产业产教融合联盟""双师型"教师培养培训基地和大师工作室等项目载体，推进校企共育师资。

通过"内强""外引"两个重要举措，学校成功组建起荟萃614位知名专家、教授学者、行业导师组成的培训专家库，具有丰富实践经验和扎实理论基础的优秀培训师资队伍，能够稳定并有效推进培训工作，学校可以根据培训对象个性化需求，灵活组建培训专家团队。

二、聚焦技能，服务技能社会建设

学校通过积极开展国家标准制定、行业职业技能培训以及职业技能等级认定等途径，加快构建面向全体国民、贯穿全生命周期、服务全产业链的职业教育培训体系，精准服务技能型社会建设。

（一）突破争先，牵头国家职业技能标准制定

从2019年起，学校陆续牵头承担多项国家职业技能标准制定。其中《营养配餐员国家职业技能标准》是学校编制的第一部国家职业技能标准。从申报之初，学校即组建校内外行业顶尖专家团队，对照编制要求，历时两年半通过终审。这是学校在制定国标上的一次重大突破，对推动相关领域人才培养、职业技能等级认定、行业高质量发展产生积极影响。同时，学校还承担了营养配餐员指南包和课程包的制定，出版《营养配餐员基础知识》《高级营养配餐员培训教程》等。同时，作为"研学旅行管理与服务"专业牵头申报单位，学校在全国范围内最早开设该专业，并于2020年编写出版了全国首套《研学旅行管理与服务》系列教材，这些探索和实践为学校牵头制定《研学旅行指导师国家职业技能标准》打下坚实基础。通过标准制定，系统梳理了研

学旅行指导师这一新职业的岗位职责和能力要求，明确了培养路径，对研学旅行这一新业态的发展起到积极的促进作用。另外，学校作为"民宿管理与运营"新专业牵头申报单位，参与起草的国家标准《旅游民宿基本要求与等级划分》于2022年正式发布，填补了我国该领域标准的空白，为民宿行业发展拓展了空间、指明了方向、注入新的动力。

（二）创新争先，开展文旅行业职业技能培训

围绕提高职业技能培训质量，促进职业技能培训与社会需求紧密对接的思路，近三年，学校培训各类社会人员10余万人，经培训取得各类职业技能等级证书8554人次，全面提升从业人员职业素养和服务水平，为推动旅游业高质量发展提供了有力的人才支撑和基础保障。学校积极发挥职业技能培训品牌优势，不断激活文旅经济内生动力，打造"诗画浙江"的旅游品牌。

学校开启职业技能培训"全覆盖"新思路。在职业技能培训中，全面推进"点单"式企业新型培训，以精细化服务满足个性化需求，培训覆盖景区、旅行社、星级饭店、民宿客栈、研学旅行、文化演艺等企业，融合发展，优化知识结构。同时，学校的职业技能培训还向其他行业延伸和拓展。如学校连续14年为武警边防总队浙江支队、浙江海警总队开展炊事员烹饪培训；精准推出"冷菜工艺""烹饪营养""菜肴创新与开发""浙江菜系"等主题课程包；为老板电器全体中高层干部分批进行烹饪职业技能培训，在完善企业烹饪学习体系的同时促进重塑企业新的风貌。

学校开启职业技能培训"互联网+"新方式。学校建成并运行文旅智慧职教平台，实行线上理论线下实操融合培训，解决培训学员工学矛盾，增强学用结合度。同时，同步开发"文旅智慧职教平台"微信小程序，提升社会人员参与职业技能培训的便利性。"互联网+"的新方式已然成为提升技能人才培养效率的重要途径。

学校开启职业技能培训"零距离"新模式。自2020年至今，学校与5家社区共建社区学院，针对居民需求，将技能培训送上门，提升技能培训针对性和实效性。开设的茶艺、中西式面点、中西式烹调、书法、国画、舞蹈、合唱、交谊舞等具有文旅特色的技能提升培训项目，让居民在家门口就能有所学、有所获，实现培训"零距离"。

（三）改革争先，推进职业技能人才等级认定

2022年，学校成为省属首批35家社会培训评价组织之一，可认定的职业为中式烹调师、西式烹调师、调酒师。学校严格遵守"谁评价、谁发证、谁负责"的原则，

切实承担主体责任。2022 全年开展 6 批次 1078 人职业技能等级认定，被全省社会评价组织评价管理服务中心作为优秀典型推送至浙江人社官微和浙江省职业能力建设网。

学校运用技能人才评价工作新手段。以技术手段助力人才评价体系的革新，通过技术手段实现以客观行为信息作为评价的基础，减少主观判断在评价结果中所占的比重，职业技能等级认定理论考试借助文旅智慧职教平台实现理论机考，通过人工智能技术，能够提高考试质量、严肃考场纪律、保证考试的公平公正。

学校构建技能人才评价工作新体系。作为省属社会培训评价组织，学校自筹自建题库和卷库，从确定目标、任务列表拆分、明确工期几个阶段，顺利完成中、西式烹调师五级到一级和调酒师中级工理论和操作的命题任务并顺利通过评审。同时学校在坚持以产业代表性、评价专业性、行业权威性为导向的技能人才评价工作中，组建了一支专业能力强、覆盖面广、结构合理的题库开发专家队伍，为技能人才评价工作形成新体系提供支持。

三、聚焦基层，共建终身学习平台

学校通过搭建社区教育新平台，提供定制化的社区教育培训项目，做实、做细、做好社区教育工作，为社区居民提供终身学习平台，助力建设全民终身学习的学习型社会。

（一）联合社区，共建高校社区教育合作平台

学校与社区签订社区学院合作协议，共享资源，形成合力，搭建高校助力、居民参与的社区教育新平台。自 2020 年至今，学校与杭州市上城区四季青街道五福社区、九堡街道魅力城社区、杭州市滨江区缤纷未来社区、杭州市萧山区振宁未来社区、淳安县千岛湖镇人民政府 5 家单位签约成立了五家社区学院。双方通过组建社区教育小组，各自明确 1 个责任人，每月至少开展 1 场公益培训，每季举行 1 次工作会商等，确保区校共建落实落地。

学校根据社区教育特点，重点从社区课程开发、社区学院共建、社区教育品牌沉淀等角度开展工作。学校积极组织开展社区在线课程资源建设，目前已完成 53 门在线课程资源开发建设。社区学院通过开展"生活美学进社区""志愿服务进社区""党史学习进社区""劳动技能进社区"等多项量身定制公益送教活动，不断提升社区居民的综合素养和劳动技能，提高社区居民的获得感和幸福感，助力构建全民终身教育

体系建设。截至 2022 年底，已累计为上述社区学院开展公益培训 8596 人/天，得到社区居民一致好评。学校牵头申报"学在浙旅　乐学终身"社区教育基地，成功入选浙江省 2022 年度"服务终身学习社区教育示范基地"。

（二）丰富资源，定制高校社区教育培训项目

以社区居民实际需求为导向，以社区教育为抓手，结合学校旅游职业教育特色资源和核心能力，为社区提供定制化的"公益服务菜单"，并在具体实践中结合社区居民学习反馈做优化和调整。同时积极组织开展在线课程资源建设，通过开发文旅智慧职教平台和打造优质在线课程等途径，拓展社区居民学习资源。

积极申报教育部社区教育"能者为师"系列项目和课程、终身教育数字化学习资源征集、"智慧助老"优质工作案例和课程推介等工作。其中"'百县千碗'进社区，共同富裕食先行"入选教育部首批社区教育"能者为师"实践创新项目；4 门课程进入教育部"能者为师"特色课程第一批公示名单中，分别为《短视频拍摄实务》《跟着音乐去旅行》《航空急救》《美食制作》；《"百师千课"育传人，"百县千碗"惠民生》入选教育部"能者为师"社区教育典型案例名单；《老年人常见慢性病的智慧管理》《康养菜肴设计与智慧制作》2 门课程入选教育部第三批"智慧助老"优质课程资源推介名单。

（三）优化管理，沉淀高校社区教育培训品牌

优化管理，沉淀可推广的社区教育品牌，实践可落地社区教育工作流程。学校通过社区教育项目设计、社区课程开发建设、社区学院联合共建、社区教育品牌打造等路径，实践了可落地的社区教育工作流程，即以社区教育项目设计为引领、以社区课程开发为核心、以社区学院共建为平台、以社区教育品牌打造为目标，层层推进、步步落实，将社区教育工作做实、做细、做好。

与社区组织、社区居民、学校各二级学院等多方利益相关者共同开展社区教育工作，建立有效沟通渠道。通过组建社区教育小组，各自明确责任人，定期开展工作会商等形式，确保区校共建落地开花结果。通过开展社区教育实践，学校构建起可量化的工作交流机制，建设了一批更加符合社区居民需求、内容健康向上、特色鲜明、表现形式丰富多样、易于传播推广的高质量课程资源，打造了一支既能为学生授课又能服务社区居民的"双师型"队伍，同时沉淀了社区教育品牌，对于提升社区教育公共服务和普惠水平，增强社区居民的获得感和幸福感，助力社区居民养成终身学习习惯，促进人的全面、健康发展，构建服务全民终身学习的教育体系起到了积极作用。

通过两年多的实践，学校社区学院项目开展得到合作社区和居民的一致好评。学校的社区学院共建项目也引起多家社区关注，各地积极与学校对接商讨共建事宜。学校还通过"学习强国"等互联网媒体平台推动社区教育课程资源多途径共享和智能化推送，更大范围赋能终身学习。

（牵头人：王相华　撰稿人：李琳、温佳露、杨晓娜、巫程成、金文霞）

第七章
DI QI ZHANG

国际化水平
GUOJIHUA SHUIPING

> 在推动现代职业教育高质量发展，加快高等职业教育对外开放进程的大背景下，学校以改革创新、提质增效为引领，在境外创办中俄旅游学院、中塞旅游学院和中意厨艺学院，主动"走出去"办学，服务"一带一路"建设；依托国家教育体制改革试点项目、教育部首批"中美高素质技能型、应用型人才联合培养百千万交流计划"等国际化领域的重大项目，探索境外优质资源"为我所用"的"引进来"机制；在扩大世界旅游职业教育领域话语权的道路上，牵头举办国际性学术论坛和文化交流活动，引领国际旅游技能人才培育模式，不断提升中国旅游职业教育国际影响力，实现中国旅游职业教育国际化办学从"引进来"到"走出去"到"再提升"的突破与创新。

第一节 教育"走出去"

"走出去"办学是国际化办学高质量发展的重要体现，学校以扩大教育对外开放和高质量发展为指引，在国际教育合作方面精准发力，多渠道建立境外办学机构，输出职业教育标准、旅游行业标准，输送中国优质服务技能人才，推动中国旅游职业教育的理念经验、教育教学模式、国际化教学行业标准及旅游服务技能与相关国家互融共享，实现中国优质旅游职业教育"走出去"。由浙江旅游职业学院牵头，俄罗斯国立旅游与服务大学参与的《从引进到引领：旅游高职教育国际化办学的探索与实践》获2021年浙江省教学成果奖特等奖、国家教学成果奖二等奖。

一、主动作为，合作开展多形态境外办学

学校主动服务"一带一路"建设，积极探索境外多形态合作办学，分别设立中俄旅游学院、中塞旅游学院、中意厨艺学院三所境外办学机构，开展"中文＋职业技能"培训，为当地培养旅游职业技能人才，服务当地企业发展，推动中外教育、文化

融通。

（一）聚焦行业需求，培育旅游技能人才

针对俄罗斯旅游市场中文导游极度缺乏的现状，2017年11月，学校与俄罗斯国立旅游与服务大学合作，通过"校校合作"模式，在莫斯科设立中俄旅游学院，开展"中文+导游"教学，这是中国高职学校在俄罗斯举办的首个旅游类办学机构。中俄旅游学院紧紧围绕俄罗斯旅游市场需求，开展"旅游汉语"教学，聚焦导游职业服务水平提升，致力于培养一批懂汉语、精导游的高素质俄罗斯旅游服务人才，增强学生的就业竞争力。一是学校每年选派中方院长和优秀旅游专业教师赴俄开展机构建设和"旅游汉语"教学工作，5年累计招收俄罗斯学生183名。在全球新冠疫情影响下，中俄旅游学院坚持开设"空中课堂"，通过在线直播授课，做到"不停课不停学"；开设"旅游汉语"微信公众号，通过新媒体推文，展示俄罗斯学生学习成果和感想，为学生提供练习中文口语和旅游讲解的机会。二是聚焦提升俄罗斯学生的导游职业技能水平，在专业老师的鼓励和指导下，中俄旅游学院学生参与完成全俄罗斯展览中心80个展厅、谢尔盖耶夫镇等地的汉语解说翻译、中国驻莫斯科旅游办事处多项旅游推介志愿服务等工作。2022年6月，中俄旅游学院学生参加"丝路工匠"国际技能大赛，荣获"中文+职业技能"导游讲解赛项一等奖、二等奖。

（二）强化技能培训，服务中塞企业发展

中国和塞尔维亚两国友谊源远流长，塞尔维亚学生和当地民众学习中文、中式烹饪热情高。2019年7月，在塞尔维亚教育部、中国驻塞尔维亚大使馆支持见证下，学校与塞尔维亚贝尔格莱德应用技术学院、杭州饮食服务集团有限公司（杭州知味观）、塞尔维亚泷鼎昇集团合作，以"政校企合作"模式，在贝尔格莱德设立中塞旅游学院，开展"汉语+中式烹饪"教学，这是学校在"一带一路"沿线国家开设的第二个境外办学机构。中塞旅游学院抓住两国关系高水平发展和民心相通的契机，开展"旅游汉语"教学，聚焦中式烹饪技能培训，致力于培养一批懂汉语、精中烹的高素质塞尔维亚烹饪技能人才，支持学生在塞中资企业就业，服务当地企业发展。一是学校选派中方院长和优秀旅游专业教师赴塞开展机构建设和"旅游汉语"教学工作，3年累计招收塞尔维亚学生105名。疫情期间，学校委托当地孔子学院支持授课工作。2022年6月，2022春季班学生Dusan参加"汉语桥"塞尔维亚赛区决赛获三等奖，成为该校第一位获得"汉语桥"奖项的学生。二是中塞旅游学院与当地企业、浙商企业深度合作，在贝尔格莱德泷鼎昇酒店设立"中式烹饪技能海外培训基地"，面向当地中

资企业、中餐馆员工开展中式烹饪技能培训和鉴定，支持企业菜品研发，指导餐饮管理、服务运营，服务当地企业发展和浙商企业"走出去"；面向塞尔维亚学生开展中式烹饪技能培训，支持学生在塞中资企业就业；面向当地民众开展中式烹饪、中华茶艺兴趣培训班，推动中塞人文交流。

（三）搭建联盟平台，促进中意厨艺交流

学校建立中意两国厨艺文化交流平台，进一步扩大中意两国职业教育领域的合作，强化中意厨艺技术、文化交流，提升两国烹饪领域的人才培养水平。2020年11月，在浙江省人民政府外事办公室、意大利艾米利亚－罗马涅大区农业厅见证下，学校与意大利阿尔玛国际厨艺学院、米兰品味高级烹饪学院合作，通过"校政协合作"模式，在帕尔玛、米兰设立中意厨艺学院，开展"中式烹饪"教学，这是学校在"一带一路"沿线国家开设的第三个境外办学机构。一是搭建中意两国烹饪文化交流的平台，在意中友好协会指导下，由学校与意大利阿尔玛国际厨艺学院联合牵头成立"中意美食新丝路烹饪教育联盟"，现有歌诗达邮轮集团（亚洲）、意大利餐饮促进协会、意大利职业厨师协会、南京旅游职业学院、杭州市中策职业学校、君澜酒店集团、杭州饮食服务集团有限公司等17家中意知名院校、企业加入，由成员单位共同建设中意厨艺学院。二是开展厨艺、人才交流项目，选派专业教师和行业大师定期赴意大利开展中国烹饪培训，在传播理论和实践技法的同时，输出中餐烹饪标准；共建"中意烹饪教学资源库"，实现教育教学资源共享；实施意大利烹饪"雏鹰成长"计划，联合培养国际化烹饪人才，已有27名学员获得意大利职业厨师协会认证的初级证书。

二、引领发展，实现标准国际化硬核输出

中国职业学校"走出去"的重要一环是专业教学标准和课程标准的输出。学校依托中国旅游研究院旅游标准化研究基地等机构，主导制定国际职业教育标准、国际旅游行业标准，共建共享课程、教材等教学资源，服务引领国际人才培育和行业发展，体现中国旅游职业教育的硬核实力。

（一）制定国际职业教育标准，服务国际化职业人才培养

学校为服务国际旅游职业人才培养，分别在境外办学机构设立俄罗斯旅游研究中心、塞尔维亚文化和旅游研究中心、中意烹饪教育基地，主导制定了留学生国情教育课程标准、境外办学机构旅游汉语课程设置规范等国际职业教育标准，建设新形态

双语教材、线上教学资源库，引领中国旅游职业教育"经验"输出。一是为了规范境外办学机构的教学安排，学校牵头省内5所国际化发展水平较高的兄弟院校共同起草编制了国内首个《旅游汉语课程设置规范》团体标准，规定了旅游汉语课程的课程目标、课程设计、课程资源、组织实施、教学评价等内容。该项标准已得到了合作院校俄罗斯国立旅游与服务大学的认可。二是学校依托旅游汉语名师工作室，制定了留学生国情教育课程标准，以培养"知华友华"的优秀留学生为目标，明确了留学生国情教育课程性质、目标，设置了授课方式、教学评价、考核方法及教学资源，设计了始业教育类课程、中国概况类课程、中国道路与中国模式类课程、社会实践类课程4个模块课程内容。学校以该标准为基础，建设"知华大课堂"国情教育课程和在线课程资源库，创建省级留学生国情教育名师工作室，着力打造"知华教育"浙旅品牌。

（二）制定国际旅游行业标准，助力国际旅游行业发展

学校主导制定了《旅游及其相关服务——线上线下旅游咨询服务与要求》国际标准、《国际中餐名店评定标准》等4个行业标准，并成功输出世界，贡献"中国智慧"。一是学校代表中国提出ISO 14785《旅游及其相关服务——线上线下旅游咨询服务与要求》国际标准提案，经国际标准化组织（ISO）确认通过正式立项，ISO/TC 228将对应成立ISO/TC 228/WG3"游客咨询办公室的旅游咨询及接待服务"，旨在引导全球各类旅游咨询服务中心充分运用数字技术，通过邮件、电话、第三方社交媒体、触摸屏等途径，提供准确、安全的线上线下旅游服务信息咨询，消除国际旅游信息咨询障碍，促进后疫情时代旅游业的可持续高质量发展。二是研究制定了《国际中餐名店评定标准》，规范了国际中餐名店的建筑、附属设施、服务项目和运行管理应符合所在国家现行的安全、消防、卫生、环境保护、劳动合同等有关法律、法规和标准的规定与要求，包括基础条件、内外环境、作业区域、质量要求、社会影响五大项目，共90个细则小项，规定了国际中餐名店评定的原则、评定办法与具体要求，要求必备条件达标和70个以上细则小项总数达标，适用于世界范围内正式营业的中餐馆。

（三）开发中国化教学资源，开展国际化中国文化推广

学校抓住一切机会，尤其是通过中外合作三个机构，伴随标准输出，开发中国化教学资源，深度开展中国文化对外传播，讲好中国故事，彰显中国文化自信。浙江旅游职业学院与俄罗斯国立旅游与服务大学基于中俄旅游学院，共同开放完成了《旅游汉语》课程标准（中俄双语）和《旅游汉语》新形态双语教材，2020年，俄罗斯国立旅游与服务大学将《旅游汉语》课程纳入该校本科教育选修课程；2021年，两校共同

编写的《旅游汉语》新形态双语教材荣获教育部中外语言交流合作中心《国际中文教育中文水平等级标准》教学资源建设项目立项。通过中意美食新丝路烹饪教育联盟，浙江旅游职业学院发起共建中意厨艺学院"中意烹饪教学资源库"倡议，并将制作完成的中式面点系列教学视频分享给联盟成员单位。厨艺学院已经完成了百余个中式菜肴双语教学视频的制作，授权意大利的成员单位在意开展中国烹饪线上课程的推广和应用。2021年，学校"欢乐春节"线上项目《牛气冲天——国际友人的中国年味》视频被多国中国文化中心公众号转载，《浙江美食工作坊——中国传统节日点心》系列教学片被中国驻外领事馆采纳并在海外推送。

三、输出模式，推进"中国服务之美"走向世界

学校主动对接世界各国、各地区旅游服务行业的需求轨道，积极输出"中国服务"理念、技术技能"之美"，设计"中日""中阿""中意""中美"四大人力资源输出模式，向国际顶尖旅游企业输送优质旅游服务技能人才，向世界彰显"中国服务"的力量。

（一）中日模式，提供精细化服务

学校与日本国际友好宾馆协会合作，创办了中日研修服务模式，选派优秀旅游日语专业学生赴日研修，即在国内进行两年理论学习后前往日本进行一年的专业实践，为日本酒店、饭店等当地企业提供精细化服务。学校对赴日研修学生实施分层次教学，组成赴日强化班，强化学生日语水平；根据企业规范要求，优化学习内容，一边学习旅游日语专业的口语、精读、听力等专业课程，一边针对日式精细服务开设前厅运行与管理、客房运行与管理、餐饮运行与管理等酒店服务方面的课程，充分提升旅游日语专业学生的综合素质，特别是外语能力、专业技能的双重能力，使得企业对学生的专业素质和业务技能方面高度认同，每年接收赴日研修学生人数保持在40~50名，数量稳定。截至目前，已有25批近500名学生被录用。同时，研修实践过程也进一步培育了学生敬业奉献、沟通协调和吃苦耐劳等优秀品质，很多学生尚未回国就已被用人单位预订，成为不可多得的抢手人才。

（二）中阿模式，提供高端化服务

学校与中东地区顶级奢华酒店合作，创办了中阿研修项目模式，选派酒店管理专业、西餐工艺、烹饪工艺与营养、导游（国际导游方向）、商务英语等专业学生赴阿

联酋、迪拜等地研修，即在最后一年学习期前往境外进行专业实践，为顶级奢牌酒店提供高端式服务。学校根据世界顶级品牌企业要求，从四个方面提升学生职业素养，一是在思想道德方面，培养以诚实守信为核心的责任品质；二是在知识结构方面，培养以广博国际视野为核心的知识能力；三是在专业能力方面，培养以跨文化沟通能力为核心的交往能力；四是在个人素质方面，培养以可持续发展的学习能力和创新意识为核心的人文素养。具备国际化理念、较高专业技能的中阿研修项目学生工作胜任力强，能够充分满足顶级奢华酒店、饭店的高端服务需要。同时，中阿研修项目为行业企业和院校搭建了人才培养的合作平台，最直观地体现在其就业质量上，实践证明，良好的语言能力和国际化的视野提高了学生就业起点，学生职业优势明显，实现了优势互补、互利共赢。

（三）中意模式，提供特色化服务

基于邮轮新兴特色服务行业的特殊性，学校与意大利歌诗达邮轮集团合作，创办了中意研修合作模式，主要指酒店管理学院国际邮轮乘务管理专业和意大利歌诗达邮轮集团的全方位订单式培养，在最后一年学习期前往邮轮企业进行专业实践，为邮轮提供特色化服务。在国家、学校职业教育体系框架下，学校与意大利邮轮公司在课程、师资、实训等多方面合作，国际邮轮乘务管理专业根据意大利歌诗达邮轮公司要求，依照邮轮旅游职业岗位的任职要求，研制培养方案和课程体系，对在校学生进行订单式培养，专业课程以双语授课和外籍教师授课为主，组织学生参与企业活动，学习行业最新知识，组织学生在校期间考取海员证，取得工作上岗资质，熟悉邮轮各个工作岗位的不同要求。在第二学年结束时，学生与企业（歌诗达邮轮公司）进行双向选择，进入歌诗达邮轮、公主邮轮、地中海邮轮、诺维珍邮轮、维京邮轮等国际顶级邮轮公司的一线岗位工作，提前成为企业正式员工。学生提前进入工作岗位，胜任不同岗位的特色工作要求，充分体现了订单式培养的优势。

（四）中美模式，提供短期文化服务

学校与美国迪士尼等知名企业合作，创办了中美短期研修模式，主要针对赴美短期研修项目，即学生利用暑假时间赴美，在美国迪士尼乐园担任文化使者，提供中国文化服务。迪士尼文化使者项目是迪士尼公司面向美国本土以外各国大学生开展的国际交流项目，学生在美国迪士尼乐园担当"中国文化大使"，使用中文与宾客进行互动交流，让游客体验与众不同的中国文化，为游客提供宾至如归的中国式暖心服务，充分满足个性化旅游的需要。至今，学校已有16名学生成为迪士尼中国馆文化使者，

另有 18 名学生参加迪士尼国际暑期实习项目。由于学生已具备工作所需的服务技能和吃苦耐劳等综合素质，通过亲身经历锻炼提升了传播中国文化能力、服务技能，开阔视野、增长知识，已有多人成功加入上海迪士尼工作团队。

第二节 资源"引进来"

国际化教育资源是培育国际旅游职业人才的基础和关键，学校积极与先进的职业教育国家院校合作，引进国际化职业教育合作项目，主动参与国际旅游教育行业组织合作，开展旅游职业教育标准认证，挖掘吸纳国际优质教育资源，引入师资、课程、教材、实训基地等教学资源，实现国际优质资源"引进来"，逐步形成"项目依托、标准促进、资源支持"三重国际化教育发展体系。

一、项目引进，增强旅游职业教育办学实力

中外合作办学是引进外国优质教育资源的重要方式，学校积极与澳大利亚、韩国等先进职业教育国家的院校展开合作，开设了中澳合作酒店管理、中澳合作旅游管理、中澳合作西餐工艺、中韩合作应用韩语等中外合作办学项目，创办了全省高职学校第四所非独立法人中外合作办学机构——中澳国际酒店管理学院，成功引进优质国际化职业教育合作项目，提升了学校的整体国际化办学水平。

（一）引进项目，提升专业建设水平

学校与澳大利亚最大、历史最悠久的专门从事旅游、酒店和餐饮业领域专业教育和培训的政府公立高校威廉·安格理斯学院合作，举办中澳合作酒店管理、中澳合作旅游管理、中澳合作西餐工艺 3 个专业，其中中澳合作酒店管理专业项目被评为首批"浙江省示范性中外合作办学项目"，通过了中国教育国际交流协会的中外合作办学质量认证，取得良好的社会反响，积累了较为丰富的中外合作办学经验。学校与韩国顺天乡大学合作举办应用韩语专业高等专科教育项目，致力于培养中韩两国政治、经济、文化、教育和旅游等领域所需的高层次韩国语专业人才，同时，学习成绩达到规定要求的学生可以直接赴韩国顺天乡大学继续攻读本硕学位。通过引进韩国先进的教学理念和教学计划，引进和利用韩国先进职业教育资源与理念，借鉴韩国职业教育办学模式和特色，引入韩国顺天乡大学高层次应用型旅游专业人才培养方面的优质教

育，包括先进的学习和教学模式，人才培养、课程体系、教学内容、教学方法、评估模式和方法，师资培训和管理模式，增强旅游类应用型人才培养能力，提升了应用韩语专业整体的综合实力与竞争力。

（二）联办机构，增强人才培养合力

学校进一步推进中外合作办学内涵建设，与威廉·安格力斯学院深化合作，成立了全省高职学校中第四所非独立法人中外合作办学机构——中澳国际酒店管理学院，致力于培养一批有能力从事旅游、酒店与度假区管理、营销和管理，适应旅游业国际化发展需要的高素质应用型人才，下设酒店管理、旅游管理、西餐工艺3个专业，已累计培养学生869人。一是合作组建中澳联合管理委员会，建立有效的信息反馈机制，商讨解决合作办学事宜，提升国际化教学质量和管理水平；二是引入澳大利亚技能质量署（Australian Skills Quality Authority）评估标准，建设国际化双师队伍，建立中澳教学质量管理监督体系和远程网络教学资源平台 E-coach，确保教学质量稳步提高。中澳国际酒店管理学院的成立，在原有合作办学项目的基础上，加大引进澳方的优质教育资源，深化教学改革，完善人才培养模式，促进师资队伍水平的提高，增强了国际化人才培养能力，通过吸收、创新、辐射提升了学校的整体国际化办学水平。

二、标准引进，驱动旅游职业教育国际化发展

学校主动接轨国际，参与国际旅游职业教育行业组织合作，开展旅游职业教育专业标准认证，对标国际化师资培训标准，引入国际行业技能技术标准，形成"专业建设、师资培养、学生技能"三维协同驱动。

（一）开展旅游教育专业认证，推动专业国际化发展

学校主动参与国际旅游职业教育行业组织合作，引入联合国世界旅游组织旅游教育质量认证体系（UNWTO. TedQual Certification System），开展专业质量认证，对教育质量进行评估，促进专业建设国际化标准发展。依托联合国世界旅游组织旅游教育质量认证体系以用人单位需求为导向，"社会和行业评价""学生主体地位""课程与教学体系""师资队伍建设""教学管理"五大体系，学校一方面积极贯彻旅游教育质量认证标准，注入具有国际特色的教育理念，推进专业建设，对专业教学体系、课程进行适当的调整，促进教学与课程体系的改革与创新，全面优化专业教学和人才培养模式；另一方面，根据自身实际和特色，优化管理方式和激励机制，营造宽松、鼓励

的政策环境，拓展国际行业企业合作，为师生提供优质的国际化平台与提升的路径。目前，学校酒店管理与数字化运营、导游、智慧景区开发与管理、会展策划与管理、西餐烹饪工艺、大数据与会计、国际邮轮乘务管理、电子商务、旅游英语、旅游日语、空中乘务、茶艺与茶文化、烹饪工艺与营养、商务英语、人力资源管理、市场营销等16个专业通过了该项认证，在国内高等教育院校中名列前茅。

（二）对标师资培育标准，打造高水平教师队伍

学校积极对标国际化师资培训标准，开展澳大利亚职业教育教师培训、中德双元制职业教育"实践导师"证书培训、国际邮轮公司培训、国际中文教师证培训、全国翻译专业资格（水平）证书培训，打造国际化师资团队。一是引入全球公认的国际教师职业资格认证体系，每年选派专业教师赴澳大利亚开展为期六周的职业教育教师培训（Training & Assessment Education），根据教师的专业、学术领域，定制服务类、旅游类、餐饮类等培训课程，开展全英文授课。学校已有77名专业教师通过了澳大利亚职业教育教师培训，获得相应的资格证书，组成了以澳大利亚职业教育执教资格为基础，以专业带头人、教学骨干为核心，中澳教学模式相互融合的国际型师资团队。二是学校每年组织近百名专业教师参加中德双元制职业教育"实践导师"证书培训、国际中文教师证培训、全国翻译专业资格（水平）证书培训、国际邮轮公司培训等国际化专业技能培训，提升专业教师的专业教学能力、实践指导能力、专业技术水平和国际视野格局，培养高素质、专业化、创新型的高水平双师队伍。如中德双元制职业教育是全球模仿的职业人才培养模式，学校组织教师参加中德双元制职业教育"实践导师"证书培训项目，学习包括德国职业教育理念、双元制教育体系、教学法及职业案例分析等内容，共计全英文授课80个学时。

（三）引入行业技术标准，培育优质技能人才

学校引进国际行业技能技术标准，将国际化职业技能等级证书作为学生国际化培育、技能水平的重要评价标准之一，包括世界厨师联合会（World Association of Chefs Societies）"优质烹饪教育"资格认证，工商管理类国际技能认证项目，澳大利亚导游证书、商业烹饪证书、国际电脑技能证书等，培养优质国际化技能人才，提升学生综合素质能力。同时，学校配套出台了学生通过相关考试的经费资助制度，提高学生学习兴趣和参与度。其中，世界厨师联合会是全球性的餐饮行业协会和厨师联合体，"优质烹饪教育"资格认证是全球范围的国际烹饪教育机构标准，要求制定相匹配的人才培养方案和课程标准，在专业教师通过认证成为世界厨师联合会"世界烹

饪教育家（WCCE）"后，该专业学生在毕业时，即可同步申请获得"职业助理厨师（Commis Chef）"资质，该资格证书为全球餐饮行业认可。

三、资源引进，集聚国际教育教学优质资源

学校依托国际组织、院校、企业等多方合作平台，挖掘吸纳国际优质资源，形成教育质量评估、课程、师资、教材、实训基地等国际化教育资源体系，为培育优质国际化旅游职业人才提供支持保障。

（一）引进质量评估体系，保障教育教学质量

学习借鉴国际先进教育思想、办学理念、教学方法和管理经验，学校引进国际教育质量评估体系，借鉴、融合中外教学质量监控制度，从根本上优化办学资源及办学体系，保障教学质量，为学生提供优质教学服务。一是利用澳大利亚质量培训框架（Australian Quality Training Framework），对课程培训包、授课计划及方案、教学资源及学生学习等多项内容进行评估。通过澳大利亚技能质量署定期对项目进行评估，从根本上优化办学资源及办学体系，在各个环节上保证其与澳大利亚本校同等的教学质量，建立一套符合澳大利亚标准的质量保证体系。二是借鉴、融合中澳双方的教学质量监控制度，特别引进澳方的三层监控的教学监督机制，即项目目标监控、课程目标监控和教师授课质量监控，主要由"环节推进表"（Affinity Diagram）进行总体指导，以目标管理的方法，层层推进，保证项目总体方向；课程目标监控以教学大纲为蓝本，指导整个教学进程，大纲除包含课程内容外还要有详细的评价方法，课程管理既规范又透明。

（二）引进国际师资力量，增强教学综合实力

学校坚持多形式、多途径引进外国文教专家，进行长短期授课、讲学、学术访问和科研合作，建立互融教学模式，促进教学质量提升，加强中外人文交流。一是学校按照依法聘用、择优聘用的原则，高质量、精准化引进外籍教师，制定了《外籍教师聘期考核实施办法》《外籍教师教学评价体系工作办法》等制度，进一步加强和规范学校外籍教师管理与服务。近年来，共聘用来自美国、英国、加拿大、澳大利亚、西班牙等国家和中国台湾地区的文教专家百余人次，具有硕士及以上学位的占40%以上，邀请国（境）外专家学者来校参加国际论坛和开展学术讲座95人。二是建立"一对一"结对机制，安排能够熟练运用英语的中方教师与外籍教师成立教学拍档，形成

中外教师共同备课、线上线下混合式授课、课后相互反馈的互融新模式，使中外方教师相互促进提高教学能力，以相互听课、合作教学等方式提高中方教师教学水平，并能够及时沟通解决授课中遇到的问题。三是学校鼓励外籍教师积极参与国内中外人文交流活动，增进对中国社会的了解，讲好中国故事，有4名外籍教师荣获省文化和旅游厅"诗画浙江"友好使者称号，外籍教师多次荣获省文化和旅游厅"相聚浙里"国际人文交流活动社区友谊奖之"最具宋韵气质奖"、2022年"汉语桥"全球外国人汉语大会金奖等大奖。

（三）引进优秀国际教材，国际本土有机结合

学校以提升学生语言能力和国际化综合为目标，积极引进优质原版教材，鼓励合作编写双语教材，形成国际化与本土化兼容的教材体系，实现教材、课程等教学资源的国际化与本土化有机结合。一方面，学校积极开发双语教材，制定双语教学课程认定标准及管理办法；引进优质原版教材，严格按照教材选用程序，加强对国外原版教材的审核与监管。另一方面，与友好院校、企业合作编写教材，与澳大利亚威廉·安格力斯学院合作完成酒店管理专业前厅、客房、餐饮、调酒四大专业课程双语教材编写工作，包括《酒店英语综合教程》《饭店英语服务实训》《客房服务与管理》《餐饮服务与管理》等，在学校酒店管理、厨艺等专业课程中得到了广泛使用；与意大利歌诗达邮轮集团合作编写《邮轮乘务概论》教材，在邮轮乘务专业的核心课程中应用。

（四）引进先进实训基地，营造仿真实训场景

学校与意大利歌诗达邮轮集团（亚洲）签订战略协议，由歌诗达邮轮公司投资，双方共建意大利风格的教学模拟实训中心——歌诗达国际邮轮实训中心。歌诗达国际邮轮实训中心设有餐厅、酒吧、客房、前厅等实训区域，是一所设备齐全、功能健全、教学方便、高效安全、管理简便的综合性、国际性实训中心，同时也是歌诗达邮轮集团全球九大员工培训中心之一，亚洲区唯一的培训中心。学生通过实训课程了解邮轮各个岗位的职能，学习实际工作所需技能，举办邮轮特色的技能测试与比赛活动。通过校企共育、协同创新，建立和完善邮轮旅游学历教育和职业教育培训体系。学校对歌诗达国际邮轮实训中心各实训区域进行改造，包括对原有区域进行标准化改造，更新设施设备，增加邮轮娱乐实训区域，增设邮轮玄廊，整合、扩充生产性实训基地、情景型实训基地及模拟型实训基地，建成集实践教学、职业技能培训与鉴定、技术服务于一体的国际邮轮乘务管理实训基地。

第三节 影响"再提升"

学校积极提升国际形象，促进国际合作双边共赢，牵头举办国际学术、文化活动，招收研修留学生，主办或参与国际赛事，加强中国旅游职业教育与国际对话交流，增进职业教育经验分享与技术交流，不断提升学校旅游职业教育的国际影响力。

一、国际活动，以对话扩大影响力

学校牵头举办"旅游教育与旅游业可持续发展"国际论坛、旅游服务业教育培训创新发展国际论坛、亚太区旅游职业教育可持续发展研讨会等一系列国际学术论坛，主动参与国际组织活动，与境外院校、企业开展合作，在全球开展中国文旅推介，牵头成立国际旅游教育合作组织交流平台，构建中国旅游职业教育国际传播体系，加强中国旅游职业教育与世界的对话交流。

（一）主办国际研讨，加强区域交流

学校积极推动亚太区域交流合作，助力旅游产业经济复苏发展，代表中国首次成功申报亚太经济合作组织（APEC）旅游领域项目，举办了亚太区旅游职业教育可持续发展研讨会（Seminar on Asia & Pacific Sustainable Development of Tourism Vocational Education），联合俄罗斯国立财政金融大学、日本东洋学园大学、泰国宋卡王子大学、新加坡南洋现代管理学院、韩国顺天乡大学，以及中国的香港职业训练局、台湾高雄餐旅大学、台湾景文科技大学、中国旅游院校"五星联盟"、四川工程职业技术学院、武汉职业技术学院、新疆职业大学等28家单位的积极参与。一是邀请了亚太地区的教育机构、企业、社会团体参与研讨，邀请中国教育国际交流协会、世界旅游联盟、韩国全罗南道观光财团、菲中文化与旅游友好促进中心嘉宾主旨演讲，探讨旅游教育未来趋势；邀请知名院校、企业代表主题发言，分享各国旅游教育典型案例；邀请中国高等教育旅游类代表院校校长展圆桌会谈，分享中国旅游职业教育的经验与做法。二是向各亚太经济合作组织成员的院校和机构征集旅游职业教育领域优秀案例，汇编成《亚太区旅游职业教育可持续发展国际研讨会案例集》（Case Set of Seminar on APAC Sustainable Development of Tourism Vocational Education），来自中国大陆、中国台湾、中国香港和美国、加拿大、俄罗斯、日本、韩国、马来西亚、新加坡、泰国、

印度尼西亚、文莱等地的 21 所院校、机构的 27 个旅游职业教育案例入选。

（二）合办文化活动，讲好中国故事

学校通过境外办学机构、线上传播等多种平台，举办中国文化系列活动，形成"中国传统技艺＋文化""境内＋境外""线上＋线下"多维度、全方位中国文旅国际传播模式。一是通过中俄、中塞、中意等境外办学机构搭建文化交流平台，开展了"一带一路"中国文化节、"美丽浙江·知味杭州"美食展等一系列中国文化活动，单场活动辐射千余人，通过展示中国书法、古诗词诵读、厨艺、茶艺、剪纸、武术表演等中国传统文化技艺，持续推进中外文化互通互鉴，讲好中国故事，传播好中国声音。二是定期组织承办国际性的文化活动，包括由杭州市人民政府主办的"知味杭州"亚洲美食节之"美食与优雅生活"论坛，共有来自全球 8 个国家和地区的专家、教师、美食爱好者共计 400 余人参加；举办"'一带一路'框架下的中意美食文化融合之路"主题论坛，意大利阿尔玛厨艺学院、歌诗达邮轮集团、杭州市中策职业学校、杭州饮服集团等中意代表院校、企业，共同探讨中意美食文化融合之路。三是通过线上展示方式，推介中国文旅形象，制作中国文化与传统技艺系列视频，包含"中华文旅之美""中华美食之美""中华非遗之美""中华舞蹈之美"4 个板块，已经覆盖全球 30 多个国家和地区；参与文化和旅游部"欢乐春节"宣传活动，通过《牛气冲天——国际友人的中国年味》视频介绍中国农历新年文化习俗，被韩国首尔中国文化中心、瑞典斯德哥尔摩中国文化中心、保加利亚索菲亚中国文化中心等转载，学校被评为省文化和旅游厅"欢乐春节线上活动优秀单位"。

（三）搭建交流平台，注入新鲜活力

强化浙江与香港地区的合作，在教育部港澳台办、香港中联办教科部、香港职业训练局、浙江省教育厅、浙江省港澳办共同指导下，学校牵头省内职业学校、香港知名企业等 29 家单位，成立浙港职业教育联盟，并担任联盟理事长单位，将浙港两地合作领域拓展到职业教育。2022 年，吸纳阿里巴巴集团、吉利集团控股有限公司等知名企业加入联盟。一是搭建浙港职业教育交流平台，举办浙港职业教育研讨会、"职业教育创新发展"研修班，组织首届橙点同学——寻找校园未来设计者大赛、港澳青少年内地游学专题培训班、"非遗文化线上研习馆"等活动，推进两地职业学校互学互鉴。二是积极促进浙港校企合作，在联盟的牵线搭桥下，香港美心集团与浙江旅游职业学院、香港达利国际集团与杭州职业技术学院、香港耀中幼教学院与宁波幼儿师范高等专科学校签订了合作协议，在师生交流、学术科研、共同办学、技术支持等领

域开展紧密合作，服务浙港两地经济社会发展。

二、涉外培养，以育训提升影响力

学校依托丰富的旅游、文化专业特色与优势，对外国人员持续开展学历教育、非学历教育及专业培训，共享中国旅游职业教育经验，传播中国文化，传授中国技艺，扩大学校的国际影响力。

（一）学历教育，培育知华友华人才

学校是浙江省第一批具有招收外国留学生资格的高职学校，制定学校国际学生《知华课堂》课程标准，培养"知华友华"的国际旅游职业人才，着力打造旅游教育"中国品牌"。自2003年以来，吸引了来自韩国、俄罗斯、乌克兰、荷兰、乌干达、肯尼亚等国家和地区的100余名留学生来校接受学历教育。一是学校设立国际学生奖学金，包括学业奖学金、才艺奖学金，并特别设立"一带一路"专项奖学金，吸引沿线国家学生来华留学。近三年，24人获得"一带一路"专项奖学金。二是根据学校留学生国情教育课程标准，设计留学生"知华大课堂"中国概况与文化课程，在全校范围遴选旅游、文化、厨艺、思政等方面的优秀专业教师组建"旅游汉语名师工作室"，开展"美丽中国"国际学生国情教育名师工作室建设，建设300平方米的中华文化体验中心，专门用于留学生国情教育教学。三是举办中华文化活动，组织鼓励留学生积极参与，厚植知华友华情怀，承办2017年浙江省第十一届"梦行浙江"外国留学生中华才艺展演活动、"我和诗画浙江"2021年浙江省国际学生微视频比赛，增强留学生对中国发展的情感认同。

（二）技能培养，传授中国传统技艺

学校以传播优质职业教育和中国技艺为宗旨，开展留学生非学历教育，培养中式烹饪进修学生，对接支持"一带一路"沿线国家人才教育培养。2019—2020年，受南非旅游培训署委托，学校为18名南非留学生开展为期一年的中式厨艺技能培训，组织了烹饪工艺与营养课程学习和顶岗实习。学校精心设计了培养方案，考虑学生来中国时间短，以安排实践操作类课程为主，包括中餐烹调工艺、糖艺、面塑、雕刻、中餐面点工艺、中餐冷菜工艺、实践教学等课程，配备专业教师授课，注重将中华厨艺技能与中国文化相结合，既能使学生掌握中式烹饪专业知识与职业技能，同时也让其感知中国传统文化的深厚底蕴与独特魅力。学校安排学生到百年老店杭州知味观进

行顶岗实习，主要安排学生在后厨实践技能，同时教授学生关于中国烹饪的理论知识、杭州传统小吃的制作方法及中国宴会菜肴的设计。学生非常感激知味观能给他们提供实习机会和生活环境，不少同学在结业报告中提到，希望回南非后能开一家中国餐馆，开自己的"知味观"。

（三）涉外培训，推广旅游职教经验

学校积极与"一带一路"沿线国家高校、机构、企业对接，开展各类对外文旅培训项目，推进中国旅游职业教育经验与世界共享，为旅游产业"走出去"提供支撑。一是积极对接支援"一带一路"沿线国家官员培训，学校承办了商务部"坦桑尼亚人力资源管理研修班"培训项目，向20名坦桑尼亚受援国家专业人员分享我国的管理知识和先进技术；组织教师参与浙江省自由贸易发展中心"发展中国家会展业发展与管理研修班""发展中国家商品交易市场培育发展研修班"等培训工作，面向乌兹别克斯坦、塞内加尔、尼日利亚、赞比亚、埃塞俄比亚等发展中国家政府部门官员、会展行业管理及从业人员开展语言、文化、旅游专业培训。二是面向境外院校学生、行业人员开展专业培训，学校为浙江省第一届"Excellent Guides"对非留学生导游培训班设计课程和授课，共有来自10多个非洲国家的42位学生参加培训；长期对俄罗斯、塞尔维亚友好院校学生开展"旅游汉语"培训；受世界旅游联盟委托，学校名导工作室为国际旅游导游联合会乌兹别克斯坦导游论坛提供"中国导游发展现状"在线培训。

三、国际竞技，以实力彰显影响力

学校鼓励学生参加世界职业技能比赛，在国际竞技、赛事、志愿平台上展现中国旅游职业技能水平，展示学校学校风采，彰显学校的形象。

（一）技能比武，展示青年技能人才水平

学校坚持以赛促技、以赛促学，鼓励学生参加世界职业技能、旅游主题比赛，展示青年技能人才的高超水平和综合素质，进一步彰显学校的办学实力。一是组织学生参与世界性厨艺、咖啡等职业技能比赛。包括获得世界厨师联合会（WACS）A级国际赛事官方认证的FHC中国国际烹饪艺术大赛，获奖牌数屡创新高；参加亚洲餐饮协会主办的AFA韩国世界厨艺大赛（AFA World Culinary Competition），与中国香港、中国澳门、中国台湾、蒙古国、菲律宾、越南、马来西亚、新加坡、泰国、韩国等地

选手同台竞技，荣获 8 项金奖和 1 项银奖。二是组织学生参与世界旅行及旅游业合作组织（GTTP）全球旅游案例研究大赛，展示中国学生综合素质。全球旅游案例研究大赛是世界性旅游主题竞赛，包括案例文本分析、研究展示、现场答辩、情景互动等评比环节，每年吸引中国、俄罗斯、印度、巴西、爱尔兰、匈牙利、肯尼亚、坦桑尼亚和中国香港等十几个国家和地区的选手同场竞技。学校历届选手展示出了娴熟的英语表达、扎实的专业技能、专业的调研数据分析和优秀的跨文化交际能力，赢得评委和各国师生的一致好评。目前，学校学生已连续 7 年代表中国内地赴境外参加全球旅游案例研究大赛并蝉联获得一等奖。

（二）志愿活动，精心服务闪亮世界

学校拥有人才优势和专业优势，在参加 G20 杭州峰会、上海世博会等重大活动志愿服务积累丰厚经验基础上，积极投身第 19 届亚运会、世界互联网大会、国际活动的志愿活动，获得广泛好评。一是 2021 年 1 月 22 日成为全省与亚组委签订框架合作协议的唯一一所高职学校。同年 5 月学校启动赛会志愿者招募，共有 1844 名志愿者报名成功，877 人进入面试环节。学校先后已经累计选派 44 人次的教师赴杭州亚组委挂职工作，主要负责亚运会住宿、餐饮、贵宾接待、火炬传递等业务领域相关工作。旅院师生服务团队，组成杭州亚运靓丽的名片。二是参加乌镇世界互联网大会志愿活动。学校组建"金钥匙团队"，用忙碌的身影、辛勤的汗水和专注的工作态度，给予参会嘉宾最舒适的服务，充分将学校"微笑文化"理念化于实际行动，践行"励志、唯实、博爱、精致"之校训，将所学专业技能用于实践，服务于不同岗位，切实保障了大会的顺利召开。三是国际论坛志愿服务。自 2018 年首届世界旅游联盟（WTA）湘湖对话开始，学校连续三届派出学生志愿者支持对话活动，并安排志愿者专项资金。酒店管理学院、旅行服务与管理学院、旅游规划与设计学院、厨艺学院、旅游外语学院和艺术学院等组成的志愿者分成注册报到组、交通接待组、联络员组、媒体组、信息组、会议组 6 个小组，全程参与世界旅游联盟系列活动的接待和会议服务工作，充分锻炼了学校师生的沟通和协调能力，展示了旅院师生的昂扬风貌。

（三）项目评选，职教成果展示实力

学校主动参与国际性组织项目评选，展示学校旅游职业教育最新研究成果，共同探讨旅游人才教育与培养途径，提升学校旅游职业教育品牌影响力。一是"阳光工程——浙江旅游职业学院助力学生成长成才"项目荣获世界职业院校与技术大学联盟（WFCP）2020 年度世界职业教育"学生支持服务卓越奖"。"阳光工程"是学校高素

质人才培养的重要载体，高品质文化校园建设的主要抓手，以"阳光"为育人导向，以"工程"为育人载体，服务学生综合素质培养，提高学生职业适应能力。世界职业院校与技术大学联盟会员来自60多个国家和地区的职业教育机构，"阳光工程"获得世界职业教育"学生支持服务卓越奖"，表明了该项目在促进应用型学习方面取得了一定的成效。二是学校教师接受邀请参加世界职教院校联盟中美高校校长领导力发展及合作论坛、中俄职业教育交流与合作研讨会、俄罗斯首届全俄旅游论坛、中俄旅游教育论坛、塞尔维亚首届健康旅游、服务、健康和保健国际会议等大型国际会议，利用论坛发言、发表论文等平台向世界展示学校的综合实力。

（牵头人：黄慧　撰稿人：许旭、杨扬、钟文）

第八章

DI BA ZHANG

治理现代化

ZHILI XIANDAIHUA

> 学校始终把实现治理现代化作为学校内涵提升和外延拓展的关键之举，坚持章程统领推进体制机制创新，坚持目标导向深化校院两级管理，坚持育人为本完善质量保障体系，坚持变革重塑强化数字赋能，努力成为新时代立德树人示范校、服务文旅融合发展的"智囊团"、中国职业教育的引领者。

第一节 体制机制改革

近年来，学校大力推动章程实施，紧扣"管、建、用"三个方面，建立健全学校规章制度体系，不断创新学校体制机制，推进学校治理体系和治理能力现代化。

一、严格落实党委领导下的校长负责制，充分发挥党的领导作用

学院党委深入落实立德树人的根本任务，坚定社会主义办学方向，充分发挥党委政治核心作用，全面推动学院高质量发展，形成了"抓党建促发展，以发展强党建"的良好局面。

（一）制度先行，规范党委领导下的校长负责制实施办法

根据学校章程，党委对学校工作实行全面领导，履行管党治党、办学治校的主体责任，把握学校发展方向，决定学校重大问题和重要事项，监督重大决议执行，落实全面从严治党主体责任与意识形态工作责任制，严格执行和维护政治纪律和政治规矩，始终坚持培养德智体美劳全面发展的社会主义建设者和接班人，支持校长依法独立负责地行使职权，保证各项工作任务完成。建立健全学校基层党建工作责任制，增强工作合力。党委对学校党的建设、思想政治工作、意识形态工作、党风廉政建设负有主体责任。认真落实《中国共产党普通高等学校基层组织工作条例》，加强对基层党组织工作的指导、监督和检查。党委书记履行高校党建工作第一责任人职责，建立抓党建工作责任清单，对党建工作中出现的问题，及时建立问题整改任务清单。校长

是学校的法定代表人，在学校党委领导下，主持学校行政工作。

（二）规范程序，完善党委会校长办公会议事规则

学校党委经党员大会（或党员代表大会）选举产生，对党员大会负责并报告工作。坚持民主集中制，实行集体领导和个人分工负责相结合的制度。凡属重大问题必须按照集体领导、民主集中、个别酝酿、会议决定的原则，由党委集体研究决定。学校党委会在党员大会闭会期间领导学校工作。校长办公会是学校行政议事决策机构，紧密围绕学校改革发展稳定，科学决策、民主决策、依法决策，推进学校人才培养、科学研究、社会服务、文化传承创新、国际交流合作等工作。校长办公会议一般每两周召开一次，必要时可增加或取消。会议由校长召集并主持，校长不能参加会议时，可由校长委托副校长召集并主持。

（三）试点开展，实施二级学院党总支领导下的院长负责制

学校试点开展了二级学院党总支领导下的院长负责制。学院党总支在学校党委的领导下主持二级学院党总支全面工作，履行和落实党总支管思想、管人才、管作风、管阵地要求，带领学院党政领导班子和全院教职工全面贯彻执行党的路线、方针、政策及学院的各项决定。负责抓好党的建设；负责学院的思想政治和意识形态工作；负责开展学院师生员工在岗位聘任、评优评先、职称评审、干部推荐等事项中的思想政治鉴定工作；负责学院师生的思想政治教育和理论学习工作；负责"三全育人"工作；负责学院中长期发展规划和年度党总支工作计划的制订；负责牵头研究学院改革、发展、安全稳定等工作中的重大问题。按照党管人才的原则，负责人才发展规划与人才政策的制定工作。负责学院专业（课程）教研室主任、专业带头人的选任和管理工作。维护领导班子内部团结，加强与院长的日常沟通，协调好党政工团及各民主党派等方面的关系。组织好领导班子的组织生活会和政治理论学习。积极支持院长在其职权范围内独立负责地开展工作。领导学院工会、共青团、学生会等群众组织，支持他们按照各自的章程围绕学校的中心任务开展工作。负责落实党风廉政建设责任制，履行党风廉政建设第一责任人的职责。

二、提升现代化治理能力，构建现代化治理新格局

顺应"互联网+"大融合、大变革趋势，聚焦数据治理，强化数字服务，突出场景应用，创建点、条、块三维融通，教、学、管三线贯通的数字化改革新范式，打造

数据精准化、服务精细化、管理精密化的现代化治理新格局。

（一）构建"五个一"改革体系，提升整体牵动力

学校编制的《"十四五"学校数字化改革总体方案》中明确提出，以坚持育人为本，引领创新、系统推进为建设原则，构建全方位、全过程、全天候的一站式服务平台和数据治理体系总体目标，并细化落实到每年的数字化改革建设任务中。通过实施数据治理攻坚工程、校务服务提升工程、校园环境智治工程、教学改革深化工程、数智基建保障工程，全面构建了"五个一"整体改革体系，即以数据治理为核心的协同"一中枢"、平台"一体化"、改革"一件事"、服务"一张表"、决策"一张图"。"五个一"工作体系的设计是基于数据中枢可视化采集、交互的技术能力，可有效打破"数据孤岛"的痛点，实现数字化应用"业务通、数据通、单点登录、一网通办"，校务管理和服务"网上办、掌上办、终端办"全面达成，校园数字化具备了"应用随身、服务随行、反馈随时"的治理能效。

（二）落实"五个到位"目标，提升需求驱动力

在深化数字化改革中，学校坚持以需求为导向，聚焦办学治校中的堵点、痛点、难点，做到"五个到位"，力求破解数字化改革"好看不管用"的弊病：一是清单编制到位，按照数字化逻辑，聚焦教学、科研、管理、生活等校园业务场景，梳理和重构职能部门的业务场景，确立了应用系统、业务数据表、主题数据和元数据资产，编制了"网上办"清单、"终端办"清单、填表服务清单、决策看板清单；二是数据价值的挖掘到位，完成了办学条件、师生状况、教务科研、智慧思政、招生就业、财务资产、平安校园、图书资料、服务效能、宿舍管理、校园能耗等专题数据看板和二级学院专属数据看板定制；三是场景应用到位，学校上线新版"浙旅院钉"移动门户，开设资产采购、访客审批等"掌上办"便民业务场景50余个，在师生活动区域推出"一网通办"自助服务终端，集成校内办公、教务、学工、人事、后勤等部门基于线下交互的服务事项，为师生提供"24小时不打烊"的自助服务窗口，打通校务服务"最后一公里"；四是专业教学数字化应用到位，学校在明确文旅产业各类数字化人才规格的基础上，出台专业数字化升级改造方案，重点推动新专业目录下的导游、酒店管理与数字化运营、智慧景区开发与管理、餐饮智能管理等专业群核心专业的数字化改造，高标准建设智慧旅游技术、定制旅行管理与服务、民宿管理与运营应用等新专业，重构模块化课程体系，创新线上线下混合教学模式；五是智慧教学场景改造到位，学校聚焦智慧教室和虚拟仿真实训基地建设，从虚拟环境和现实环境两个方面创

设了虚实结合的教育教学环境，大大提升了课堂教学效率和课堂学习体验，同时学校联合企业共同投资1900多万元建设国家级虚拟仿真示范基地——"现代旅游虚拟仿真实训基地"，系统打造虚拟景区、虚拟酒店、虚拟厨房等7个"云旅游"模块，全面覆盖5G信号，引入VR、AR等设施设备，为学校师生提供虚拟实践教学环境，通过沉浸式体验全面提升教学实训质量。

（三）打造"五个服务"平台，提升平台联动力

学校着力打造"五个服务"平台，赋能学校服务能力升级：一是打造科研数字化平台，通过建立中国旅游研究院标准化研究基地、浙江省文化和旅游发展研究院、浙江省智慧旅游体验中心（智慧旅游研究所）、浙江省文化和旅游统计数据中心等十大教学科研平台，融合实现智慧旅游体验展示功能、教学科研功能、社会服务功能，促进信息技术与教育教学的深度融合，探索旅游职业教育信息化的创新发展之路；二是打造智慧产教融合平台，开展旅游人才集群式培养，校企合作共建"阿里巴巴新旅游人才孵化基地""麦扑智慧旅游产业学院""蜗牛产业学院""森泊产业学院""雷迪森产业学院"等10余个产业学院，推动教育链、人才链、创新链、产业链"四链"融合；三是打造智慧思政平台，构建集学业预警、心理预警、经济预警、行为预警四种类型预警信息的数据共享"安全舱"、安全教育"防火墙"、分析判断"预警台"、AI辅助"智慧脑"、反馈分析"稳定器"五大功能模块，提升了学生思政工作的精度、力度、温度；四是打造校园安全管理平台，集预警研判、接警处置、留档追溯等功能于一体，将全校的火灾监测、能耗监测、车辆管理、寝室考勤融入安全管理平台，实现校园各类突发事件的实时智能监控，加强了校园安全一体化设计，织密校园安全"一张网"；五是打造校园能源管控平台，创新物联网技术应用，为生态节能、用能安全、用能发展、用能经费安排提供决策支持，建立校园能源大脑，推进绿色校园建设。

（四）形成"五个保障"机制，提升机制推动力

学校通过构建5个工作机制，确保数字化改革落地见效：一是组织领导机制，学校成立书记、校长任组长的数字化改革工作小组，校长兼任数字化改革办公室主任，下设党建学生思想政治工作、教学科研、校园安全稳定、校务服务、资产后勤、干部人事、改革督查7个数字化工作实施推进工作小组，形成专班统领、分头实施、整体推进的合力机制；二是运营管理机制，出台《数据管理办法》，建立"一数一源，一源复用"应用模式，形成每月例会、每周碰头、责任到人的沟通机制，确保数据运营

的高效性、管理的规范性；三是两级联动机制，学校与各学院、职能部门按照"专班化运作＋项目化实施"的方式组建两级工作专班，分级建立项目任务书、时间表、作战图，组建二级部门数据管理员队伍，明确数据采集、维护、使用等全生命周期的管理职责，全校"一盘棋"协同推进数字化改革工作；四是目标责任机制，建立了"目标项目化、项目清单化、清单责任化"的闭环式工作责任体系，将数字化改革纳入目标责任制考核，建立重大任务数字化改革专项督查，加强绩效评估和监督考核；五是数字素养提升机制，面向干部、教师、行政人员、学生等不同对象，通过专家讲座、应用技能和信息素养培训等形式，科学构建分层分类培训体系，将提升信息素养纳入职能部门培训计划，逐步提升干部、师生的信息化意识、素养和能力。

三、内部治理民主化建设，激发办学治校育人新动能

学校在推进治理体系和治理能力现代化建设中，将高校内部治理的民主化建设作为深化教育改革的重点内容，实现教育现代化的重要保障，充分发挥多元主体的作用，形成强大的治理合力和内生动力。

（一）深化校院两级教代会建设，强化基层民主治理能力

学校制定了《教职工代表大会决议落实情况评价办法》《浙江旅游职业学院教职工代表大会议案意见征求制度》等相关规定，进一步增强了学校决策的民主性和科学性。同时，为依法保障教职工参与学校二级单位的民主管理和监督，推进和完善学校民主制度，充分发挥广大教职工的积极性、主动性和创造性，进一步加强基层民主建设，提升二级教职工代表大会的质量、实效和水平，依据有关规定，结合学校实际，对学校所属二级单位，包括各学院、教学单位及实施二级管理的直属机构单位等，建立二级单位教职工代表大会（以下简称二级教代会）。二级教代会是学校教代会制度的深化，也是学校二级管理的重要组成部分。二级教代会在同级党组织领导下开展工作，在参与本单位的民主管理和监督、维护教职工合法权益等方面发挥积极作用。

（二）完善基层组织学代会建设，加快民主化自治进程

学校积极探索新的基层团组织设置形式，完善运作机制，更好地吸引、凝聚青年团员学生。一是完善组织设置，规范学生干部培养机制。在学校党委领导下，紧随高等教育发展步伐特别是青年学生思想、学习、生活等多层次需求的变化，结合多校区

学生管理的实际情况，对学生会基本组织设置和管理体系建设等方面的指导开展了有益的探索和实践，基本形成了设置科学、选拔规范、管理有序的良好发展局面。二是完善学生代表大会制度，构建民主管理体系。学校党政高度重视学代会建设，秉承坚持教育方针、把握主题方向、体现民主精神、贴近学生实际、锐意改革创新、促进全面发展的工作宗旨，经过多年的建设发展，学代会真正走进了学生，切实维护了学生权利和利益，加快了学生工作的民主化进程，成为学生组织自我学习、自我管理、自我服务的重要平台。三是强化学生社团管理理念、基本方法和创新模式。建立制度化的管理体系，提高管理的科学性和有效性，为大学生社团实践提供制度保障。完善分类管理的基本方法，注重差异化和个性化发展，为大学生成长成才提供有效引导。

（三）创建"1+X"服务模式，加强校院两级工会建设

学校系统推进"幸福工程"，全面实施"我爱我家"教工之家提升计划，使教职工在教学工作之余拥有更多的学习和交流场所。启动了各分工会教工之家活动室的建设项目，给予各二级学院1万元的建设经费，开展了9+1的建设模式，即每个二级学院建设一个活动室，行政部门统一建设一个校级教工之家活动室。结合教职工实际需求，积极挖掘和创造资源，争取提供多种形式、多个领域的教工之家服务网。打造成"1+X"体系的教工之家服务模式，"1"即一个校级服务网，建设健身中心、工会接待室、妈咪小屋、理发服务中心、汽车服务站等校级服务网络。"X"即以二级学院为主的教工小家建设，力求每个学院进一步完善自身特色鲜明、教职工喜欢的教工小家。深化教工之家内涵建设，以"教工小家（家园文化）建设年活动"和"十佳办公室评选活动"为抓手，设置专项建设资金20万元，重点建设了一批家样板教工小家，教职工"家园"意识进一步增强，学校教工参与率达到100%，满意度超过90%。先后荣获"省级模范职工之家""全国厂务公开民主管理先进单位""全国模范职工之家"等荣誉。

（四）优化校友联络工作体系，强化校友会建设

学校校友总会坚持"三服务"的工作宗旨，以感情为纽带、以活动为载体、以共同发展为目标，扎实有效开展校友会工作。一是强化党建引领，助力校友工作。学校与校友所在单位，构建党建引领、合作共赢的融合发展新模式，进一步促进资源优势互补，实现共建共享。二是加强组织建设，凝聚校友力量。各校友会逐步形成了一支有组织、有制度的校友工作队伍，校友总会在加强自身建设的同时，着重关注各地、各专业校友会建设。成立了创业校友俱乐部，在各二级学院选拔年级校友联络员、各

班校友联络员，并对他们进行创新创业、毕业生跟踪调查、校友平台等模块的培训和辅导。三是创新校友工作，增强服务意识。学校组织送教进校友企业活动，组建教学精英组成的教学团队，深入校友所在单位，提供"一对一""面对面"的精准服务，涉及面广、参与人数多，涵盖了本省11个地市，开展"幸福校友"10项服务，开办校友进修班，为调动积极性，校友总会给参加进修班的校友发放了"学习护照"，用于学习记录和打卡。四是搭建校友平台，加强联络工作。共建设27个不同地区、不同专业、不同性质的微信群，建立校友数据库，编辑《校友》期刊。

（五）建立青年教师群众性组织，推动青促会建设

2019年11月29日正式成立的学校青年教师发展促进会（以下简称青促会）是在学校党政领导下，由学校青年教师（45周岁以下）自愿组成和自我管理的群众性组织。青促会紧紧围绕学校"双高计划"建设重点，结合各分会所在学院和部门的特色和优势，组织开展了各类主题活动，为学校青年教师的成长和发展搭建平台和桥梁，努力建成旅院青年之家。一是健全组织机构，完善工作机制。青促会依据《浙江旅游职业学院青促会章程》，以全体理事会为组织核心，以秘书处为执行主体，各青促会分会为工作平台和载体，建立健全工作机制。二是建交流互动平台，聚青年教师人气。在活动平台方面，青促会以移动化办公为主要管理形式，通过常务理事会、全体理事会微信群进行日常管理、活动的策划和组织，保证年轻教师主体在学校治理体系中的参与度与活跃度。三是围绕"三台三桥"使命，开展多项主题活动。青促会常务理事会成员以教师职业发展、教学、科研、社会服务等不同主题开展到各分会进行调研，切实了解青年教师工作和生活中的所想和所需，听取青年教师对青促会开展活动的建议和设想，全面提升青年教师服务学校发展的能力和水平。

（六）完善学校发展理事会工作机制，构建多元主体治理格局

学校依托省部共建机制，组建浙江旅游职业学院发展理事会，建立校政行企协多方共治模式，构建多元办学格局。理事会是浙江省文化和旅游厅、浙江旅游职业学院、行业企业、旅游职教联盟院校、科研院所等多方按照平等原则组建的联合性、互利性、非营利性社会组织。理事会的工作职责为指导、咨询、协调浙江旅游职业学院的发展。目标与任务主要为创新制定系列宏观、中观层面制度，为校企合作提供制度依据；探索政策创新，提高企业参与人才培养的积极性。制定并推广旅游专业人才培养标准，促成旅游专业人才培养标准化、规范化；搭建学校与政府、行业、企业、协会等各种合作平台，构建学校服务行业、促进发展的共建共享组织机构；推进学校高

◎ 第八章 治理现代化

质量发展，实现"两大提升"（提升办学水平、提升办学层次）和"两大高地"（旅游人才培养高地、创新服务高地的目标）。

（七）强化产教联盟建设，打造协同发展共同体

学校组建了由学校牵头，本科高校、职业学校、行业龙头企业、科研机构、行业协会、地方政府等组成的浙江省旅游产业产教融合联盟，在实验实训实习基地、专业课程设置、师资力量、人才培养、技术研发等方面共建共享，依托产教联盟做强一批行业龙头或者骨干企业，形成旅游行业专业特色显著、人才支撑有力、产业链条完整、市场规模庞大的优势产业群。通过联盟的建设，推进"政校行企协"多方联动的产教融合改革，发掘合作潜力，提高合作层次，拓展参与空间，在人才培养、基地建设、科学研究、队伍建设和成果转化等方面开展校企深度合作，促进资源共享，构建协同创新平台，健全协同创新的体制机制，进一步激活旅游产教融合联盟的活力。通过联盟内成员单位的合作，培养更多的精服务、懂管理、会研发的高素质技术技能复合型人才，服务旅游产业的转型升级。推动联盟成员肩负起"政府智库""行业智囊""学术高地"的多重责任，更加自觉地担当起服务浙江文化事业、文化产业和旅游业发展的新责任，着力打造成为在全国具有广泛知名度、美誉度的"浙江样板"的旅游产教融合联盟。

第二节　校院两级管理

学校深化校院两级管理体制改革，进一步推进学校治理体系和治理能力现代化，厘清校院两级责权利，提升管理效率，坚持目标为导向、制度先行，筑牢改革根基，确保运行治理有方、管理到位、有章可循。

一、优化校院两级管理体系，构建校院两级管理闭环机制

学校深入推进校院两级管理改革。通过"三个坚持"，进一步厘清校院两级的关系，明确权责划分、运行机制和激励方式，充分调动二级学院（部）的积极性、主动性和创造性，激发办学活力。坚持管理重心下移，强化二级学院（部）的自主权，提高学校办学水平，推进学校整体发展。通过优化学校资源配置，建立二级学院（部）内部的竞争机制和激励机制，充分调动各类人员的积极性，提高管理效能和办

学效益，实现学校管理方式由过程管理向宏观调控管理的转变，最终建立科学合理、运作顺畅的校院两级管理体系。

（一）明确规划发展权，厘清校院两级责权利

根据学校对二级学院（部）的办学要求、发展规划和人才培养目标，学院（部）制订发展规划及年度计划，并组织实施；负责重大项目的申报、拓展和实施，接受学校及上级部门的检查、评估、监督和验收；教学科研管理权包括，各学院（部）必须完成所辖专业的专业基础课和应承担的全校性公共课的教学任务，保证教学质量。在符合学校教学管理制度和保证学校整体教学秩序的前提下，各学院（部）有权自主进行教学管理，制订和修订专业教学计划，调整专业方向和课程设置，有权在学校同意的前提下进行教学运行调度。各二级学院（部）根据学校相关规定，可开展各类社会服务，与企业和社会团体共同探索办学体制改革的新模式。

（二）明确人事权，强化二级学院人事管理权力

按照《浙江旅游职业学院人事工作校院两级管理实施细则》的规定，根据学校下达的人员编制和岗位职数、职责、评聘、考核等指导性意见，结合部门实际制定相应的实施细则，并报人事处备案。按照学校有关要求，结合各二级学院（部）师资队伍的现状，提出本学院（部）师资队伍建设培养计划和实施措施。根据学校有关规定，可对本学院（部）教职工实施权限内的奖惩，并报学校备案。各二级学院统一设置党政办、教科办、学工办。根据工作需要可设置临时性的工作及研究机构，报学校备案。

（三）明确资源配置权，合理配置各项资产

按照学校相关规定自主确定内部分配实施方案，报学校备案。对划拨给各二级学院（部）的包干经费自行编制经费预算。经费使用按照《浙江旅游职业学院财务工作校院两级管理实施细则》的规定执行。按照学校相关规定，配置及使用和管理本学院（部）的各项资产。

（四）明确学生管理权，规范日常教育管理活动

根据学校相关规定制定学院学生思想政治教育和管理工作细则并组织实施。负责本学院学生的团学社、心理健康、安全教育及开展各类优秀评选、奖助贷、保险、违纪处分等日常教育管理活动。负责本学院各专业招生计划的拟订，并报学校审批，负责本学院的招生宣传、就业服务、咨询服务和新生入学、毕业生离校等工作。

二、赋予二级学院管理职能，激发二级学院持续发展主动性

学校通过明确校院两级管理职能，实施人事、教学和科研的校院两级管理，实行"统一领导、分级管理、集中核算"的财务管理体制，落实二级学院学生管理的各项工作，充分激发二级学院自主发展主动性。

（一）多措并举，激发人事管理自主性

学校人事工作实行校院两级管理，学校侧重于目标管理，各二级学院侧重于过程管理。学校人事工作由党委书记全面负责，党委副书记分管人事工作。二级学院（部）人事日常工作由二级学院院长（主任）负责，凡涉及人才引进、考核、聘用、收入分配等重大问题，必须经二级学院（部）党政联席会议集体研究决定。组建师资队伍建设领导小组，根据学校发展目标，围绕专业建设、教学、科研等工作的需要，组织制定学校师资队伍建设规划，审议学校师资队伍建设过程中各项重大事项。成立岗位聘任领导小组，领导学校岗位设置与聘用的工作，研究决定岗位设置与聘用及聘后管理的有关问题，负责对各类各级岗位职级评定人员进行审定。建立专业技术职务评聘委员会，对学校申报各级各类专业技术职务人员的工作业绩、学术水平、综合表现等进行审核评议，根据评聘计划数，确定评聘人选。设立综合考评委员会，统一部署学校各部门和教职工年度考核工作，审议各部门和教职工年度考核结果，研究决定考核工作中出现的重大问题。建立学校招聘工作领导小组，负责非教学岗位公开招考、教学岗位复试、高层次及行业紧缺人才面谈等工作。

（二）强化执行，激发教学科研能动性

学校教学和科研工作实行校院两级管理，学校侧重于目标管理，各二级学院（部）侧重于过程管理。学校教学专门委员会是学校教学工作的研究、咨询与决策机构，负责研究与解决学校教学工作、教学管理工作与人才培养工作中的一些重大问题。成立科研专门委员会，负责审核学校科研工作的各类评价，审议科研项目申报，审定各类科研成果等级，修订科研业绩量化制度，审定科研项目经费管理办法，裁决学术不端及回复有关科研相关政策咨询等事项。质量监控办公室是学校教学质量监控与管理工作的职能部门，在分管校领导的领导下负责学校教学质量的监督、诊断和评估等各项工作。二级学院院长（主任）是学院（部）教学科研工作第一责任人，全面负责本学院（部）教学科研及相关管理工作。分管负责人主持教学科研日常工作，完

成学校布置的各项教学科研任务。

（三）明确责权，激发财务资产管理自律性

学校实行"统一领导、分级管理、集中核算"的财务管理体制。"统一领导"是指统一财务规章制度，统一资源调配，统一财会业务领导。"分级管理"是指在学校统一领导的基础上，明确学院的职责，界定学院的财权，实现学院事权和财权相匹配，由学校和学院进行分级管理。"集中核算"是指学院各项经费的收入和支出，由学校计划财务处集中进行会计核算，学院不单独设置会计机构，不开设银行结算账户。二级学院（部）建立自我发展、自我约束的运行机制，规范学院财务工作，防范廉政风险，提高资金使用效益，促进学院（部）各项事业健康发展。学院（部）是院级财务管理的主体，院长（主任）是学院财务工作的第一责任人。

（四）规范管理，激发学生管理教育责任性

二级学院根据学生日常管理规章制度及学校相关工作具体要求，落实学生管理的各项工作；加强本学院学风建设，做好班级管理和建设，规范学生日常行为；负责处理本学院学生突发事件，对存在问题较严重的学生，要及时向家长通报，取得家长的支持和配合，做好家校联系，同时做好工作过程记录以备核查；结合本学院实际制定综合素质测评实施细则和补充规定；组织部署本院综合素质测评工作；对各班综合素质测评工作实施监督和指导；负责本学院学生文明寝室建设，开展各类寝室文化建设活动，增强寝室的育人功能；负责本学院学生各类档案的收集、整理及归档工作；负责本学院少数民族学生、有宗教信仰学生的教育管理工作等。

三、以专业群带动专业改革，优化二级学院运行管理模式

学校以专业群建设为抓手，以"双高计划"建设为契机，切实加强内涵建设，建立健全多方协同的专业群可持续发展保障机制，充分发挥高水平专业群的示范作用、带动作用、标杆作用、引领作用，助推全面发展。

（一）建立"以群建院、以群强院"运行机制，构建专业群协同发展新格局

一是建立"以群建院、以群强院"管理体制。完善两级管理，建立学校、二级学院、专业（群）三级组织构架，建立完善两级管理权限与责任、过程与监督等制度。确立以二级学院为主体的管理模式，将日常教学组织、技术服务、社会培训等下放到二级学院，实现管理重心下移。二是建立"以群建院、以群强院"运行机制。完善

"融合衔接、动态调整"的专业群建设机制，优化"注重内涵、整体提升"的专业群发展机制，系统设计人才培养方案，重构课程体系、课程内容，促进各专业间的资源共享、协同发展。三是建立"以群建院、以群强院"保障机制。坚持"服务、融入、引领"的办学理念，构建政行企校紧密合作、优势互补、共同发展的产教融合良好生态。在产教融合中深化教与学的结合、双师团队建设、人才培养与科研服务的协同，吸引企业深度参与学生实践教学，推动专业课程变革和学习方式的变革。

（二）创建"以产业链建专业群，以专业群建二级院"的办学模式，形成专业群协同发展合力

精准对接国家战略需求和区域产业布局，主动服务旅游业提质增效和产教融合型城市建设，对标高端产业和产业高端，建设四大专业群，重构二级学院。服务旅游高质量发展需求，打造高水平专业群。学校以国家"双高计划"建设专业群旅行服务与管理专业群为龙头，酒店管理、旅游规划与设计、厨艺协同推进，形成四大专业群。同步设立旅行服务与管理学院、酒店管理学院、旅游规划与设计学院、厨艺学院4个二级学院。同时，对其他二级学院也做相应的调整，形成更强大的合力。

第三节　质量保证

学校通过质量保证体系、督导评估体系、质量诊改平台建设的联动运转，促使校内人人讲质量、步步有质量，营造浓厚的质量文化氛围，打造"质量旅院"品牌，为学校高质量人才培养提供保障。

一、人机协动，建构内部质量体系与模式

学校通过完善督导队伍和诊改平台的建设，架构内部质量保证体系整体框架，连通学校顶层设计与目标落实，发挥目标导向、条件保障、激励约束、监督控制功能，把教学过程各个环节、各部门活动与职能合理串联起来，构建纵横交织立体化并具有较强预警功能的内部质量保证体系。

（一）搭建框架，完善内部质量保证体系

根据教育部《关于建立职业院校教学工作诊断与改进制度的通知》的要求，学校一方面组建内部质量保证体系诊断与改进委员会，由学校书记、校长担委员会的主

任,副校级领导担委员会副主任,各二级部门负责人担委员。该组织负责学校、专业、课程、学生、教师5个层面的质量保证体系顶层设计及决策性指导,质量办负责总体组织实施,办公室、人事处、教务处、学工部负责5个层面的总体实施及诊改。同时,学校完善校级专职督导、二级学院兼职督导、学生课堂教学质量信息员3支队伍,实时、现场开展教学督导和质量监控。另一方面,学校通过诊改平台的建立,搭建由目标任务系统、专业发展系统、课程诊改系统、教师发展系统、学生发展系统和核心制度汇编六大部分组成的质量诊断与改进平台,实时收集和监控办学常态化运行数据。建立协同推进机制、专项运作机制、监督预警机制、考核评价机制四大工作机制,形成一套以办学理念、精神引领为核心,以人为本、可持续发展为理念,全员质量管理的人机联动的质量文化体系,如图8-1所示。

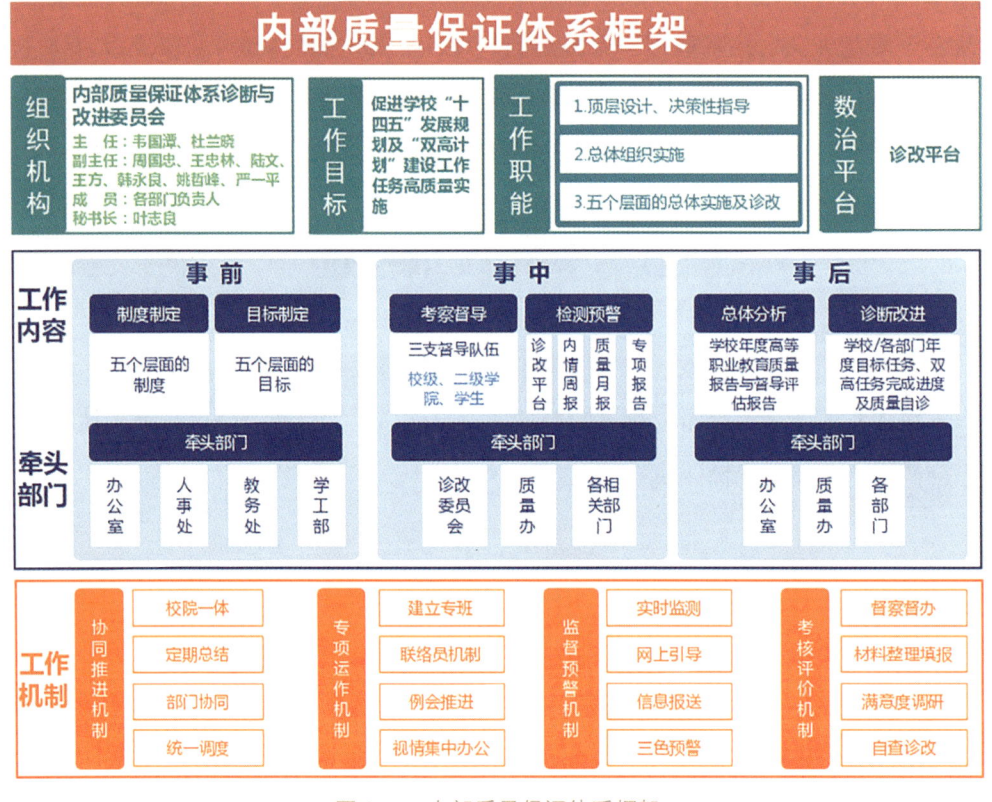

图8-1 内部质量保证体系框架

(二)三大转型,促进质量体系内涵式发展

通过人机联动,学校的质量体系实现了三大转型,主要体现在以下三点。

一是由结果考量到过程考量的转型。学校通过不断地摸索,系统开展质量监控流程再造，通过事前的目标与制度建立、事中的考查督导与检测预警、事后的总体分析与诊断改进，建构全过程质量监控程序，实现由结果考量管理模式向结果考核与过程考量相结合的监管、考核模式的转变，如图8-2所示。同时还包括教学评价的转变，全新的教学思想、教育目标、教学结构与教学方法、教学质量观，促使对传统教学效果评价方法的变革从重视结果的"终结性评价"向重视过程的"形成性评价"和"终结性评价"并重转变。

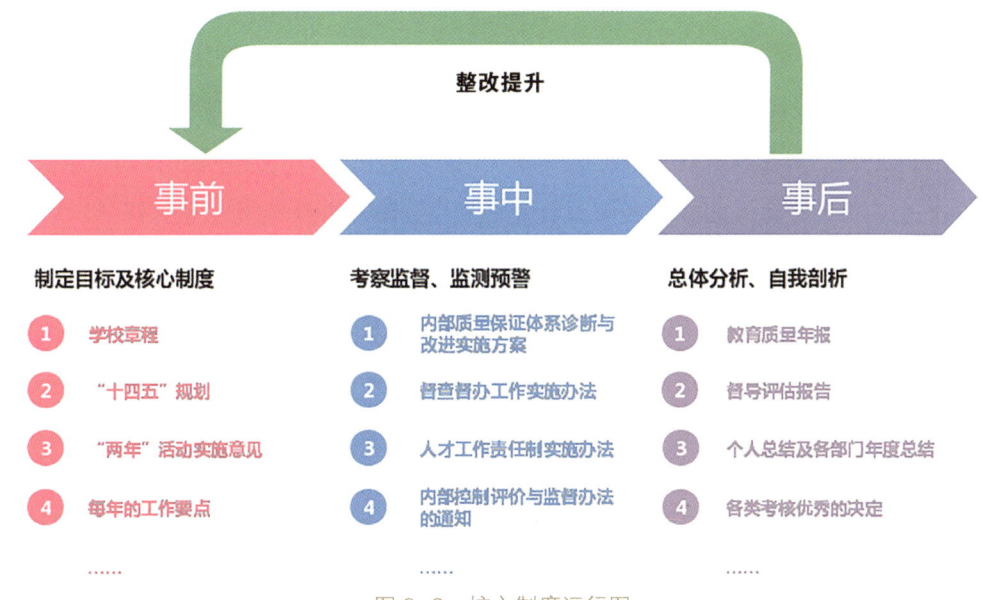

图 8-2 核心制度运行图

二是由单一教学督导工作到全方位监控的转型。学校优化内部机构设置，保障各项工作的高效运行。2017年，将原督导室提档升级为质量监控办公室，工作职责也从单一的教学督导工作，向组织开展学校内部质量保证体系的构建、运行和监测，对教育、教学和管理工作进行全方位、全覆盖的检查、督促、评价和指导，实现督导与指导、监控与建设的整体提升。

三是由单一人力管理到数智治理的转型。随着质量保证体系建设及诊断与改进工作的推进，2019年，内部诊断与改进平台正式使用，在运行的实践中不断优化改进，形成多元化主体参与、多维度、全方位评价，将人员监控与智能数字化有机结合，以数智技术赋能治理工作，推动向以诊改平台为依托的数智治理迈进，促进学校教育的可持续发展。并根据学校整体发展需求，逐步增加了"双高计划"建设模块、平安校园台账模块、督导听课评价模块，实现治理水平和治理能力的整体跃升。

（三）制度引领，建立有效运行的核心制度体系

学校在内部质量保证体系建设中形成不断优化改进的事前、事中、事后核心制度，不断努力探索适应新时代经济发展、对人才的高标准和高要求的高等职业教育质量保证体系，保障质量保证体系的政策、制度的有效性。

事前核心制度是学校内涵式发展的顶层设计，学校制定《章程》《"十四五"发展规划》《"两年"活动实施意见》等制度，对学校发展勾画蓝图；事中核心制度着力工作过程评价，制订《内部质量保证体系诊断与改进实施方案》《督察督办工作办法》《人才工作责任制实施方案》《内部控制评价与监督办法》等具有考察监督、监测预警的实施方案，将数据收集与实地调研相结合，建设师生认可的内部质量保证体系；事后核心制度建立个人及二级单位目标考核制度、激励制度，主要关注建设成果的利用，通过《浙江省高等职业院校督导评估报告》《教育质量年报》等的概括、撰写，查漏补缺，完善学校内部质量保障体系。

二、师生互动，完善三级督导体系与反馈制度

学校高度重视质量队伍建设，秉持"以学生为中心"的发展理念，着力打造以师生互动为特色的教学督导团队，建立并完善了要素完整的三级督导体系，对教学质量进行全方位、全角色、全过程督导，形成特色化、系列化、系统化的多级反馈制度。

（一）完善教学质量队伍建设，建立要素完整的三级督导体系

完善校、院3支教学质量监管队伍。学校先后出台了《浙江旅游职业学院督导工作管理办法》和《浙江旅游职业学院学生课堂教学质量信息员遴选与管理办法》，对学校的校级专职督导、二级学院兼职督导和学生课堂教学质量信息员三级督导体系进行制度层面的设计。校级督导充分发挥智囊团的优势，对学校办学水平和人才培养相关的工作进行监督、评价和指导。二级学院（部）督导对所在教学部门的教学工作和教学管理工作进行督促、建议和指导。学生课堂教学质量信息员从学生角度关注教学效果和成长感受，参与课程与专业建设，立足课堂教学实际，以发现问题促进课堂教学质量整改提升。其中校级督导7人，二级学院（部）教学督导34人，学生课堂教学质量信息员一年一推选，2019年、2021年、2022年和2023年分别推选学生质量信息人254人、240人、279人和235人。

实施全过程、全角色、全方位的质量监控。充分尊重学生的主体地位，通过学生

对教学体验的即时反馈，实现教师与学生全员化、全覆盖对教学全过程的质量监控；以三级督导队伍为基础，听课评课和各类满意度调研为抓手，建立了教师、学生和用人单位等多元评价主体的全角色教学评价体系；在全员、全过程质量监控的基础上，依托诊改平台，对学校教育教学质量进行全方位监控。

（二）建立质量信息发布机制，形成特色系统的多级反馈制度

实施教学质量督查周报、月报和年报制。学生质量信息员团队基于日常听课感受，及时反馈课堂教学情况，汇总、编辑学生课堂教学反馈，形成《内部通报》。《内部通报》每周面向二级学院发布，定期追踪问题整改情况。2019—2021年，收到学生质量信息员各类教学相关反馈信息超过6000条，累计发布《内部通报》63期。改版《质量月报》，以课堂教学为中心，保留对各二级学院教学质量测定板块，增加学校重大教育教学事件记录、最新教育教学政策解读和兄弟院校建设经验介绍，编辑《督导月报》面向全校教职工发布。根据教育部和浙江省教育厅的要求，撰写《年度质量报告》，根据浙江省人民政府教育督导委的评估要求撰写《督导评估自评报告》。由此，建立督导周报、月报和年报的反馈机制，形成由3支教学督导队伍、3项督导工作、三类督导报告组成的全方位、全角色、全过程"333"督导管理、信息发布工作闭环。

建立二级学院年度质量报告制，充分尊重二级学院的办学主体性，从学生发展、教学改革、政策保障、服务贡献等方面，对二级学院人才培养质量做出综合评价，最终纳入学校质量年报。

（三）聚焦质量建设关键领域，形成全面定向的系列专报

坚守安全底线，定期发布舆情和安全系列专报。学校定期召开全校意识形态领域专题工作会议，严格按照意识形态领域阵地管理相关制度，规范意识形态领域事件处置流程。关注网络舆情的热点话题，实行网络意识形态领域新媒体"号长"制度，定期发布舆情系列专报。以平安校园考评复核为契机，学校实施以"群防群控、智防智控、联防联控"为特色的平安校园建设工作，着力在安全稳定工作责任制、安全治理能力、智慧安防建设上见成效，定期发布安全系列专报。通过全校师生的共同努力，坚守安全底线，为学校"双高计划"建设营造了稳定安全的环境及氛围。

聚焦质量建设重点、难点和焦点领域，开展专项调研，撰写专项调研报告。2019—2022年，累计开展专项调研12项，形成调研报告12篇。由质量办牵头进行在校生满意度、毕业生满意度、教职工满意度、用人单位满意度和家长满意度等的

调研。在"双高计划"中期绩效考核中，学校2019—2021年各项满意度指标均完成"双高计划"校建设任务，其中，在校生满意度完成率为104.5%，毕业生满意度完成率为106.0%，教职工满意度完成率为101.8%，用人单位满意度完成率为108.61%，家长满意度完成率为109.72%。

三、纵横联动，动态运行内部质量诊改数字平台

学校依托内部质量保证体系诊断与改进平台，在学校、专业、课程、教师、学生5个层面建立起完整且相对独立的质量目标、质量标准、质量制度，形成教学工作诊断改进五纵五横工作机制，动态推进学校内部质量保证体系诊断与改进数字化平台的良性运行。

（一）"五纵五横"，搭建内部质量保证体系架构

学校完善常态化内部质量保证体系，优化数据采集管理信息系统。学校以"十四五"规划和专项规划提出的各级规划目标为依据，确立目标体系和标准体系，以校本人才培养工作状态数据平台管理系统为支撑，构建"决策指挥、资源建设、服务支持、质量生成、监督控制"5个环节的工作主线，覆盖由学校、专业、课程、教师、学生等主体对象组成的5个横向系统，搭建"五纵五横一平台"的内部质量保证体系基本架构，通过理顺5个层面责任主体间的工作机制、责任任务、内在关系、工作衔接，形成立体化的评价指标体系、质量制度与标准体系，如图8-3所示。

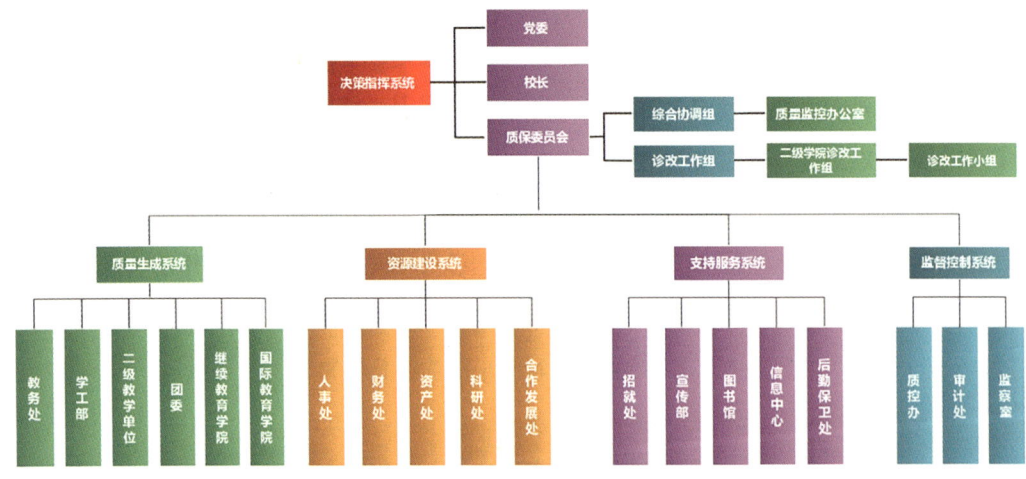

图8-3　学校职能部门在纵向五系统中的定位

学校通过建立"学校—综合协调组—二级学院诊改工作组—诊改工作小组"四级质量保证组织，形成多过程控制、多层级递进的内部质量保证网络：一是成立学校质量保证体系诊断与改进委员会，全面领导学校内部质量保证体系诊改工作。下设质量管理办公室，负责实施质量监控、诊改制度运行等工作；二是成立综合协调组作为全校诊断与改进工作的协调机构，以专业发展、教师发展、学生发展、数据平台四个二级部门工作组作为全院诊断与改进工作的指导机构，负责内部质量管控；三是成立二级学院诊改工作组，作为二级教学单位诊改工作的领导机构和执行机构，全面负责各专业、课程、教师、学生的诊断与改进工作；四是下设诊改工作小组：专业质量保证小组、课程质量保证小组、教师质量保证小组、学生质量保证小组作为诊断与改进工作的操作机构，负责专业、课程、教师、学生的诊改工作。

学校在学校层面、专业层面、课程层面、教师层面和学生层面，构建纵横联动全覆盖的"8"字形质量改进螺旋运行机制，如图8-4所示。其中学校层面：依托诊改平台，落实年度工作计划，明确任务完成标准，按任务—工作—个人逐级拆分，对各项工作进行自主诊断改进；专业层面：制定学院专业设置与调整管理办法，运用信息管理平台，实时采集状态数据做统计分析，并在专业考核性诊断及专业认证机构对专业进行评估或认证的基础上，及时反馈与改进；课程层面：编制课程建设方案，明确每门课程年度建设目标、任务、措施、预期效果，借助信息管理平台，实施课堂教学质量实时跟踪改进，让教师针对课程教学考核性诊断中发现的问题进行改进；教师层面：完善学院教师发展标准，搭建教师成长平台，促进教师专业发展水平更上一层楼；学生层面：参照学生发展标准，实施多维度的学生自我诊断，实时采集学生状态数据，及时反馈与改进。

（二）五维共进，常态化运行内部质量保证数字平台

学校根据"五纵五横一平台"的内部质量保证体系基本架构，搭建了质量诊断与改进平台，以数据采集、汇聚、分析和解读为核心，以业务系统为支点，涵盖决策指挥、质量生成、资源建设、支持服务、监督控制五大方面，主要从学校、专业、课程、教师、学生5个维度，为学校内部质量保证体系诊断与改进工作提供了全面的信息化支撑。各维度具体诊改实施情况如下。

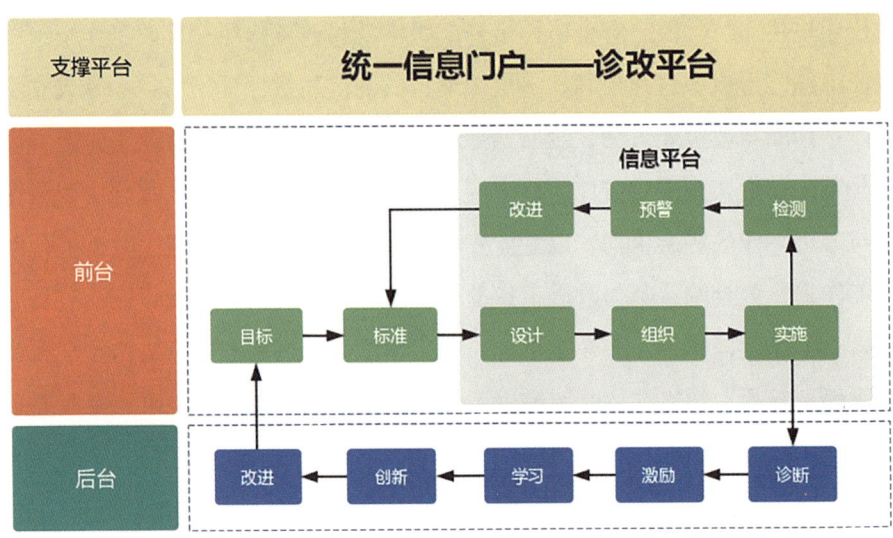

图 8-4 "8"字形质量改进螺旋图

1. 学校维度

学校年度目标任务及"双高计划""提质培优行动计划"建设任务均通过诊改平台目标任务系统进行目标管理与部门绩效考核。在"目标—标准—运行—诊断—改进"螺旋递进的常态化自我诊断机制之下，各部门负责相关工作的人员每月都需要进入目标任务系统进行工作进度填报，生成一页纸报表，进行过程性监控与管理。

2. 专业维度

通过诊改平台专业发展系统，对接学校教务平台，实时采集专业、课程教学状态数据及专业建设状态数据，依据填报的人才培养方案、专业标准及专业高质量发展评估数据，修正培养目标、完善课程体系及教学标准的同时，监测专业建设目标任务完成情况，根据专业教学标准及建设方案，进行专业诊改。

3. 课程维度

任课教师依据课程教学标准，按照课前、课中、课后的课程教学三环节，在诊改平台课程诊改系统按学期填报所教课程的完成情况、存在的问题及改进措施，结合课程建设方案和课程标准，不断改进课堂教学形态，提高学生学习目标达成度。

4. 教师维度

诊改平台教师发展系统依托学校大数据中心，根据学校师资队伍建设规划和职称评审要求，设置师资队伍建设目标链，编制年度实施线路。学校依据教师发展标准，系统设计激励提升机制，建立信息化的教师成长档案，实时记录教师个人成长轨迹，指导和帮助教师实现发展目标。

5. 学生维度

诊改平台学生发展系统对接学校学工部学工系统下的学生综合素质养成学分模块和教务系统学生学习情况相关数据，面向全体学生实施学生自我诊断问卷和学生发展个人规划目标的填报，形成自测诊断图表应用于学生自我调整与改进，监测学生发展状态，促进学生全面发展。

第四节　数字赋能

学校顺应数字化转型发展的时代趋势，构建"智慧化教学支撑、网络化办事流程、数据化治理决策、自助化公共服务、智能化校园管理、数字化产业服务"等场景，以数字化转型驱动学校高质量发展，打造"整体智治、高效协同"的现代化治理新格局。

一、创建闭环管理工作体系，系统推进数字化转型工作

学校成立由书记、校长任组长的数字化改革工作小组，校长兼任数字化转型办公室主任，下设党建思政、教学科研、安全稳定、校务服务、资产后勤、干部人事、改革督查7个数字化工作专班，建立"目标项目化、项目清单化、清单责任化"的工作责任体系，将数字化改革纳入目标责任制考核，加强数字化改革专项督查和绩效评估，以"目标—责任—考核"的闭环管理机制，协同推进数字化转型工作，如图8-5所示。

二、构建六大数字应用场景，联合驱动数字化转型发展

基于高职学校办学职能定位和教育数字化转型的发展趋势，学校积极探索高职学校数字化转型建设模式，构建六大普适性应用场景，以数字化转型赋能学校高质量发展。

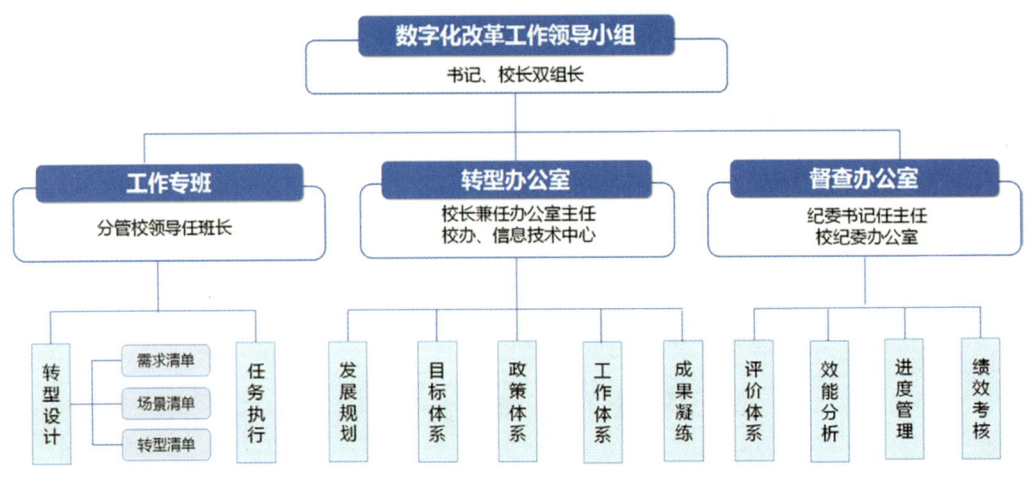

图 8-5　浙江旅游职业学院数字化转型工作体系

（一）构建智慧化教学支撑场景，助力教育数字化转型

以支撑高素质技能型人才培养为导向，基于基础环境、教学平台、实训平台等数字化应用，构建智慧化教学支撑场景，为师生提供教与学的创新环境。

夯实"互联网+"教学基础环境。在学校范围内高密度部署 5G+Wi-Fi 校园网络，建成 100 间智慧教室，为师生和教学管理者构建集新型教学空间、混合式学习环境、智能教学管理于一体的智慧教学新生态。搭建"空中课堂"技术环境，实现学校萧山校区与千岛湖校区的远程互动教学，共享优质教学资源。打造智慧空间管理系统，实现从课表、考勤、预约到数据分析的全方位数字化管理，提高教学空间的使用率。建成在线课程录制中心，支持全自动智能录播、自定义课程场景录制、虚拟抠像背景录制，提供多场景沉浸式的在线课程录制环境。

推进"互联网+"教学课程改革。多措并举推动线上线下混合式教学模式改革，基于中国大学 MOOC、智慧职教、智慧树、超星尔雅等网络教学平台，截至 2023 年 2 月，上线运行在线开放课程 91 门，教师使用平台超 28 万人次，学生参加线上学习超 1396 万人次。推进在线课程的自主建设，投入使用 SPOC 课程达 2707 门，学校自主建设在线课程 187 门，使网络学习空间成为师生开展教学活动的主阵地。搭建"魅力之窗"课堂展示平台，上线"人人一堂公开课"，以课堂实录形式开展教学经验分享，记录教师教学能力提升过程，营造"爱教、重教、研教"的线上教学氛围。

创新"互联网+"教学实训应用。围绕旅游产业新理念、新技术、新标准的要求，结合课程教学与实践实训的使用需求，对标《职业教育示范性虚拟仿真实训基地建设指南》，建成首批教育部职业教育示范性虚拟仿真实训基地，构建"未来厨房""未来酒店""未来景区""未来导游"等专业虚拟仿真实训中心，定制"无忧导游""虚拟游"等拥有自主知识产权的虚拟仿真实训资源，开发旅游类虚拟仿真实训软件14项，开设虚拟仿真实训资源课程48门。运用数字孪生技术，搭建实训中心可视化管理平台，实现对空间数据、资产数据、耗材数据、物联网数据的实时展示和监测预警，提升实训资源的管理水平。

（二）构建网络化办事流程场景，全面提升校务服务效能

全面落实"最多跑一次"改革，通过流程再造、模式重构、系统重塑，加强校务服务的集成突破，构建一体化校务服务平台，形成"网上办、掌上办、终端办"立体化办事体系，具备"应用随身、服务随行、时刻在线"的服务能力。

"网上办"：打造一站式办事大厅。作为学校一站式信息门户平台，网上办事大厅开发"个人中心、服务中心、事务中心、服务统计"等功能模块，实现服务个性化定制、业务多维度查询、事务审批集中处理、服务效率实时统计等应用。通过全面梳理校务服务事项清单，创新"一窗受理、集成服务、一次办结"的服务模式，简化办事流程，156项服务事项通过一个账户一个密码集中办理，面向师生提供应用尽有的校园服务，实现"最多跑一次"服务事项百分百"网上办"全覆盖。

"掌上办"：定制浙旅院钉移动门户。提升移动端办事服务能力，开通"浙旅院钉"移动门户，方便师生掌上业务的办理。"浙旅院钉"定制教师、学生个性化钉钉工作台，开发"待办事项、专题应用、通知公告、我的服务"功能模块，建设"掌上办事、平安校园、幸福旅院、智慧后勤、采购管理"等便民惠民服务场景50余项，实现校务事项"掌上办"全覆盖。同时，畅通多元数据融合的消息推送渠道，建立一体融合的"一站式"消息中心，实现PC端（网上办事大厅）和移动端（浙旅院钉）待办消息的全面贯通、集中办理。

"终端办"：推出自助服务触屏终端。打通校务服务"最后一公里"，在教学楼、食堂、图书馆、事务中心等师生高频活动区域推出自助服务触屏终端。终端集成校内办公、教务、学工、人事、后勤等部门基于线下交互的服务事项，实现证明材料办理、证件注册、自助打印等五大类22项"终端办"应用，为师生提供"24小时不打烊"的自助服务窗口。

（三）构建数据化治理决策场景，实现数据深度管理

运用大数据处理和分析技术，深入开展数据治理工程。重构数据治理逻辑架构，

盘活校园数据资产，创新数据服务应用，实现用数据治理、用数据服务、用数据决策。

设计"一张表"填报服务。全面梳理校内填报业务清单，整合精简各类报表，深入开展"最多填一次"建设工程，建立专人负责、协同配合、分工协作的表单报送流转机制，建成岗位聘任、年度考核、教育培训、竞赛获奖等65项在线填表应用，实现校内表单"最多填一次"或"不用填"，切实解决教师重复填表、多头填报的难题。定制个人信息"一张表"，通过数据中枢的数据采集交互，自动汇集教职工基础信息、教学信息、科研成果、培训进修、企业实践等20项3.7万余条个人数据，形成教职工成长管理"一表通"，实现个人信息的集中呈现、集中管理。

集成"一件事"联办改革。立足师生关键小事，建立学校主导、部门协同、系统联动的"一件事、一站式、一次办"的工作机制，分主题整合业务办理事项，通过流程精简、数据集成，推出"空间管理一件事、新生报到一件事、毕业离校一件事、评奖评优一件事"等全流程、集成式联办服务应用，实现"让数据多跑路、师生少跑腿"。以新生报到一件事为例，新生信息确认、照片采集、健康填报、防疫问答、财务缴费、宿舍分配等报到事项，全部线上一站式办理，新生只需凭借生成的报到单和入校通行码即可顺利完成入学手续。

创新"一张图"决策应用。聚焦教学、科研、管理等核心业务场景，挖掘隐藏数据价值，开发"一项工作一看板"应用，建成办学条件、师生信息、教务科研、招生就业等16项专题数据看板和8个二级学院专属数据看板，实现核心数据资产的动态在线化、展现可视化。加强知识、规则、算法、模型等融合应用，以制度制定预警阈值，定制开发学生管理、资产采购、科研监管、审计纪检、平安校园、绿色校园等战略目标管理一体化工作台和目标管理屏，创新"校园大脑"建设，以数据驱动校园治理变革，全面提升趋势分析、风险识别、预警预测、调控调度等智能化能力。

（四）构建自助化公共服务场景，提升师生公共服务体验

深化"幸福旅院"建设工程，以校园E码通、智慧后勤、智慧图书为载体，构建全方位、全过程、全天候的公共服务新模式，为师生提供高效率、个性化的校园自助化服务。

实施校园卡整合提升工程。整合实体校园卡、虚拟校园卡、人脸识别终端等多种载体，建立刷卡、刷码、刷脸聚合支付通道，统一校园消费账户财务管理。推出校园E码通服务，集成校园工作证、借阅证、就餐证、水电卡、出入证等功能，师生通过校园E码通或人脸的身份认证方式，即可实现门禁、考勤、用餐、水电费缴纳、图书

借阅等自助业务，有效解决实体校园卡携带不便、线下网点排队办理业务等问题，全面推进校园"无卡化"生活。

推出园区化智慧后勤服务。实施后勤服务创新行动，提升校园生活、公寓管理、设施维护、商超管理等场景数字化应用水平。基于"浙旅院钉"移动门户，构建点餐外卖、净菜购买、智慧报修、校园洗车等智慧后勤专题微应用，提供线上线下一体化融合的校园生活自助服务。全面升级食堂消费和点餐终端设备，开展智慧餐台和"阳光厨房"试点。建立学生公寓一体化管理系统，实现查寝管理、住宿管理、保洁管理、宿舍订水、床品预定、水电缴费等功能，有效提升园区多维度、精细化管理水平。

建成自助式智慧图书馆。基于物联网 RFID 无线射频技术，建成自助式智慧图书馆。通过搭建读者数据分析展示系统、旅游类专业群学术平台、电子书瀑布流、虚拟图书馆、移动图书馆等软件平台，及智能盘点车、智能借还机、图书查询定位机、24小时图书超市、智能书架等硬件设备，实现图书馆线上线下服务深度融合，提升图书管理图形化、精准化的盘点借还效率，提高图书资源数据化、可视化的分析展示能力，打破时间、地域限制，为师生提供沉浸式智慧阅读体验。

（五）构建智能化校园管理场景，打造数字化智慧校园

创新物联网、人工智能等前沿技术在绿色校园、平安校园等领域的研发应用，采用"先行先试、点面结合"的方式，提升校园管理品质和效能，让师生体验到新技术带来的智慧感知、智慧协同的校园管理新模式。

打造"双碳"绿色校园创新应用。落实国家"双碳"目标部署，以技术赋能绿色校园管理。基于 79GHz 毫米波雷达，建设教室生态节能系统，实现教室无人使用时自动关闭空调、灯光和多媒体设备。优化智能水电监测布局，部署智慧用水用电数据传感终端，实现校园能耗可视化监测、生态节能管控、用能安全报警等智慧化管理，建立校园"能源大脑"，为生态节能、用能安全、用能发展、用能经费安排提供决策支持，提高"双碳"绿色校园管理效能。

提升平安校园技术防护能力。深化平安校园建设，搭建人脸识别生物特征共享平台，统一采集、统一管理、统一使用人脸特征信息。优化前端监控点位布局，融通校内学生公寓、出入口门禁、教室等公共区域视频监控设备，建模分析人脸识别记录、车辆识别记录、人员行为轨迹等数据，实现师生校内活动轨迹的实时查询。建成校园安全综合管控平台，接入监控系统、道闸系统、报警系统、消防系统，将火灾、能

耗、群集聚等监测情况融入平台，实现校园各类突发事件的在线监控与实时预警，提升校园安全立体化、智能化防控水平。

建设AI智能校园试点应用。基于物联网、人脸识别等新兴技术，建设宿舍智慧考勤系统，通过高清摄像头以无感知的方式实时甄别每个进入宿舍楼的人员，实现学生归寝考勤的精准管理。在智慧旅游体验中心、学生事务中心、智慧图书馆等活动场所引进泛在智能机器人，通过读者识别、语音交互、语义理解，实现个性化信息推送、智能回复、智慧接力指引等功能。启用"浙旅院钉"智能语音服务，打造智能问答掌上机器人，知识问答库汇集"网上办、掌上办、终端办"应知应会、智慧教室应用实践、智慧后勤服务指南等热点难点问题，为师生提供24小时即问即答的在线智能服务。

（六）构建数字化产业服务场景，拓宽旅游业技术服务渠道

聚焦旅游业转型发展中人才培养问题，接轨产业发展，建立浙江省智慧旅游体验中心、浙江省旅游统计数据中心，开展智慧旅游教学实践、理论研究、产业规划、政府咨询、产品设计等服务，提升师生科技素养和创新意识，提高人才培养质量。

政校企共建浙江省智慧旅游体验中心。接轨行业、融合专业，以政校企共建形式建成浙江省智慧旅游体验中心，一期展厅设置浙江智慧旅游展示馆、智慧景区、智慧旅行社、智慧酒店、公共服务、目的地营销、政府监管7个区域，集中展示当前及符合未来发展趋势的智慧旅游应用与产品。二期展厅以新技术应用为主题，设计人工智能、大数据、虚拟现实、物联网、智能终端5个体验区域。体验中心不仅有成熟的产业应用产品，还设计了人工智能、虚拟现实等前沿技术的"半成品"，让师生畅想技术应用场景，培养师生的创新意识和创造能力，也为各级旅游行政主管部门、旅游行业、智慧旅游研发企业、旅游院校等搭建应用推广、体验交流、学习合作、新产品开发、科研创新的产学研共享平台。

政校共建浙江省旅游统计数据中心。学校受浙江省文化和旅游厅委托，运行管理浙江省旅游统计数据中心，承担全省文化文物和旅游基层报表统计、旅游抽样调查、产业测算、经济运行监测与预警、统计数据分析、统计资料编纂、地方业务指导七大项任务。中心每月发布一期全省旅游数据要情，每季度发布一期文化和旅游统计数据分析报告和旅游景气监测报告，每年发布浙江文化和旅游发展年度报告，为全省文化和旅游经济的持续健康发展提供科学的研判决策依据，为学校师生的教学科研提供精准的产业发展数据。

三、创新三项改革机制,切实保障数字化转型成效

学校建立"系统思维推进、数据驱动变革、校企合作共建"三项举措机制,全力推动数字化转型出成果见实效,助力数字化转型走深走实。

(一)建立数字化项目管理体系,实施系统思维推进机制

学校建立符合数字化转型发展的项目管理体系,制定一体化设计、集约化建设的有序规则,严格执行数字化项目建设管理制度,规范数字化项目申报、论证、立项、验收的全流程,从经费立项、采购论证源头统筹归集项目,所有项目统一申报、集中论证,从经费立项源头解决多头建设、重复建设和低水平建设等问题,并以"数据通、业务通、单点登录、一网呈现"作为项目验收条件,严把项目验收关,避免不断产生新的应用孤岛、数据孤岛。

(二)搭建三层数据治理架构,实施数据驱动变革机制

围绕高职学校数字化转型中数据不统一、不准确、不在线等现状问题与多跨协同场景应用之间的突出矛盾,化繁为简设计"采集、治理、服务"三层数据治理架构,采集层为实现数据精准在线提供规范接入,治理层是数据汇聚整合、提纯加工、按需交互、授权使用的数据中枢,服务层面向用户提供数据可视化服务,如图8-6所示。三层数据治理架构,明确了高职学校数据治理的工作定位和目标,具备了灵活多变的数据应用能力。同时,学校制定《数据管理办法》,建立"一数一源,一源复用"管理机制,组建二级部门数字化工作队伍,明确数据采集、维护、使用等全生命周期的管理职责,确保数据管理的高效性、规范性。

(三)开展校企智慧校园战略合作,实施校企合作共建机制

学校积极争取运营商、金融企业的经费和技术投入,深入开展与中国移动通信集团浙江有限公司杭州分公司、中国建设银行股份有限公司浙江省分行等企业的智慧校园战略合作,以推动信息技术与教育教学融合为目标,共同开展智慧校园业务试点、交流合作、创新孵化等方面工作,实现校企双方协同创新、融合共赢。近年来,学校获得企业投入资金3000余万元,为数字化转型奠定坚实的资金保障。

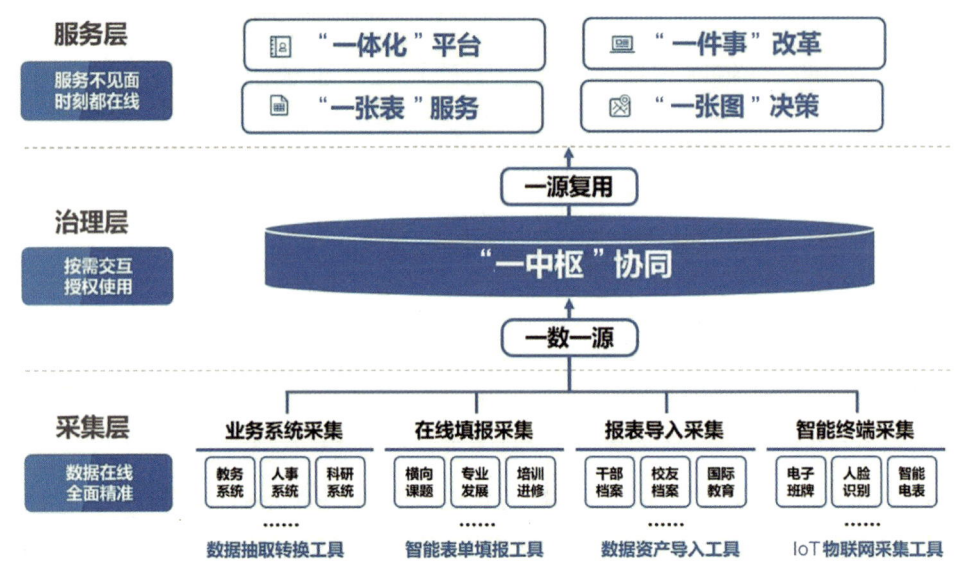

图 8-6 浙江旅游职业学院数据治理逻辑架构

通过六大场景应用的建设,学校实现校务治理与服务数字化业务场景全面覆盖、数据全量归集,全面达成"网上办、掌上办、终端办"应用,具备了"应用随身、服务随行、时刻在线"的服务能力,取得了"师生满意、治理增效、教学提质、成果丰硕"的工作进展。近年来,获评教育部第一批教育信息化试点优秀单位、浙江省首批数字校园建设示范校、浙江省智慧教育综合试点单位、浙江省教育领域数字化改革创新试点单位、浙江省教育领域数字化改革优秀案例等系列改革成果,为高职教育深化数字化转型、推进治理现代化提供了可复制、可借鉴的"旅院模式"。

(牵头人:钱兴成 撰稿人:钱兴成、高恬宇、陈文、沈功斌)

结语

展望未来 铸造世界旅游职业教育"中国样板"

"双高计划"建设以来,学校全面深化改革,转变发展方式,强化类型特色,探索改革创新,提升服务能力,形成了旅游职业教育高质量发展的办学模式,为旅游职业教育改革创新贡献了系列成果。面向未来,学校仍需秉持"浙旅初心",充分激发高质量发展的内生动力,以引领改革、支撑发展、中国特色、世界水平为导向,紧盯"引领"、强化"支撑",聚焦高水平、高水准、高标准,凸显学校之"高",汇聚政行校企多方力量,打造中国旅游职业教育品牌,彰显学校之"强",在长期办学实践中逐渐形成与时俱进、持久稳定、极具辨识度的办学特色,体现学校之"特",逐步建成国内一流、国际知名、中国特色、世界水平的旅游高等职业学校。

一、坚持质量为先,凸显学校之"高"

以旅游职业教育高质量发展为核心,聚焦高水平推动建成旅游职业教育人才培养的"中国品牌",聚焦高水准提升旅游职业教育服务国家战略和区域经济的能力,聚焦高标准构建引领旅游职业教育和文旅产业发展的标准体系,凸显学校之"高"。

(一)聚焦高水平,努力建成旅游职业教育"中国品牌"人才培养的摇篮

学校需进一步贯彻"立德树人"根本理念,以培养复合型旅游人才为主线,全方位深化教育教学改革,不断探索"四融"人才培养模式改革创新,为行业企业培养德技并修、德智体美劳全面发展的复合型旅游人才,为推动文化和旅游高质量发展提供

智力支撑和人力资源;进一步凸显旅游职业教育类型特色,以旅游行业企业岗位需求为导向,坚持一体化人才培养主线,持续推动与旅游类优质中职学校的紧密合作,实施旅游类专业中高本一体化建设制度体系和动态交流机制,促进旅游类专业中高本一体化协调发展;进一步深化产教融合、校企合作,不断探索多样化的校企合作模式,优化产教融合的课程体系、产教互惠的协同运行机制,推进产教协同育人。

（二）聚焦高水准,不断提升旅游职业教育服务国家战略和区域经济发展的能力

学校应积极响应国家发展战略,助力区域经济发展,为战略任务和区域发展提供重要人才保障和智力支撑,不断强化服务"乡村振兴"战略、"一带一路"倡议、长三角和中西部区域发展、地方经济发展、文旅产业发展等国家战略和区域经济发展的能力。持续推进"万村景区化建设""免费送教下乡""微改造、精提升"等乡村旅游发展服务项目;提高以开设国际学院、成立国际联盟、开展国际培训等方式服务"一带一路"沿线国家的水平;深化以智力服务为核心助力长三角区域一体化发展,以"山海协作""东西协作"战略为依托对口支援中西部区域经济发展;聚力山区26县开展人才培育、专业培训、资源整合、智库研究、社科服务等活动,高质量发展助力共同富裕示范区建设;为地方政府需求和行业发展趋势提供系列政策理论研究、学术理论研究和应用理论研究。

（三）聚焦高标准,推动形成一批引领职业教育发展和文旅产业发展的标准体系

学校应进一步依托中国旅游研究院旅游标准化研究基地,积极投身于旅游职业教育和文旅产业相关标准制定,建设高质量的职业教育制度、标准、资源,主持参与旅游类专业目录修制定工作,主导制定专业教学标准、职业标准、行业标准、技术规范等旅游类职业教育标准,开发并输出国际专业标准、课程标准、教学培训包等,推出一批具有国际影响力的高质量的专业标准、课程标准和教学资源,建立健全师资队伍、教学教材、信息化建设、安全设施等办学标准,持续更新并推进旅游类标准体系在学校的落地实施,以高质量的旅游标准体系反哺旅游职业教育发展,形成以标准体系引领旅游职业教育和文旅产业发展的新格局。

二、汇聚多方合力,彰显学校之"强"

汇聚政行校企多方主体力量,推动市域产教联合体和行业产教融合共同体建设,通过多边技术协作、文旅标准化建设和产教深度融合推动旅游产业高质量发展,推进

中国旅游职业教育"引进来""走出去""再提升"的国际化品牌建设，不断提升旅游职业教育的业内影响力和国际影响力，彰显学校之"强"。

（一）汇聚政行校企多方力量，提升旅游高职学校的职教影响力

政府、行业和企业的支持是推动旅游职业教育高质量发展的重要力量，学校需进一步强化政行校企各主体作用，汇聚多方合力，同向推进旅游职业教育改革。在文化和旅游部、浙江省文化和旅游厅等部门大力支持下，在浙江省旅游业发展"十四五"规划、打造共同富裕示范区、浙江省文旅深度融合发展等政策制度引领下，助力省级政府打造兼具人才培养、创新创业、促进产业经济高质量发展功能的市域产教联合体，不断改革办学体制，提高办学质量和水平；汇集省域乃至全国内的旅游类职业学校和旅游类行业企业，组建学校、科研机构、上下游企业等共同参与的跨区域产教融合共同体，发挥中国职业技术教育学会智慧旅游职业教育专业委员会牵头单位作用，持续推进浙江省旅游产业产教融合联盟、浙港职业教育联盟、中国旅游院校五星联盟、长三角旅游职业教育联盟等旅游职业教育联盟发展，推动旅游类职业学校和旅游类行业企业间的交流与合作。

（二）探索多平台多模式协同合作，增强服务文化和旅游产业的行业影响力

学校要积极与旅游龙头企业和优质中小微企业开展多边技术协作，共建技术技能创新平台、科技企业孵化器、众创空间，提升专业化技术成果转化能力，服务旅游产业技术改造、工艺改进、产品升级，服务地方中小微企业技术升级和产品研发；持续推动文旅标准化工作，依托文化和旅游标准化技术委员会秘书处和标准化研究基地，积极开展文旅标准的修制定工作，组织开展文旅标准的宣贯工作，以标准化建设引领旅游产业高质量发展；拓展校企合作形式内容，推动学校在企业设立实习实训基地、企业在学校建设培养培训基地，深化产业学院、生产性实训基地、职教集团和协同创新中心等多种形式的校企合作模式，延伸办学空间、丰富办学形态，建设产教融合的课程体系、产教互惠的协同运行机制、产教相长的校企师资队伍，以教促产、以产助教、产教融合、产学合作，形成产教深度融合的办学生态。

（三）打造中国旅游职业教育品牌，扩大旅游职业教育的国际影响力

旅游职业教育要融入世界职教体系，必须进一步从"引进来""走出去""再提升"三个方面推动中国旅游职业教育的国际化办学，进而形成旅游职业教育的"中国方案"，打造走向世界的中国旅游职业教育品牌。"引进来"要坚持优质与需求导向原则，持续引进世界旅游组织旅游教育质量认证、国际行业技术技能标准、国际化职业

技能等级证书等国际先进、成熟、适用的标准和资源;"走出去"要充分发挥自身专业和培养模式优势,推广"中文+职业技能"项目,探索旅游职业教育领域国(境)外合作办学的新途径、新模式,扩大与"一带一路"沿线国家在职业教育领域的合作,开展多层次职业教育和培训,培养具有国际视野、通晓国际规则的现代旅游人才;"再提升"要服务于建设具有国际影响力的旅游职业教育目标,加强与职业教育发达国家的交流合作,促进对发展中国家职业教育的技术援助,主导研制具有国际影响力的旅游职业教育标准,开发国际通用的专业标准和课程体系,优化国际化旅游人才培养模式,实施留学教育"浙旅品牌"建设行动,不断扩大旅游职业教育在国际职教领域的话语权,增强中国旅游职业教育的国际影响力。

三、打造办学品牌,体现学校之"特"

在面对现代旅游业快速发展、转型升级的背景下,学校需对接产业找准自身办学定位,在党的建设、人才培养、治理现代化、社会服务、人文铸旅工程等方面办出特色,体现学校之"特"。

(一)先锋领航,厚植新时代文旅人才"红色基因"

学校将进一步坚持党的全面领导,牢牢把握社会主义办学方向,落实立德树人根本任务,为党育人、为国育才,大力实施"红色根脉强基工程",构建党建统领的基层整体智治体系。推进"政治铸魂、强基固本、效能聚力、头雁培优、思政育人"五大行动,加强"智慧党建"平台建设,实施"两个指数"考评办法,夯实"堡垒指数"和"先锋指数"基层基础;推进校院两级党建品牌一体化建设,营造"大思政"格局,构建"多维协同 三全育人"长效机制,推行"目标、工作、支撑、考核评价"四大体系,落实"责任清单、示范清单、负面清单"三张清单,形成"中国服务 先锋领航"党建品牌;实施领导干部联系学生"七个一"和讲党课等制度,持续开展"书记面对面""校长有约"等师生交流活动,深入开展思想政治理论课"361"创新行动计划,推进智慧思政大数据平台建设,打造"中国服务之美"劳动教育品牌。

(二)"四融"并进,增强旅游人才培养适应性

学校将进一步深入推进"融合文旅、融汇德技、融通校企、融入国际"的"四融"人才培养模式改革,促进教育链、人才链与产业链、创新链有效衔接。重点实施"技能迭代、跨界融通"的现代导游人才培养新模式,实现从传统导游向"互联网+

现代导游"跨界人才转型，融合文旅推动专业转型升级；推进"四维融通：专业融通、岗课融通、书证融通、赛教融通"课程体系化建设，重构"通识课+平台课+模块课+拓展课"课程体系，全方位融入劳动精神、劳模精神、工匠精神等职业精神培育，融汇德技培养德技并修的旅游人才；深化职教集团、产业学院等多形式校企合作模式，实施"多元融合""多岗递进"实践教学模式，联合企业共建生产性实训基地，融通校企促进产教深度融合；不断探索境外合作办学模式，与职业教育发达国家建立紧密型合作关系，为发展中国家提供职业教育技术援助，积极开展国际旅游教育质量认证，制定旅游职业教育国际标准，融入国际提升国际影响力。

（三）数字赋能，创建高职学校现代化治理新范式

学校将进一步依托数据大脑，创新场景应用，强化数字服务，加快办学治校从"数智"到"数治"的变革迭代。进一步整体提升数据治理攻坚工程、校务服务提升工程、校园环境智治工程、教学改革深化工程、数智基建保障工程等数字化改革"七大工程"，全面加强组织领导、运营管理、校院两级联动、目标考核、数字素养提升五项机制；推进数字化科研服务、智慧产教融合、智慧思政、安全管理、能源管控"五个平台"的应用，以需求为导向，持续建设并应用集行政、教学、科研、学生和后勤管理于一体的信息服务平台，促进信息技术和智能技术深度融入管理服务的全过程；推动人工智能和教育深度融合，加强智慧教学示范区、智慧空间管理系统、在线课程录制中心等教学设施建设，推进专业教学资源库建设，推动翻转课堂、混合教学、微课慕课等形式的实践教学改革，促进教与学、教与教、学与学的全面互动。

（四）服务创新，打造助力共同富裕示范区建设金名片

学校将进一步以服务创新为引擎，聚焦产业振兴，聚力平台打造，聚会校地政企，着力培养一批优秀师生、培育一批创新团队、创出一批教改成果，打造旅游助力浙江共同富裕示范区建设的金名片。聚焦产业振兴，积极参与"服务旅游万亿产业行动计划""万村景区化建设""百县千碗""微改造、精提升"等省域重点项目，健全面向全体劳动者的职业教育培训制度，持续开展送教下乡活动，为乡村旅游从业者提供免费专业培训；聚力平台打造，深化中国旅游研究院旅游标准化研究基地、浙江省文化和旅游发展研究院、浙江省乡村振兴与乡村旅游应用创新中心等产学研平台建设，以技术技能积累为纽带、以促进创新成果和核心技术产业化为关键，编制旅游发展规划、研制各级各类标准，助力区域旅游业高质量发展；聚会校地政企，积极与地方政府、旅游产业和旅游头部企业建立战略合作关系，打通科研开发、技术创新、成

果转移链条，为旅游行业企业提供技术咨询与服务，促进中小微企业技术创新、产品升级，协同推动旅游职业教育高质量发展。

（五）以文化人，人文铸旅工程开启"中国服务之美"

学校将进一步整合凝聚智力资源，体系化推进人文素养课程，品牌化打造人文素养活动，着力培育具有"中国服务之美"和广博厚重人文情怀的旅游英才。拓展多元化培养路径，聘任由北大、浙大等知名专家组成的专家委员会，着力打造一支"名师领衔、团队负责、专兼结合"的教师团队，共建省文旅融合研究基地、人才培养基地、校际联盟等联合培养旅游人才；推进"2+4+X"课程体系建设，构建第一、二、三课堂紧密衔接的课程体系。建设"共性"课程、"个性"课程及素质教育第三课堂等X课堂，实施"特长+"计划，激励学生参加人文类学科竞赛项目；打造"中国服务"育人品牌，推行以毕业证、职业技能等级证书、综合素质学分证书为主体的"三证制"学生综合评价制度，推动育人评价从知识评价向素质能力评价拓展，开展"礼绽芳华"系列活动，服务高层次会议、国内外赛事等礼仪需求，服务行业企业礼仪培训等。

（牵头人：蒋炯坪　撰稿人：蒋炯坪、余梦露）

附录

浙江旅游职业学院"双高计划"建设成果一览表

	一、党建思政
2019年9月	艺术系学生党支部获评省直机关先锋支部
2019年10月	工商管理系党总支入选首批全省高校党建工作标杆院系培育创建单位
2019年10月	酒店管理系教工党支部入选首批全省高校党建工作样板支部培育创建单位
2019年12月	酒店管理系教工党支部入选教育部第二批全国高校党建工作样板支部培育创建单位名单
2019—2020年	《在疫情防控斗争中提高党的建设质量研究》《"六强六规范"工作法在加强高职院校基层党组织建设中的应用研究》分获全省机关党建优秀课题研究成果二等奖、三等奖
2019—2021年	艺术系党总支、工商管理学院党总支、旅行社管理系教工党支部等5个基层党组织分别获评全省高校、省直机关工委、省级文旅系统先进基层党组织
2019—2021年	叶乐安等26名同志分获全省高校、省级文旅系统"优秀共产党员""优秀党务工作者"称号
2020年6月	酒店管理系教工党支部获评省级文旅系统首批先锋支部
2020年7月	葛志荣获评第五届全省高校"最受师生喜爱的书记"提名奖
2020年12月	酒店管理学院教工党支部书记工作室入选浙江省高校"双带头人"教师党支部书记工作室建设名单
2021年5月	学校入选第一批高校智慧思政特色应用试点单位
2021年5月	《面点工艺》《导游文化基础知识》入选教育部课程思政示范课程,应小青团队、范平团队入选课程思政教学名师和团队
2021年5月	《"红色证书"背后的初心密码》获省级文化和旅游系统"精品微党课"视频比赛一等奖
2021年6月	全国高校首个"红色之旅"主题馆在学校建成开馆

219

续表

2021 年 7 月	学校入选第一批省级课程思政示范校
2021 年 7 月	《中国旅游地理》《跨文化交际》《沟通技巧》《旅游电子商务》《茶文化》《旅游资源调查与评价》《导游文化基础知识》《面点工艺》《导游文化基础知识（继续教育）》9 门课程入选第一批省级课程思政示范课程
2021 年 7 月	智慧景区开发与管理专业课程思政创新团队、导游文化基础知识课程思政创新团队入选第一批省级课程思政示范基层教学组织
2021 年 12 月	酒店管理学院党总支入选第二批全省高校党建工作标杆院系培育创建单位
2021 年 12 月	旅游规划与设计学院教工党支部、旅行服务与管理学院教工党支部入选第二批全省高校党建工作样板支部培育创建单位
2022 年 1 月	《师生献锦囊 乡村变景区》入选省高校党史学习教育"三为"实践活动"最佳案例"
2022 年 1 月	微电影《追·随》在第五届"我心中的思政课"全国高校大学生微电影展示活动中获优秀奖
2022 年 2 月	教务处获评省级文化和旅游系统"建设清廉单位、创建模范单位"工作先进集体
2022 年 3 月	旅游规划与设计学院教工党支部入选教育部第三批全国高校党建工作样板支部培育创建单位名单
2022 年 6 月	《志合者，不以山海为远》《数聚之江的"船"和"桥"》《接续奋斗，让时代记住青春的模样》《信仰的力量》《奋斗有我，为爱发声》分获 2022 年浙江省思政微课大赛特等奖 1 项、三等奖 4 项
2022 年 6 月	旅行服务与管理学院教工党支部获评省直机关 2022 年先锋支部
2022 年 11 月	《旅游职业礼仪》《食品雕刻》《游遍亚运参赛国（地区）》《客舱服务英语》《大学英语》《西点工艺》《客舱服务规范（双语）》《计算机平面设计》8 门课程入选 2022 省级课程思政示范课程
2022 年 11 月	千岛湖国际酒店管理专业群课程思政教学团队入选 2022 年省级课程思政示范基层教学组织
2022 年 11 月	《浙江旅游职业学院"四维合一"深化"三全育人"改革》作为全国职业院校精选的 24 个案例之一在教育部官方网站及相关媒体展示
2023 年 1 月	学校入选省职业教育"三全育人"典型学校
2023 年 3 月	酒店管理学院党总支、旅行服务与管理学院党总支、旅游规划与设计学院教师党支部、旅游外语学院党总支、工商管理学院党总支、艺术学院学生党支部 6 个基层党组织选送的案例入选全国职业院校党委书记抓基层党建工作案例
2023 年 4 月	《以"精准思政"为理念，创建"一站式"学生成长智慧社区》立项 2023 年度高校思想政治工作质量提升综合改革与精品建设项目
2023 年 4 月	旅游规划与设计学院教师党支部书记工作室入选浙江省第二批高校"双带头人"教师党支部书记工作室建设名单

续表

时间	内容
2023年5月	《"五联"赋新能，"共建"促发展》案例入选全省高校校企地党建联建典型案例
2023年8月	陈蔚获评第八届全省高校"最受师生喜爱的书记"
2023年8月	旅行服务与管理学院党总支、旅游规划与设计学院党总支入选第三批全省高校党建工作标杆院系培育创建单位
2023年8月	厨艺学院教师党支部、工商管理学院教师第一党支部入选第三批全省高校党建工作样板支部培育创建单位
二、人才培养	
2019年3—12月	学校学生获浙江省职业院校技能大赛（高职组）中餐主题宴会设计、咖啡技能（意式竞技）、导游服务、电商短视频、中华茶艺、烹饪技能、航空服务技能、艺术专业技能、会计技能、艺术插花赛项一等奖25项、二等奖11项、三等奖18项
2019年5月	《旅游IP时代旅游特色小镇的IP选择与导入路径研究——基于嘉善巧克力甜蜜小镇的调查》《品质旅游背景下酒店专业实习满意度与酒店就业意向调查》《萧山区戴村镇"乡村振兴战略"实施现状及对策研究》分获浙江省第十六届"挑战杯"大学生课外学术科技作品竞赛三等奖3项
2019年7月	《青推——旅游类大学生职前实践解决方案》《小呲君——国际旅游城市AI智能多语种交流平台》获"建行杯"第五届浙江省国际"互联网+"大学生创新创业大赛铜奖2项
2019年10月	学校学生获全国职业院校技能大赛（高职组）导游服务一等奖1项、二等奖1项、养老服务技能三等奖2项
2019年10月	学校通过现代学徒制第二批试点单位验收试点专业为酒店管理、休闲服务与管理（茶文化）、烹饪工艺与营养
2019年12月	学校入选浙江省课堂教学创新校
2020年8月	学校入选教育部职业教育（中职、高职、本科一体化）文化、艺术、旅游类专业目录组长单位
2020年8月	《蛋屋蛋世界》《"艺束光"数字舞美——文艺类活动灯光互动解决方案》《青推——旅游类大学生职前实践解决方案》《传艺宝——浙江非遗手工艺数字化解码》分获"建行杯"第六届浙江省国际"互联网+"大学生创新创业大赛金奖1项、铜奖3项
2020年8月	《非遗介明剪纸艺苑》《"青牵万"——浙江省文旅院校大学生助力万村景区化解决方案》《猫さんNekoSan猫咖猫咪救助领养诊疗一体化中心》分获浙江省第十二届"挑战杯·宁波江北"大学生创业计划竞赛团体一等奖1项、二等奖2项
2020年12月	《头等舱餐饮服务（双语）数字课程》《市场营销策划（第3版）》《客房运行与管理教程》《会展信息管理（第二版）》《旅游线路设计实务（第2版）》《中国旅游客源地与目的地概况（第四版）》《旅游策划数字课程》《烹饪营养教程》《饭店服务质量管理（第4版）》9本教材入选"十三五"职业教育国家规划教材
2020—2021年	《习茶礼仪——茶人修养与茶德精神》《黄"芯"诚品，桥"意"臻尝——黄桥烧饼的制作》《看祖国大好河山 品中华人文之美》《中国旅游文化·走好当代文旅人的霞客路》《研学旅行课程设计·课程主题选题方法》《导游实务·导游讲解的内涵、要求与原则》6个案例入选全国旅游职业教育"课程思政"展示活动示范案例和优秀案例

续表

时间	内容
2021年5月	学校学生获浙江省职业院校技能大赛（高职组）餐厅服务、导游服务、英语口语、园艺、烹饪、声乐表演、市场营销技能、银行综合业务技能、智能财税、养老服务技能赛项一等奖8项、二等奖4项、三等奖9项
2021年5月	《数字化背景下景区村庄标准化赋能数据库建设研究——基于浙江省11地市92县334个村庄的调研》《"健康中国"视阈下失智长者的差异化照护需求与满足路径——基于杭州465位长者的调研报告》《"智慧养老"服务模式研究及路径优化——基于台州9县市312家养老院调研》《非遗手工艺助推乡村振兴存在的问题及对策研究——以"40个全国乡村旅游重点村"为例》《青少年体验视角下的博物馆活动产品开发》《乡村振兴战略下村镇民宿助推共同富裕的路径研究——基于浙江临海村镇民宿的发展调研》《数字赋能背景下乡村民宿纳税业务优化路径研究基于浙江省18个县市区调研》《求解多元主体参与的乡村善治之路——以杭州萧山河上镇为例》分获浙江省第十七届"挑战杯"交通银行大学生课外学术作品竞赛一等奖1项、三等奖7项
2021年7月	《以"旅游职业礼仪"课程为基柱的"中国服务之美"课程思政品牌建设研究与实践》《基于4E理论的课程思政"云教学"质量评价体系构建及实证研究》《基于产教融合的课程思政与思政课程"12345"双同提效机制研究》《思政教育融入创新创业教育的研究与实践》《课程思政视域下高职酒店管理专业"M36"现代学徒制探索与实践》《高职院校社会实践教学中融入"党史教育"的路径与策略研究》6个项目入选第一批省级课程思政教学研究项目
2021年7月	《"青牵万"——青年牵手万村景区建设数智驱动乡村振兴》《旅邦科技中小旅行社数字化革新引领者》《KK开胯健康生活》《蛋屋宜宿——国内移动式共享住宿服务引领者》《指尖上的传承—王介明剪纸工作室》《"味之源"新中式烹饪工作室》《浙乡拾遗——非遗助推未来村庄建设》《寸土文化——世界非遗·龙泉青瓷文化传承与文创蝶变》获"建行杯"第六届浙江省国际"互联网＋"大学生创新创业大赛金奖2项、银奖3项、铜奖3项
2021年7月	学校入选智慧景区开发与管理、智慧旅游技术应用、智能餐饮管理3个新专业教学标准修（制）订单位
2021年10月	《中国旅游地理（第二版）》《新编高职高专体育教程（第四版）上册》分获首届全国教材建设奖（职业教育与继续教育类）优秀教材二等奖、一等奖
2021年10月	学校学生获全国职业院校技能大赛（高职组）餐厅服务一等奖1项、导游服务二等奖1项
2022年1月	《旅邦科技——中小旅行社数字化革新引领者》获第七届中国国际"互联网＋"大学生创新创业大赛铜奖
2022年1月	《从引进到引领：旅游高职教育国际化办学的探索与实践》《技能迭代跨界融通：复合型导游人才培养模式的创新与实践》《成长清单：基于"学生立场"的酒店技能人才培养探索与实践》《乡村出卷·高校答卷·六方联动：乡村旅游运营人才培养实践教学模式创新》分获2021年浙江省教学成果奖特等奖1项、一等奖3项
2022年3月	48门（次）在线开放课程入选国家智慧教育平台首批推荐课程，其中：7门课程入选国家高等教育智慧教育平台，41门课程入选国家职业教育智慧教育平台
2022年4月	学校牵头承担浙江省导游专业、酒店管理与数字化运营专业和空中乘务专业3个专业的中高职一体化课改工作，均立项浙江省2022年度中高职一体化课程改革重大课题
2022年5—12月	学校学生获浙江省职业院校技能大赛（高职组）导游服务、餐厅服务、会计技能、智能财税、英语口语、声乐表演、市场营销赛项一等奖7项、二等奖3项、三等奖6项

续表

时间	内容
2022年6月	《智旅科技——小微旅行社数字化革新引领者》《轻壹——轻型健身器材市场引领者》《浙乡拾遗——浙江非遗手工艺挖掘乡村旅游价值》《少年游——中国研学旅行产业建构者》《指尖上的传承》《遇文寻艺：文化赋能地域品牌提升》《不"虚"此行·共赴未来：乡村振兴虚仿文创IP设计》分获浙江省第十三届"挑战杯"大学生创业计划竞赛金奖2项、银奖3项、铜奖2项
2022年6月	《"云知村——数字赋能旅游业振兴乡村引领者"》项目获第十七届"振兴杯"全国青年职业技能大赛（学生组）创新创效专项赛高职组管理创新类金奖第一名
2022年7月	《行疆科技——助力小微旅行社走出至暗时刻的先行者》《知行少年——中国研学旅行产业建构者》《"这乡"拾遗——挖掘乡村非遗手工魅力打造乡村振兴金矿》《"向乡"文旅活动运营管家》《大嘴兽·只为万千"宠"爱——国内自制宠物饼干烘焙套装开创者》《川铂装配——箱式模块化建筑新锐制造商》《"银"领者——养老机构阿尔兹海默症服务提升管家》《共富班车——助力乡村文化振兴、精神共富的先行者》《乡旅智青——中国【扎根文旅】乡建模式的探索者》分获第八届浙江省国际"互联网+"大学生创新创业大赛金奖3项、银奖6项，学校首次获得优秀组织奖
2022年11月	《基于优秀传统文化传承的〈中国古建筑与古典园林〉课程思政体系构建与实践》《基于数字化红色展馆的研学旅行专业课程思政教学研究》《精准思政：职业院校岗课赛证综合育人着力点研究》《一致性建构视阈下"岗、证、课、训、赛"课程思政教学设计与实践——以酒店管理与数字化运营专业课程为例》《旅游高职院校课程思政融入实习实训的"知行合一"教学模式研究》5个项目入选2022年省级课程思政教学研究项目
2022年12月	教学服务与管理标准化试点获批2022年度国家级服务业标准化试点项目
2023年1月	《中国古建筑与园林》《景区接待服务》《旅游策划》《酒店督导管理实务》《旅行社操作实务》《跨文化交际》《前厅服务与数字化运营（微课版）》《酒店收益管理》《旅游职业礼仪》《旅游市场营销》《咖啡文化》《酒店信息管理技术（PMS）》12本教材入选省高职院校"十四五"首批重点教材
2023年1月	学校学生获全国职业院校技能大赛（高职组）餐厅服务一等奖1项、导游服务二等奖1项、养老服务技能三等奖1项
2023年2月	《行疆科技——助力小微旅行社走出至暗时刻的先行者》获第八届中国国际"互联网+"大学生创新创业大赛银奖
2023年2月	《"银"领者——养老机构阿尔兹海默症服务提升管家》《"这乡"拾遗——挖掘乡村非遗手工魅力打造乡村振兴金矿》《知行少年——中国研学旅行产业建构者》《数字化助力乡村振兴》4个项目获第八届中国国际"互联网+"大学生创新创业大赛铜奖
2023年4月	学校14个项目入选教育部第二期供需对接就业育人项目
2023年4月	学校成为2024年全国职业院校技能大赛"研学旅行"赛项承办单位
2023年4—8月	学校学生获浙江省职业院校技能大赛（高职组）社区服务实务、老年护理与保健、养老服务技能、企业经营沙盘模拟、短视频创作与运营、酒水服务、导游服务、英语口语、声乐器乐表演、餐厅服务、智能财税、银行业务综合技能、烹饪赛项一等奖10项、二等奖8项、三等奖14项
2023年5月	《旅游概论》《研学旅行课程设计与实施》《旅游英语综合教程（第三版）》《头等舱餐饮服务（双语）数字课程》《ASP.NET程序设计立体化教程》《市场营销策划（第3版）》《饭店服务质量管理（第4版）》《会展信息管理（第3版）》《客房运行与管理教程（第二版）》《旅游策划数字课程》《旅游线路设计实务（第2版）》《烹饪营养教程》《中国旅游客源地与目的地概况（第四版）》《中国旅游地理（第二版）》14本教材入选"十四五"职业教育国家规划教材

续表

时间	内容
2023年5月	《技能迭代、跨界融通：复合型导游人才培养模式创新与实践》《从引进到引领：旅游高职教育国际化办学的探索与实践》获2022年职业教育国家级教学成果奖二等奖
2023年5月	《巾帼"鹤"鸣：最美芳华不被定义》《梅坞情长 初心守望》《文化建设助推乡村共富的浙江样本——基于L镇的实证研究》《智慧塑性健身器材创新设计与研发》《共同富裕背景下乡村文旅IP打造——以浙江省山区26县为例》获浙江省第十八届"挑战杯"工商银行大学生课外学术科技作品竞赛三等奖5项
2023年7月	《昕旅科技——数字秘境开启自"游"行新体验》《星光少年——中国国研学旅行产业领创者》《路易面团——冷冻面团全球化行业领军者》《乡创未来——未来乡村 文旅乡建模式的创新者》《青瓷"出海"巡礼记——打造"一带一路"尝一下中国文化国际传播的新IP》《乡振咏流"传"——乡村振兴的"宣传引擎"》《模宿先锋——模块化集成民宿高校定制领跑者》《乡宴中国——新"食"代乡村餐饮破局者》分获"建行杯"第九届浙江省国际"互联网+"大学生创新创业大赛金奖6项、银奖2项
2023年7月	《开放式旅游产教联合体模式构建与优化方略》《依托虚拟教研室的旅游类专业基础课程模块化教学改革与实践——以〈服务心理学为例〉》《基于虚拟教研室的〈新媒体运营〉课程模块化教学探索与实践》《基于学生学习力提升的中高职一体化旅游类专业人才培养模式研究》《以"中国服务之美"为美育核心的旅游高职院校公共艺术教育改革研究》《新职业、新职教、新人才——学科交叉背景下烹饪专业人才培养模式研究》《1+X证书制度下"产—教—产"互嵌式实践教学模式研究》《新职业技能大赛背景下高职表演艺术专业实践教学知识图谱体系构建研究》《"五育并举"理念下CDIO教学模式在〈职业素养〉课程中的探索与实践》《基于专业化教学标准的高职教师专业能力提升策略研究》《中国特色学徒制下高技能人才培养的创新与实践——以必胜客产业学院储备店长培养为案例的研究》《"催化式"模块课程设计及其教法改进策略研究——以"市场营销"为例》12个项目立项浙江省高职教育"十四五"第一批教学改革项目
2023年8月	学校学生获全国职业院校技能大赛（高职组）酒水服务一等奖1项
三、产教融合	
2018年7月	乡村振兴与乡村旅游应用技术协同创新中心入选浙江省第二批应用技术协同创新中心，致力于服务浙江文旅产业发展，持续发挥乡村旅游应用技术创新与服务作用
2019年7月	金晓阳厨艺传承大师工作室入选国家技能大师工作室
2019年9月	《景区类专业人才培养的"宋城"模式共建项目》入选教育部职业教育校企深度合作项目首批入围项目
2019年11月	著作《大学生国家认同研究》（作者：杜兰晓）获浙江省第二十届哲学社会科学优秀成果"基础理论研究类"二等奖
2019年12月	浙江旅游职业教育集团入选浙江省示范性职业教育集团
2020年1月	《见习经理的开元模式——以酒店管理专业为例》《基于"三类融通、十个共同"的产学研教一体化的文旅融合类职业教育改革》2个项目入选全国旅游职业教育校企深度合作项目
2020年9月	浙江省旅游产业产教融合联盟入选2019—2020年度省产教融合联盟
2020年9月	宁波南苑集团股份有限公司、乌镇旅游股份有限公司入选2019—2020年度省产教融合型试点企业
2020年9月	《旅游产业"四共互融"实训中心》入选2019—2020年度省产教融合工程项目

续表

时间	内容
2020年9月	《新旅游人才孵化模式的探索与实践（阿里巴巴）》《校企合作共建混合所有制"浙旅院开元酒店学院"（开元集团）》2个项目入选2019—2020年度省产学合作协同育人项目
2021年1月	"全产业链"现代旅游产业人才培养及技术服务产教融合基地入选浙江省高等学校省级产教融合示范基地（第三批人才培养类示范基地）
2021年1月	《党建引领下的现代产业学院多方协同育人模式探索与实践——以蜗牛产业学院为例》《正保财务云共享中心基于1+X课证融合的教改探究》2个项目入选2020年度省级产学合作协同育人项目
2021年6月	浙江旅游职业教育集团入选教育部第二批示范性职业教育集团（联盟）培育单位
2021年12月	现代旅行生产性实习实训基地入选2021年度省级职业院校实习实训基地
2021年12月	《餐饮数字化人才培养模式的创新与实践》《基于产业学院建设的"专业+旅游"复合型人才培养模式探究》《产学研融合背景下研学旅行专业人才培养模式探索与研究》《数字经济下文旅出海创新型人才培养模式探索与实践》《基于浸入式项目的会展人才育人模式的构建与运行》《"企业双导师"式的产学合作协同育人长效机制探索与实践》6个项目入选2021年度省级职业院校产学合作协同育人项目
2022年3月	《"双交替、五对接"高职会展专业浸入式项目实践教学模式创新》入选教育部2021年产教融合校企合作典型案例
2022年10月	宋城演艺发展股份有限公司、杭州王星记扇业有限公司入选2021—2022年度省产教融合型企业
四、双师队伍	
2019年7月	酒店管理专业"双师型"教师培养培训基地、导游服务专业"双师型"教师培养培训基地入选国家"双师型"教师培养培训基地
2019年9月	范平团队、杨菁团队、陈琛团队、王冠团队、李卓君团队、丁竞团队分获2019年浙江省高职院校教学能力比赛一等奖1项、二等奖4项、三等奖1项
2019年11月	"诗画浙江·百县千碗"美食传承推广与研究创新团队、旅游演艺创新团队、乡村民宿管理与服务系列培训教材创新团队、智慧旅游背景下的旅游App采纳优化创新团队、全域旅游浙江实践与探索创新团队、新时代文旅融合高质量发展创新团队、无障碍旅游项目策划研究团队、文化和旅游标准一体化研究创新团队、乡村文化和旅游融合发展研究创新团队、非遗与旅游景区融合发展研究创新团队10个团队入选2019年浙江省文化和旅游创新团队
2020年1月	刘建明思政名师工作室入选2019年浙江省高校思政名师工作室
2020年9月	丁竞团队、何兵雄团队、王亚红团队、顾燕云团队、徐云婕团队、蔡雅萍团队分获2020年浙江省高职院校教学能力比赛一等奖1项、二等奖4项、三等奖1项
2020年9月	鲍志成受聘为浙江省文史研究馆馆员
2020年12月	傅林放入选2020年度文化和旅游部优秀专家
2021年1月	校长杜兰晓教授受聘为政协浙江省委员会应用型智库成员
2021年1月	丁竞团队获2020年全国职业院校技能大赛教学能力比赛公共基础课程组二等奖1项
2021年4月	金晓阳获"浙江工匠"荣誉称号

续表

2021 年 8 月	智慧景区开发与管理入选第二批国家级职业教育教师教学创新团队立项建设单位
2021 年 8 月	金晓阳获"全国文化和旅游系统先进工作者"荣誉称号
2021 年 8 月	《基于红色背景下的乡村旅游振兴提质升级研究》入选 2021 年度文化艺术职业教育和旅游职业教育提质培优行动计划"双师型"师资培养扶持项目
2021 年 9 月	花卉团队、范平团队、陈铁群团队、仇亚菲团队、杜金玲团队、金之团队、梁赟团队分获 2021 年浙江省高等职业院校教学能力比赛一等奖 2 项、二等奖 3 项、三等奖 2 项
2021 年 11 月	王昆欣、杜兰晓、何宏、李晓红分别担任全国行业职业教育教学指导委员会和教育部职业院校教学（教育）指导委员会旅游职业教育教学指导委员会副主任委员、旅游职业教育教学指导委员会委员、餐饮职业教育教学指导委员会委员、外语类专业教学指导委员会委员
2021 年 11 月	金晓阳获"百县千碗"导师工作室入选浙江省首批文旅导师工作室
2021 年 12 月	卜俊芝、俞云蓝 2 人获"浙江青年工匠"荣誉称号
2022 年 1 月	范平团队获 2021 年全国职业院校技能大赛教学能力比赛专业课程一组一等奖 1 项
2022 年 3 月	导游专业、酒店管理与数字化运营专业 2 个教师团队入选首批浙江省职业教育教师教学创新团队
2022 年上半年	工商管理学院副院长邱宏亮博士半年内在国际旅游研究领域公认的四大权威刊物之一、旅游可持续研究的国际顶尖期刊、浙江大学管理学院认定的国际期刊 A 刊 JOST（*Journal of Sustainable Tourism*）以第一作者身份发表了 3 篇论文。该刊物影响因子 9.47，SSCI 一区，取得历史性重大突破，成为中国大陆首位在该期刊半年发表 3 篇论文的学者
2022 年 7 月	金之团队、杜金玲团队、张大治团队、卜俊芝团队、洪登海团队、池静团队、卢晓靖团队、张小丽团队分获 2022 年浙江省高等职业院校教学能力比赛特等奖 1 项、一等奖 1 项、二等奖 2 项、三等奖 4 项
2022 年 8 月	《高职院校创新创业共同体的实践育人价值及其实现研究》入选 2022 年度文化艺术职业教育和旅游职业教育提质培优行动计划"双师型"师资培养扶持项目
2022 年 9 月	学校教师分类评价改革项目入选浙江省深化新时代教育评价改革试点项目
2022 年 9 月	温佳露《新时代浙江地方戏传承发展与线上传播路径创新研究》入选文化和旅游部 2022 年度文化和旅游系统青年科研人才扶持计划项目
2022 年 9 月	张水芳获"浙江工匠"荣誉称号
2022 年 11 月	郎富平乡村旅游运营导师工作室入选省文旅厅第二批文旅导师工作室
2022 年 11 月	李琳获评"浙江省地方志工作先进工作者"
2022 年 12 月	学校入选国家级职业教育"双师型"教师培训基地
2022 年 12 月	杜兰晓担任教育部职业院校中国特色学徒制教学指导委员会委员
2022 年 12 月	万振雄、严慧芬、姚磊、臧家祎 4 人获"浙江青年工匠"荣誉称号
2023 年 1 月	金之团队获 2022 年全国职业院校技能大赛教学能力比赛专业课程一组二等奖 1 项

续表

时间	内容
2023年5月	《构建"五位一体 三阶递进"双师型教师培养体系，推进旅游高职师资队伍建设》入选2023年度文化艺术职业教育和旅游职业教育提质培优行动计划"双师型"教师创新发展计划
2023年7月	花卉团队、徐劼成团队、陈蔚团队、夏天团队、陈小波团队、王涛团队分获2023年浙江省高职院校教学能力比赛一等奖1项、二等奖1项、三等奖4项
2023年8月	《深化"三维合一"教师考核评价机制改革》入选浙江省教育厅第三批教育评价改革典型案例
五、社会服务	
2019年6月	学校入选首批全国研学旅行指导师培训基地
2019—2021年	学校师生完成"万村景区化"工程重点村旅游规划及景区质量提升项目157项
2019—2022年	学校完成长三角执委会委托的《长三角生态绿色一体化发展示范区江南水乡古镇生态文化旅游圈建设三年行动计划（2021—2023年）》等长三角一体化重点课题5个
2019—2023年	横向课题项目总数469个，到款金额12 171.009万元
2019—2023年	学校作为浙江农民大学分校区之一，依托浙江省农民培训基地开展了12期农村实用人才和职业农民的教育培养，共培训2140人/天
2019—2023年	学校结对帮扶戴帽贫困村和欠发达村137个，发展乡村旅游、助力脱贫攻坚
2019—2023年	学校师生培训旅游行业从业人员30多万人（省级）
2020年1月	学校入选文化和旅游部浙江培训基地
2021年1月	学校与19届亚组委签署框架合作协议，成为第19届亚运会战略合作单位
2021年4月	《2021港澳青少年内地游学专题培训暨青少年非遗传习活动》入选2021年度文化和旅游部内地与港澳文化和旅游交流重点项目
2021年8月	《"指尖上的传承"》《浙乡拾遗——浙江省233项国家级非遗项目助推乡村文化旅游》入选2021年度文化艺术职业教育和旅游职业教育提质培优行动计划大学生团队实践扶持项目
2021年10月	《服务乡村振兴战略 助力万村景区建设》入选《2021世界旅游联盟——旅游助力乡村振兴案例》
2021年12月	学校承办第四届浙江省大学生乡村振兴创意大赛，学生获金奖3项、银奖4项、铜奖2项，学校获优秀组织奖
2021—2023年	学校师生完成助力山区26县以及相关试点县（市、区）"旅游业'微改造、精提升'"项目195个
2022年2月	学校入选首批省属社会评价组织，负责开展调酒师（5-1级）、中式烹调师（5-1级）、西式烹调师（5-1级）3个职业（工种）等级的社会评价工作
2022年5月	"'百县千碗'进社区，共同富裕食先行"入选教育部首批社区教育"能者为师"实践创新项目
2022年6月	学校牵头起草并发布《营养配餐员国家职业技能标准（2022年版）》（4-03-02-06）

续表

时间	事件
2022年6—9月	学校出台《浙江旅游职业学院助力山区26县共同富裕行动方案（2022—2025）》，成立了由校领导班子成员为团长的9个教授专家团，暑期9个团队完成26县走访任务，并签订校地战略协议，挂牌共富学院工作站。持续开展暑期免费"送教下乡"活动，组建50支师生服务团队，为全省"微改造、精提升"文化和旅游资源普查、文化基因解码等重点项目提供技术支持
2022年8月	《"新仓经验"红色教育基地创建和推广》入选2022年度文化艺术职业教育和旅游职业教育提质培优行动计划大学生团队实践扶持项目
2022年11月	《"百师千课"育传人，"百县千碗"惠民生》入选教育部"能者为师"社区教育典型案例
2022年11月	《短视频拍摄实务》《美食制作》《跟着音乐去旅行》《航空急救》4门课程入选教育部"能者为师"第一批特色课程
2022年11月	《老年人常见慢性病的智慧管理》《康养菜肴设计与智慧制作》2门课程入选教育部"智慧助老"优质课程资源
2022年12月	学校学生获第五届浙江省大学生乡村振兴创意大赛金奖3项、银奖1项、铜奖2项，学校获优秀组织奖
2022年12月	住宿业职工培训基地入选2022年浙江省示范性职工培训基地
2022年12月	文旅人才继续教育基地入选2022年浙江省示范性继续教育（社会培训）基地
2022年12月	"学在浙旅 乐学终身"社区教育基地入选2022年浙江省社区教育示范基地
2023年8月	《浙江山区26县乡村社区美食实践与创新》《基于亚运契机的"礼仪进社区"两年行动计划》《推动全民亚运 助力健康中国——亚运文化传承进社区》3个项目入选教育部第三批社区教育"能者为师"实践创新项目
2023年8月	《咖啡文化》《青瓷赏析》2门课程入选教育部"能者为师"第三批特色课程
六、学校治理	
2017年12月	学校入选浙江省省级高职诊改第二批试点院校
2019年11月	学校入选2018年高等职业院校育人成效50强
2019年11月	学校入选2018年高等职业院校服务贡献50强
2019年11月	学校入选2018年高等职业院校国际影响力50强
2019年11月	学校教职工美食社团入选第四届浙江省高校教职工文化品牌项目
2019年12月	学校基金会通过浙江省民政厅全省性社会组织4A评估，获4A等级
2020年3月	学校工会获省直机关"先进教工之家"称号（通过复验），工商管理系分工会、外语系分工会获省直机关"先进教工小家"称号（通过验收）
2020年12月	学校入选浙江省"三全育人"综合改革重点支持高校
2021年3月	学校通过浙江省高等学校AAAAA等级平安校园认定
2021年7月	学校成为中国职业技术教育学会智慧旅游职业教育专业委员会执行主任单位与秘书长单位

续表

2021年11月	学校"幸福工程"入选2021年度浙江省高校教职工文化金品牌培育项目
2021年12月	学校获第三届浙江省黄炎培职业教育奖优秀学校奖
2022年1月	学校成为教育部全国旅游职业教育教学指导委员会秘书处办公室所在单位
2022年2月	学校入选2021年高职院校服务贡献典型学校
2022年2月	学校入选2021年高职院校全国学生发展指数优秀学校
2022年3月	学校获评第七届黄炎培职业教育奖优秀学校奖
2022年5月	学校被认定为浙江省第一批绿色学校(高等学校)
2022年12月	学校获全国财经院校深化创新创业教育改革特色高校
2023年2月	学校获评国家"双高计划"中期绩效评价"优秀"等级
2023年3月	学校入选2022年高职院校服务贡献典型院校
2023年3月	学校入选2022年高职院校教师发展指数优秀院校
2023年3月	学校成为教育部全国旅游职业教育教学指导委员会旅行服务类专业委员会和景区与休闲类专业委员会主任、秘书长单位
2023年3月	学校成为浙江省旅游类职业教育行业指导委员会秘书处所在单位
2023年4月	学校获评第二批浙江省清廉学校建设示范校
七、信息化	
2019年11月	景区开发与管理教学资源库入选教育部第二批职业教育专业教学资源库立项建设项目
2020年1月	张永波作为专家组组长主持研究制定《浙江省高校智慧校园建设评价指标体系(试行)》,该评价指标体系已于2020年1月16日正式发布
2020年4月	《客舱服务规范》《导游文化基础知识》《乘务英语》《跨文化交际》4门课程入选2019年高等学校省级精品在线开放课程
2021年4月	现代旅游虚拟仿真实训基地入选浙江省职业教育示范性虚拟仿真实训基地
2021年6月	《校园教育数据治理业务清单与技术规范》入选2021年浙江省教育领域数字化改革第一批创新试点项目
2021年8月	现代旅游虚拟仿真实训基地入选教育部职业教育示范性虚拟仿真实训基地培育项目
2021年11月	学校入选教育部"一站式"学生社区综合管理模式建设试点单位
2021年11月	《数据治理有理性 育人服务有温度——浙江旅游职业学院数字化改革的"五个一"实践》案例入选浙江省职业教育信息化建设与应用案例
2021年12月	学校入选区域和学校整体推进智慧教育综合试点成果鉴定合格单位
2021年12月	《数据治理有理性,育人服务有温度》案例入选浙江省教育领域数字化改革实践案例
2022年2月	《数治"五个一"打造有温度的育人服务》入选浙江省文化和旅游数字化改革最佳应用名单

续表

2022年9月	高校"招标采购"大数据监督系统入选2022年浙江省教育领域数字化改革创新试点项目名单
2022年12月	景区开发与管理教学资源库顺利通过教育部验收
2023年1月	《中国良渚文化》《导游文化基础知识》《游遍亚运参赛国(地区)》《旅游策划》《旅游职业礼仪》5门课程入选2022年职业教育国家在线精品课程
2023年1月	《客舱服务英语》《旅游资源调查与评价》《跨文化交际》《中国良渚文化》《导游文化基础知识》《茶文化》《游遍亚运参赛国(地区)》7门课程入选职业教育在线精品课程
2023年1月	《数治"五个一"打造有温度的育人服务》《"实践啦·劳动在线"高校劳动教育一站式解决方案》2项案例入选2022年浙江省高校数字化优秀案例
2023年3月	学校获评浙江省职业教育信息化标杆学校
2023年5月	学校入选全国第一批职业院校数字校园建设试点院校
八、国际化	
2017年11月	学校在俄罗斯莫斯科建立以"汉语+导游"为特色的中俄旅游学院
2019年7月	学校在塞尔维亚贝尔格莱德建立以"汉语+烹饪"为教学特色的中塞旅游学院
2019—2023年	学校导游、智慧景区开发与管理、电子商务、酒店管理与数字化运营等16个专业通过联合国世界旅游组织旅游教育质量认证
2020年8月	学校正式通过世界厨师联合会(WACS)"优质烹饪教育"资格认证,成为中国境内第一所获得此项资质的高校
2020年11月	学校在意大利帕尔马建立以"中国烹饪"为教学特色的中意厨艺学院
2020年11月	学校加入世界旅游联盟(WTA)
2020年11月	学校阳光工程获世界职业院校与技术大学联盟(WFCP)"学生支持服务"卓越奖
2020年12月	学校牵头起草编制的国际旅游教育的全国首个团体标准《旅游汉语课程设置规范》(T/ZAS 4007—2020)经浙江省标准化协会发布,该标准已被俄罗斯国立旅游与服务大学采纳
2021年1月	学校入选浙江省首批国际化特色校
2021年6月	学校组织申报的研究项目 Seminar on Asia & Pacific Sustainable Development of Tourism Vocational Education 获批亚太经济合作组织(APEC)旅游领域自筹资金项目立项
2021年7月	学校加入世界职业院校与技术大学联盟(WFCP)
2021年9月	浙港职业教育联盟成立大会暨首届浙港职业教育研讨会在学校举行,学校担任联盟理事长单位
2021年12月	《"中文+旅游职业"新形态教材建设》获批2021年度《国际中文教育中文水平等级标准》教学资源建设一般项目
2022年6月	中俄旅游学院、中塞旅游学院和中意厨艺学院3所境外办学机构成功入选浙江省首批"一带一路'丝路学院'",学校成为入选境外办学机构数量最多的省内高校
2022年9月	塞尔维亚鲁班工坊入选全国首批鲁班工坊运营项目

续表

2023年5月	金晓阳获得2023年度世界职业院校与技术大学联盟（WFCP）"卓越教育工作者奖"金奖
2023年5月	旅游规划与设计学院学生莫诗杨获得2023年度世界职业院校与技术大学联盟（WFCP）"卓越学生成就奖"银奖
九、技术技能创新服务平台	
2009年5月	由省旅游局、省委政策研究室批准成立的浙江省旅游发展研究中心落户学校，长期致力于为浙江省文化和旅游产业发展贡献力量，成效显著
2016年4月	浙江省旅游局旅游统计数据中心在学校成立，2019年5月更名为浙江省文化和旅游厅统计数据中心，致力于全省文化和旅游数据统计、监测、分析研究等工作
2019年3月	学校主持起草的省级地方标准《会议经营与服务规范 第1部分：会议服务机构等级划分与评定》（DB33/T 2192.1—2019）正式发布
2019年7月	浙江省文化和旅游发展研究院在学校成立，浙江省委宣传部副部长葛学斌、浙江省文化和旅游厅厅长褚子育为浙江省文化和旅游发展研究院、浙江省文化和旅游智库、浙江省文化和旅游厅统计数据中心揭牌
2019年7月	学校主持起草的行业标准《旅游民宿基本要求与评价》（LB/T 065—2019）正式发布
2019年12月	学校主持起草的省级地方标准《房车旅游服务区基本要求》（DB33/T 911—2019）正式发布
2019—2022年	《文旅融合背景下职业教育产教融合的旅游人才培养路径与措施》（2019）、《浙江当代戏曲史》（2020）、《文化记忆视野下的乡村旅游历史人类学意义及第三水平文旅融合理论研究》（2020）、《线上线下融合的乡村文化旅游模式及实现路径研究》（2020）、《高质量发展视角下中国数字文化创意产业政策模型构建与实证研究》（2021）、《红色旅游与公众国家认同的文化逻辑及其建构策略研究》（2021）、《信息技术和人文智慧整合背景下的旅游治理体系现代化建设研究》（2022）7个项目获国家社科基金艺术学项目立项
2019—2022年	学校研发各类专利66项
2019—2023年	《关于编制我省"十四五"文旅发展规划的几点建议》《共建五张网，畅游长三角——关于推进长三角旅游公共服务体系建设（调研报告）》《关于"社区小脑"助力基层社会治理现代化的对策建议》《关于运用社区小脑推进城市现代化整体智治体系的政策建议》《优化乡村旅游运营管理推进乡村产业现代化》《激发文旅活力 助力乡村振兴》《外引内育共塑乡村高质量发展新动能——城市周边乡村振兴发展的路径、困境与突破》《建议构建"城市大脑+社区小脑"社区整体智治体系推进城市治理体系和治理能力现代化》《长三角地区政协2021年开展"长三角旅游市场和服务一体化推进落实情况"联动民主监督（浙江）分报告》《关于杭黄世界级文化旅游廊道建设推进情况的调研报告》《聚力数字化改革赋能高职教育治理现代化》《顺应我省职教现代化大趋势建议加快打造高水平中职师资队伍》《关于加快打造我省新时代思想理论高地的建议》《关于以举办亚运会为契机 打造"和美浙江"省域公共形象的建议》《关于做强宋韵文化品牌 打造浙江历史文化金名片的建议》《疫情防控常态化下精准纾困旅游企业的几点建议》《数字化赋能浙江省职业教育高质量发展的对策建议》《共同富裕背景下浙江乡村旅游目的地建设现状与对策——以杭州市余杭区为例》《浙江省戏曲编剧人才队伍建设的问题与对策建议》等19项咨政建言获浙江省委书记等省部级领导批示
2020年6月	浙江省文化和旅游化技术委员会换届，秘书处由浙江旅游职业学院承担
2020年6月	学校与北京大学信息技术高等研究院共建浙江北大数字文化和旅游联合中心

续表

时间	内容
2020年6月	学校主持起草的省级地方标准《旅游志愿者服务规范》（DB33/T 2262—2020）正式发布
2020年12月	学校获"全国旅游标准化工作优秀组织"称号
2021年6月	学校主持起草的省级地方标准《村规民约制修订工作规范》（DB33/T 2354—2021）正式发布
2021年7月	学校入股浙江旅游科学研究院，承担全省旅游产业发展科学理论和重点课题的咨询、研究
2021年11月	学校成为国际标准化组织（ISO/TC 228）旅游咨询与接待服务工作组中国召集人
2021年12月	学校主持起草的省级地方标准《品质旅行社评价规范》（DB33/T 719—2021）正式发布
2021—2022年	《浙江省"十四五"时期舞台艺术创作实现高原到高峰机制和举措创新研究》《关于推进长三角旅游公共服务体系建设的调研报告》《浙江省文化和旅游省级地方标准实施效果评估研究》分别于2021年8月、2021年8月、2022年8月被文化和旅游部评为"全国文化和旅游系统优秀调研报告"
2021—2022年	学校主持起草的3项国内团体标准《无障碍旅游服务机构评价规范 旅行社》（T/CAS 556—2021）、《无障碍旅游服务机构评价规范 饭店》（T/CAS 557—2021）和《旅游民宿无障碍环境建设指南》（T/CAS 669—2022）分别于2021年12月、2021年12月、2022年11月正式发布
2022年1月	学校牵头的智慧旅游职业教育专业委员会获评中国职业技术教育学会2021年度优秀分支机构
2022年3月	政务信息《中小微旅行社经营状况调研报告》经逐级采编后，被国务院办公厅综合采用，并获国务院领导批示
2022年3月	学校主持起草的省级地方标准《景区数字化服务规范》（DB33/T 2454—2022）正式发布
2022年4月	学校与省社科联合成立浙江省文化标识建设研究基地
2022年5月	学校主持起草的非遗旅游资源开发团体标准《非物质文化遗产旅游资源开发指南》（T/ZAS 3019—2022）正式发布
2022年7月	学校主持起草的国家标准《旅游民宿基本要求与等级划分》（GB/T 41648—2022）正式发布，填补了我国该领域标准的空白
2022年10月	学校主持起草的全国首个疗休养基地地方标准《疗休养基地评价规范》（DB3301/T 0374—2022）正式发布
2022年12月	《优秀文化沉浸式实景展演服务关键技术研究与应用》项目入选浙江省2023年度"尖兵""领雁"研发攻关计划项目
2023年3月	浙江省旅游类职业教育行业指导委员会成立，秘书处由浙江旅游职业学院承担
十、特色任务：提升人文素养教育质量	
2019年5月	学校承办亚洲美食节之"美食与优雅生活"国际论坛
2019年11月	学校联合发起成立长三角旅游职业教育联盟，学校担任联盟理事长单位

续表

时间	内容
2021年9月	学校选派学生参加杭州亚运会国际文明礼仪大赛，两名学生分别获评大赛"赛事服务礼仪之星"及赛事服务礼仪优秀奖
2021年11月	学生朗诵作品《纪念碑》获第三届中华经典诵写讲大赛"诵读中国"经典诵读大赛大学生组优秀奖
2021年11月	学校人文素养教育中心领衔起草制定的《旅游职业教育人文素养课程体系设置指南》（T/ZAS 3018—2021）团体标准经浙江省标准化协会正式发布，标准于2021年12月1日起实施
2022年12月	学校牵头起草的《旅游职业教育人文素养课程设置指南》（LB2022-08）获国家旅游行业标准立项
2023年1月	学生获第四届中华经典诵写讲大赛"诵读中国"经典诵读大赛职业院校学生组二等奖1项、三等奖1项

（注：数据统计截至2023年8月31日）

（牵头人：蒋炯坪　撰稿人：杨积芳）